부의 계단

금융전문가 아빠가 전하는
투자 레벨 올리는 법

부의 계단

신현준 · 김학균 지음

매일경제신문사

서문

투자는 딴 세상의 일로 생각하는 사람들에게 지난 몇 년간 세계 자산 시장의 변화는 실로 드라마틱한 것이었다. 2008년 글로벌 위기 이후 저금리가 지속되어 저축을 통한 은퇴 준비가 사실상 불가능한 상황에서 주택 가격까지 폭등했다. 한국 중산층의 '내 집 마련 후 은퇴 소득 준비'라는 일반적인 노후 준비의 공식마저 산산조각이 났다.

설상가상으로 코로나19로 인해 실물 경제의 취약성은 심화되었다. 이를 지탱하기 위한 확장적 통화·재정정책의 시행으로 저금리가 굳어지고 있다. 투자의 세계를 제대로 이해하고 현명한 투자를 이어가지 않고서는 현재 경제시스템 내에서 현상 유지도 어려울뿐더러 남보다 멀리 뒤처질 수밖에 없다.

세계 각국의 투자자들은 유례없이 넘쳐흐르는 유동성 속에서 비트코인 등 가상자산과 전통적인 투자업계 상당수가 부정적으로 바라보았던 성장성 주식에서 예상을 뛰어넘는 성과를 올렸다. 이후 자신감을 갖고 전투적으로 투자하고 있다.

4차 산업혁명이라는 경제 구조의 대전환기를 맞고 있는 지금, 개인 투자자들의 인생을 건 승부가 어떤 결과를 낳을지 현재로서는 예단하기 어렵다. 투자 세계의 책임 있는 일원으로서 동학개미, 서학개미 모두 험난한 계곡을 건너 성공 투자라는 목표에 무사히 도착할 수 있기를 바랄 따름이다.

이 책을 쓰는 이유는 복잡한 투자이론을 장황하게 소개하거나 손쉽게 돈 버는 비법을 무책임하게 전수하려는 것이 아니다. 냉혹한 투자의 세계를 30년 가까이 경험한 아빠들로서 급변하는 투자시장 속에서 우리 아이들이 어떻게 현명한 인생 투자를 이어나갈 수 있을지, 그 기초와 전략과 방법론에 대해 이야기하고 싶었다.

우리나라에서 투자라고 하면 가장 먼저 떠오르는 단어가 '복부인', '강남 아줌마'로 많은 경우 투기와 연관되어 그리 좋은 어감은 아니다. ○○자산운용, ○○자문, ○○부동산신탁, ○○PEF 등 수많은 자산운용사가 흥하고 쇠하는 과정에 이름을 날린 펀드와 펀드매니저는 많이 있었지만, 장기 관점의 실적 결여에 따라 존재감이 크지 않은 실정이다.

급기야 구조적인 저금리하에서 투자처를 찾아 헤매는 자금을 고수익의 약속으로 달콤하게 유혹하면서 키코, 동양 CP, DLF, DLS, 라임, 옵티머스 사태 등을 초래하고 말았다. 간접 투자에 대한 신뢰 상실은 스마트 주식거래 플랫폼의 발달과 코로나19 시대 언택트 추세 등과 맞물리면서 동학개미, 서학개미, 로빈 후더와 같은 폭발적인 개인 직접 투자의 붐을 초래했다.

멀리 바다 건너 미국으로 가보면 '투자의 귀재'라는 워런 버핏Warren Buffet이 1956년부터 투자조합을 설립 운영하고 버크셔 해서웨이Berkshire Hathaway로 갈아탄 이후 복리의 마법을 통해 장기 가치투자의 진수를 보여 왔다. 사실 버핏이 스스로 쓴 책은 없고 그의 생각은 매년 나오는 '주주 서한'을 통해 엿볼 수 있을 뿐이지만, 버핏식의 투자방법론에 관한 책은 지난 20여 년간 서점에 차고 넘친다.

가장 핵심적인 것은 독과점이나 정부 면허 등을 통한 경제적 해자가 깊은 기업의 주식을 경영권 행사가 가능한 만큼 인수, 장기 보유하는 것이다. 이 과정을 통해 뛰어난 경영진이 좋은 의사결정을 지속하도록 여건을 만들어 주면 장기 투자수익률을 극대화할 수 있다.

한편 로버트 기요사키Robert Toru Kiyosaki는 《부자 아빠 가난한 아빠》라는 책을 통해 평범한 직장인들에게 자산과 부채의 차이가 무엇인지, 어떻게 실제 생활에서 좋은 투자를 할 수 있을지 통찰력을 줬다. 절대수익을 추구하는 헤지펀드 세계의 거장이라는 레이 달리오Ray Dalio는 《원칙》이라는 엄청나게 두툼한 책을 써서, 구체적인 투자 성공방법을 기대했던 많은 사람들의 인내심을 시험했다. 책에서 그는 인간적 오류를 최소화하고 올바른 투자 의사결정을 위해 컴퓨터 알고리즘을 활용했던 경험을 공유하고, 매번 투자 결정 시에 따라야 할 자기만의 원칙의 필요성과 일관성, 정직성, 투명성의 중요성을 강조했다.

왜 우리나라에는 많은 투자자에게 오랫동안 회자되는 투자 전략서가 없는 걸까? 투자하고 돈을 버는 일은 현대인의 경제적 생존과 행복 추구에 매우 중요하다. 하지만 한국 기성세대의 많은 사람은 생각한다. '투자는 드러내놓고 할 점잖은 일이 아니야. 필요하면 전문

가에게 맡기면 되는데. 왜 내가 굳이 공부해야 할까?'

오늘도 많은 사람이 투자의 세계로 입문하는 데 도움이 되는 해외 베스트셀러들을 읽고 있지만, 우리의 실정과 다른 경우가 많다. 특히 역사상 유례없는 수준으로 주식 투자에 대한 관심이 급증하면서 우리나라 개인 투자가들은 SNS상의 많은 투자 채널에 열광하고 있다. 그러나 이들 중 많은 경우 투자의 기초와 전략에 대한 설명이 부족하고, 자극적인 수사와 투자종목 추천들만 난무하고 있다.

이와 같은 배경에서 우리 자식들이 이해할 수 있을 만큼 쉽고, 핵심적인 투자 세계의 논리와 성공 투자 전략을 설명할 수 있기를 바라며 이 책을 썼다. 또 오랜 기간 금융전문가로 활동한 경험을 활용하여 우리나라 투자시장의 상황과 관심사를 충분히 반영해 담았다. 투자에 관심 있는 학생, 직장인, 전문직, 자영업자 독자들이 투자를 통해 원하는 부를 이루고 경제적 독립과 자유를 얻는 데 도움이 되기를 기대한다.

2021년 4월
신현준, 김학균

살아생전 격려와 지지를 아끼지 않으셨던 아버지 어머니,
현명한 멘토 역할을 해주신 장인 장모,
지혜로운 와이프, 사랑스러운 딸 그리고 좋은 벗들에게
지난 30년 내 삶의 큰 화두였던 인생 투자의
공부와 경험과 사색의 기록을 바칩니다.

신현준

글을 쓴다는 건 제게 보람이고,
노동이고, 밥벌이입니다.
사회에서 만난 선배와 함께 즐거운 글쓰기를 경험했습니다.
늘 내 편인 부모님께 감사드립니다.
충만한 호기심으로 이 책을 집어 드는 모든 분들께도
행운이 깃들기를 기원합니다.

김학균

CONTENTS

/ LESSON 4 /

경제적 독립을 넘어 자유에 이르는 투자 포트폴리오

전략적 투자로 부의 고지에 오르자

/ LESSON 5 /

돈을 내 편으로 만드는 법

성공과 행복으로 가득한 부를 수확하라

LESSON

1

투자가 중요한 6가지 이유

투자는 왜 중요한가?

투자가 중요한 이유 ①

투자는 인생이다

투자는 본인 일이 아니라고 생각하는 사람이 많지만, 실제 일상의 모든 일이 투자와 관련되어 있다. 문제는 준비 없이 다양한 상황에 마주치면 올바른 의사결정을 할 수 없다는 데 있다. 구체적인 사례들을 살펴보자.

투자는 필수다

2030 밀레니얼 세대의 청년들을 생각해보자. 2021년 대한민국에서 이들은 아직 학업을 지속하면서 부모 용돈이나 아르바이트로 생활하거나 취업이나 창업을 통해 새내기 사회생활을 하고 있을 것이다. 대학원 진학을 통해 미래 소득 창출을 위한 인적자본에 투자할지 아니면 고등학교나 대학 졸업 후 바로 취업해서 돈을 벌지 선택해야 한다. 예금·적금, 적립식 펀드, 세제 혜택이 있는 연금저축 중 어느 것에 가입할지도 선택해야 할 것이다.

현명한 선택을 위해서는 학업에 대한 나의 재능, 적성, 의지, 취업할 회사의 전망, 결혼·사업자금이 필요한 시기, 주식에 투자할 기간과 채권시장 전망, 연금저축의 세금 감면 조건 등을 잘 알아야 한다.

4050 세대 직장인을 생각해보자. 이들은 결혼했거나 싱글 생활을 지속하고 있을 것이다. 나날이 상승하는 주택 가격을 걱정스럽게 지켜보면서 지금 시점에 집을 구매할지 아니면 전세 또는 월세로 살지, 작은 평수의 집을 큰 평수로 늘릴지, 새로 집을 사고 원래 집을 팔 것인지 등을 선택해야 한다.

현명한 의사결정에 필요한 정보는 향후 주택 가격, 이자율에 대한 전망, 주택 평수에 대한 사람들의 선호, 아이를 몇 명 가질 것인지, 어떤 라이프 스타일을 추구할 것인지 등일 것이다.

5060 베이비부머 세대를 생각해보자. 직장인의 경우 명퇴를 하거나 임금피크제도로 줄어든 임금을 받으며 버티고 있을 것이다. 조기 퇴직한 사람은 제2, 제3의 커리어를 만들어 활동하거나, 일하지 않고 평화를 즐기기도 할 것이다. 자영업자의 경우 '최대한 오래 일하는 것이 최고의 노후 대비'라는 모토로 오늘도 사업에 매진하고 있을 것이다.

노후 자금을 예금이나 적금에 묻어둘지, 위험을 감수하고 주식이나 채권·파생 상품에 투자할지, 채무를 먼저 갚을지 채무를 안고서라도 수익성 자산에 투자할지, 재산을 예금, 부동산, 주식, 채권 등 자산별로 얼마의 비중으로 가져갈지, 노후 대비를 위해 몇 살까지 일할 것인지 등 수많은 의사결정 상황에 직면하게 될 것이다. 대부분의 경우 투자시장에 대한 종합적인 지식과 함께 은퇴 후 삶에 대한 구체적 계획 없이는 현명한 결정을 내리기 어렵다.

투자라고 하면 주식과 부동산을 사거나 기업과 프로젝트에 투자하는 것들을 떠올리는 사람이 많지만, 실제로 아이를 낳아서 잘 키우는 것도 투자 중 하나다. 지금과 같이 경제활동이 통합되는 글로벌 경제에서는 세계적으로 뛰어나지 않으면 큰 보상을 얻기 힘들기 때문이다.

실제로 빌 게이츠Bill Gates, 스티브 잡스Steve Jobs, 리오넬 메시Lionel Messi와 같이 세계적으로 뛰어난 인재에 대한 보상은 어마어마하다. 정성으로 뒷바라지하면서 손흥민, 박세리를 세계 최고의 선수로 키운 아버지들이나 BTS를 세계 최고의 흥행 뮤지션으로 키운 하이브의 방시혁 대표 같은 경우가 그렇다. 이로 인한 보상은 많게는 수조 원에 달한다.

기업의 재무를 담당하는 임원은 회사 여유 자금의 운영이나 프로젝트의 선정 과정에서 다양한 선택을 하게 된다. 프로젝트 추진 자금을 전액 부채로 조달할 것인지 아니면 내부에 축적한 자본이나 증자를 통해 조달할 것인지, 프로젝트에서 예상되는 수익과 비용에 대해 어떤 이자율로 할인할 것인지 등이다.

투자를 업으로 하는 사람들은 말할 나위 없다. 펀드매니저들은 매일 매일 피 말리는 투자 의사결정과 매매를 통해 펀드의 성과를 높이기 위해 노력하고 있다. 증권사의 애널리스트들은 본인이 담당하는 기업이나 섹터에 관해 쓸 만한 분석을 내놓기 위해 새벽잠을 설친다.

연기금이나 생명보험사의 CIO(최고위 투자 임원)들은 수십조 또는 수백조에 달하는 자금을 다음 연도 자산 시장의 전망에 따라 주식,

채권, 현금예금, 대체 투자(부동산·PE 등)로 배분한다. 그 후 시장의 예상 움직임에 따라 분기별 또는 월별로 운용계획을 수립하고, 이를 일별로 쪼개어 효율적으로 실행함으로써 벤치마크 대비 더 나은 성과를 올리기 위해 노력하고 있다.

우리 주변의 수많은 투자 대안을 잘 이해하고 현명한 투자 의사 결정을 하기 위해서는 세상 돌아가는 물정을 잘 알고 있어야 한다. 커피 체인 주식에 투자하거나 전자제품 회사 주식에 투자할 때, 그 회사들의 재무적인 숫자들만 쳐다본다고 해서 명쾌한 답이 나오는 것은 아니다.

실제로 방문하여 커피를 마셔보고 제품을 사용해 보고 경쟁사들의 제품, 서비스와 비교할 수 있는 넓은 안목이 필요하다. 이를 통해 미래 성과를 어느 정도 예측할 수 있기 때문에 폭넓은 호기심과 경험을 통한 선구안이 성공적인 투자에 절대적으로 필요하다.

세상에 좋은 것들을 서로 가지려고 하는 것은 당연하다. '싸게 사서 비싸게 되파는 것'이 동서고금을 막론하고 제1의 투자원칙인 이유다. 이 경쟁에서 이기는 방법은 좋은 물건을 남보다 먼저 알아보고 먼저 좋은 가격에 사는 것이다.

투자시장에서 또 일반 가정에서 경제학자들이 조롱의 대상이 되는 이유는 분석 실력이 떨어지기 때문이 아니다. 이들의 경제통계 모델은 세련되었고 이론적으로도 탄탄한 경우가 대부분이다. 그러나 모델을 돌려 상황분석에 필요한 정보를 얻으려면 속보치는 1~3개월, 확정치는 3~6개월을 기다려야 하는 경우가 흔하다. 이들은 보통 숫자로 상황을 판단한 후에 행동한다. 결국 뒷북을 치면서 한발 앞서 행동해야 하는 투자시장에서 성공하기 어려운 것이다.

예측치도 마찬가지다. 경제의 성과는 수많은 사람의 상호작용의 결과라서 경제성장률 등을 정확히 예측하는 것이 어렵다. 하지만 경제 성장률이 높아질 것인지 낮아질 것인지 등 방향성조차 예측하지 못한다면 투자 성과를 내기는 요원하다.

경제학적, 재무적 기존 예측모형은 대부분 지나간 실적에 너무 많이 영향을 받기 때문에 좋은 예측을 하기 어렵다. 선행지표를 잘 활용하고 실물 경제와 함께 정치, 외교 등 경제를 움직이는 외적인 동인들도 볼 수 있는 눈을 키워야 한다.

이처럼 평생 고민하는 중요한 가정사나 기업의 많은 일이 투자와 관련된 것이다. 우리는 투자를 잘하기 위해 어떤 노력을 하고 있을까? 대부분 자기 일이 아니라고 생각하면서 충분한 노력을 기울이지 않고 있는 것이 현실이다. 대학 입학이나 취업과 창업을 위해 기울이는 노력의 십 분의 일이라도 기울이면 좋지 않을까?

투자에 관한 우리의 궁금증을 제대로 해소할 수 있는 전문가는 어디에 가면 만날 수 있을까? 주식 투자의 전문가인 워런 버핏 회장과의 점심 비용은 2019년에 456만 7,888달러(한화 약 54억 152만 원)에 달하여 일반인에게는 넘을 수 없는 벽이다. 이런 점심에서 일반인들이 제대로 된 조언을 얻을 수 있을지도 잘 모르겠다.

증권사 애널리스트나 자산운용사의 펀드매니저는 일반인이 만나기 너무 바쁜 사람들이다. 만나더라도 이들의 언어와 논리를 이해하지 못하는 한 제대로 된 설명이나 조언을 구하기도 어렵다.

동네에 흔히 보이는 은행지점의 개인금융 창구나 증권회사 지점의 창구 직원은 올바른 답을 알려줄 수 있을까? 유튜브에 나오는 주식 투자 채널은? 경제 전반에 대한 이야기보다는 개별 종목과 시점에 대한 조언 정도는 들을 수 있을 것 같다.

힘들게 번 돈을 허무하게 날려버릴 것인가

한국의 구매력 기준 1인당 소득은 이미 일본 수준이지만, 중산층 서민의 삶은 팍팍하다. 터무니없는 사교육비와 주택·전세가 상승으로 외식 한 번 하는 데 부담을 느껴야 하고, 은퇴 대비 저축을 한다는 것이 그림의 떡인 경우가 많다. 이 문제들이 해결되어야 정상적인 경제와 건강한 삶의 복원이 가능하겠지만, 그전까지는 허리띠를 졸라매야 종잣돈을 모을 수 있다.

특히 2030세대는 전셋값과 주택가격의 폭등으로 평생 벌어도, 집 한 채 마련하기 어려워졌다. 전형적인 중산층으로 가는 경로가 사라지고 있다. 뒤처질까 하는 두려움에 시달리면서 투기성이 높지만 적은 돈으로도 할 수 있는 비트코인 등 가상자산 투자나 고위험 투자로 대거 유입되고 있어 안타깝다.

투린이(투자 어린이)들의 투자 DNA를 키우기 위해 가장 기본적인 사례로 설명해보자. 어렵게 천만 원을 모았다고 가정한다면 다음 대안 중에 어떤 선택을 해야 할까?

① 이자율 3% 내외 은행 채무를 갚는다.
② 은행 정기예금, 적금과 같이 안전상품에 가입하여 1~2% 이자를 받는다.

③ 채권투자나 채권형 펀드에 가입하여 2%대 수익을 기대한다.

④ 부동산 펀드, 구조화 증권 등에 투자하여 3~4% 수익을 기대한다.

⑤ 주식 투자나 주식형 펀드에 가입하여 고수익을 추구한다.

일견 주식 투자의 수익률이 높은 것처럼 보이지만, 이는 장기 평균값일 뿐이다. 특정 시점에는 큰 손실을 볼 수 있다는 점을 주의해야 한다. "알지 못하는 곳에 투자하지 말라"는 격언은 항상 옳다. 동학개미와 같이 과감한 투자에 나서는 개인들도 있지만, 바람직한 것은 2~3년 대세 상승기의 초입에 여유 자금으로 투자해서 시장과열 시기에 이익을 실현하고 나오는 것이다.

은행 채무가 있는 사람의 경우에는 매년 3% 이자를 내지 않음으로써 그만큼의 세후 수익률이 확실히 보장되는 ①이 가장 좋다. 빚부터 갚아라! 재테크 전문가들이 입이 아프도록 외치는 말이다.

빚이 없으면서 투자시장을 전혀 모르는 사람은 ②번을 선택하는 것이 현명하다. 다만 상품의 성격에 따라 소득세나 운용수수료를 공제한 이익을 얻게 될 것이다.

많은 사람들이 ③, ④를 ②와 비슷하게 안전하다고 생각하겠지만 다른 경우다. ②와는 달리 두 경우 모두 원금 손실 가능성 등 더 큰 위험을 감수해야 한다. 채권 또는 부동산과 이를 기초로 만든 상품은 이자와 배당을 안정적으로 지급할 것으로 기대되지만, 이자율과 경기변동에 따른 자본손실이 가능해 이를 감수하는 사람이 중간수익 투자로 선택 가능하다. 또 투자 전에 상품의 수익과 위험구조에 대해 충분한 설명을 들어야 할 것이다.

정답을 고르고 안정적인 가정경제를 꾸리는 사람이 대부분이지만, 주식시장을 잘 이해하지 못하면서 ⑤번을 고르는 사람도 상당히 많다. 돈을 벌었다는 지인의 말에 덜컥 주식 투자를 시작하는 것이다. 향후 주식시장 전망은 알지도 못한 채 부러움에 무작정 투자하지만, 금년도 주가지수는 작년도 상승분을 다 반납하면서 추락한다. 지인의 추천으로 투자한 종목이 처음에는 조금 오르다가 폭락을 거듭하여 70%, 80% 손실을 안겨 주기도 한다. 이렇듯 외식비, 옷값, 과외비 등을 줄여 한푼 두푼 어렵게 모은 소중한 종잣돈을 냉정한 분석 없이 투자해서 날리는 경우가 허다하다. 설상가상으로 내부자 거래나 주가 조작과 같은 법적 분쟁에 휘말리기도 한다.

사실 '아는 것만큼 보인다'라는 말은 시대와 공간과 영역을 넘어 적용될 수 있는 말이다. 냉혹한 투자 세계에서 살아남고 또 성공하기 위해서는 스스로 공부하는 수밖에 없다. 대부분의 사람은 투자 전문가에게 맡기면 된다는 생각에 해야 할 숙제를 하지 않고 지름길만을 찾는다.

문제는 진짜 잘하고 통찰력이 있는 투자전문가는 우리를 만나줄 시간이 없을 뿐만 아니라 만나더라도 내가 공부해 아는 만큼만 도움이 된다는 것이다. 이들은 대개 종합적인 이야기를 친절하게 해 줄 시간이 없다.

투자시장은 준비가 부족하거나 겸손을 잃은 사람에게 한없이 냉혹하다. 고단한 삶에서 오아시스 같은 경제적 자유를 얻기 위해서는 공부를 하고 투자의 첫 단추부터 잘 꿰어 슬기로운 결정을 이어나가야 할 것이다.

투자는 경제적 자유를 늘린다

"돈이 많으면 뭐해. 걱정거리만 늘어나지. 난 이대로가 좋아.", "투자 잘해서 돈 많이 버는 건 내가 할 수 있는 일이 아니야!", "강남에 아파트 없으면 어때, 집 한 채면 충분해."라고 사람들은 말한다. 맞는 말이다. 돈이 많으면 삶이 더 복잡해지고 마음의 평화를 잃기 쉽다. 다른 한편으로 많은 사람이 생활고에 시달리면서 돈 걱정 안 하고 살면 얼마나 좋을까 생각한다,

사람은 돈이 많다고 더 행복해지지 않는다. 특히 나이가 들어가면서 이 사실은 더 분명해진다. 아무리 돈이 많아도 이로 인해 평정심을 잃게 된다면 행복과 멀어진다. 이 대목에서 어렵게 번 돈을 잘 지키고, 모은 재산을 현명한 투자를 통해 불려 나가는 일이 우리 인생에 어떤 도움을 줄 수 있는지 생각해보자.

많은 가정이 재산과 관련한 결정을 잘못했거나 충분히 준비되지 않은 상태에서 주식, 채권, 부동산 등에 투자했다가 큰 고통을 받고 있다. 가족 간 다툼은 기본이고 경제적 궁핍과 함께 마음의 평화를 잃게 되어 행복에서 멀어진다. 때로는 불행한 죽음으로 이어지는 경우도 있다.

재산을 잘 지킨다고 행복이 저절로 찾아오는 것은 아니지만, 행복으로 가는 길이 더 수월해질 것이다. 아껴서 모은 돈을 투자로 불리면 재산은 많이 늘어날 수 있다. 재산이 충분해지면 예산에 구애받지 않고 자유롭게 돈을 쓸 수 있다. 우리가 원하는 경제적 자유가 늘어

나는 것이다.

주변을 둘러보면 부모에게서 많은 재산을 물려받아 풍족한 생활을 하는 사람들이 있지만 많지는 않다. 대부분의 부자는 고소득 직업이나 사업을 통해 종잣돈을 모으고 현명한 투자를 통해 큰 재산을 모은다. 물론 스포츠 스타나 아이돌 스타, 벤처 창업자와 같이 젊은 시기에 인적 자본에 투자해서 큰 소득을 올리고 이를 다시 빌딩, 주식 등 자산에 투자해서 풍족한 생활을 하는 경우도 종종 있다.

평범한 회사원이라도 오랫동안 현명한 투자를 해 온 사람은 재산을 늘리지 못한 사람과는 확연히 다른 풍요와 경제적 자유를 누린다. 이들은 흔히 남들이 부러워하는 지역에 빚 없이 큰 집을 장만하고, 자녀들에게 최고의 교육 기회를 제공하고, 고급 자동차를 굴리고, 예산에 구애받지 않고 다양한 문화생활과 취미생활을 즐긴다(물론 풍족한 소비생활에 지쳐 허무나 권태에 빠지는 경우도 있다).

평범한 가정은 평생 먹고살고 아이들 교육하고 나면 은퇴하는 시점에 집 한 채 남는 경우가 대부분이다. 〈샐러리맨의 죽음〉이라는 미국의 연극을 보면 시카고 지역의 한 자동차 딜러가 마지막 모기지 월할부금을 치르는 날 죽음을 맞는다. 세계 어디나 중산층은 평생 일해서 집 한 채 마련하고 가는 것이고, 어떤 사람들은 이마저도 어렵다.

우리나라에서 집을 갖기 위해서는 보통 몇 차례의 전세살이와 이사 과정이 필요하지만 직장, 부모님, 친구 등 사회적 필요와 자녀 교육 등의 이유로 이사는 쉬운 일이 아니다. 집값이 올라 이익을 볼 수 있다고 해서 쉽게 팔 수 있는 것이 아니기 때문에 출근과 교육이 중요한 시기에는 경제적으로 별 도움이 되지 않는 것이 일반적이다.

사람들이 선호하는 지역에 집 한 채를 가지고 있다면 아이들 교육이 다 끝나고 은퇴하는 시점에 집을 팔아 덜 선호하는 지역으로 이사하면서 수억 원의 돈을 남길 수 있다. 경제적으로 좀 더 자유로운 노후를 맞을 수 있는 것이다. 취미생활을 활발하게 하거나, 손주들 용돈을 주거나, 좋아하는 외식을 더 즐길 수 있는 등 좋아하는 일을 자주 할 수 있는 것이다.

코로나19에 따른 투자시장 지형의 변화

2020년에 갑작스럽게 들이닥친 코로나19는 실물 경제에 큰 타격을 주면서 투자시장의 지형을 크게 뒤흔들었다. 거시적으로 보면 코로나19의 경제적인 타격은 최소 1~2년 지속될 것 같다. 우리나라는 그나마 선방하여 2020년에 GDP가 −1.0% 역성장했으나 세계적으로는 −4%대의 역성장(OECD 기준)을 했다. 세계 주식시장은 코로나 초기 30% 이상 폭락하였으나 각국 정부의 신속한 통화·재정 확장정책에 힘입어 빠른 회복세를 보였고, 코로나19 2차 확산에 따른 조정을 거쳐 유동성 랠리를 보이고 있다.

특히 동학개미로 불리는 개인 투자자들이 대거 유입된 우리나라 증시는 팬데믹 2차, 3차 확산에도 불구하고 별다른 조정 없이 상승세를 이어나가고 있다. 세계 부동산 시장은 실물 경제의 충격에 따라 오피스 빌딩과 호텔을 중심으로 큰 폭 하락했고, 코로나 이후에도 상당 기간 회복이 어려울 전망이다. 뉴욕의 아파트도 가격대에 따라 10~30% 하락한 상태다.

반면 우리나라 부동산은 공급 부족에 수요폭발과 유동성 확대로 상승세를 이어가고 있다. 단기적으로는 자산 가격 인플레이션에 따라 금리가 인상되거나 기업도산에 다른 대규모 실직이 일어나지 않는 한 상승세가 꺾이기는 힘든 상황이다. 중장기적으로는 공급 확대 방안이 기존의 수요 억제책과 시너지를 낼 수 있는 2~3년 후에 안정될 수 있을 것이다.

팬데믹에 따른 자산시장의 변화

코로나19의 대확산으로 실물 경제는 심각한 타격을 입었지만, 주식과 부동산 등 자산 시장은 대호황을 누렸다. 주요국들의 중앙은행과 정부가 적극적으로 대응한 결과다. 특히 중앙은행 중 미국의 연방준비제도(이하 연준)가 앞장섰다.

연준은 코로나19가 본격적으로 확산되기 시작했던 2020년 3월부터 양적완화를 실시해 정책 시행 초기 15주 동안 2조 8,000억 달러를 미국과 세계 경제에 공급했다. 연준은 미국의 국채와 모기지 채권을 매입하면서 미국 내에 유동성을 풀었고, 우리나라를 비롯한 9개 국가와 통화스와프협정*을 체결해 미국 밖으로도 달러를 공급했다.

2008년 리먼브라더스 파산 직후의 글로벌 금융위기 국면에서도 연준의 공격적인 유동성 확충 정책에 힘입어 세계 경제가 급박한 위기에서 벗어날 수 있었지만, 이번 코로나19 대확산 국면에서 풀어낸 돈의 규모에 비할 바는 아니었다. 리먼브라더스 파산 직후 15주 동안 연준이 공급한 유동성은 1조 2,000억 달러로 이번 코로나19 국면 초기에 공급된 자금 규모의 42%에 불과했다.

> **통화스와프협정**
> 2개국의 중앙은행이 상호 일정액의 자국통화를 일정기간 예치하기로 한 협정.

중앙은행이 공급한 돈의 규모도 컸지만, 유동성을 푸는 방법도 파격적이었다. 민간은행에 유동성을 공급해 경제 전반으로 퍼져 나가게 하는 전통적인 방법을 넘어 어려움을 겪는 기업들에게도 사실상 중앙은행이 직접 지원해줬다.

팬데믹 국면에서 보잉Boeing을 비롯한 많은 우량기업도 심각한 유동성 위기를 경험했다. 이때 중앙은행은 기업어음 매입 등을 통해 이들에게 자금을 지원했다. 미국 재무부 보증이라는 단서가 붙기는 했지만, 이는 중앙은행이 민간기업을 직접 지원하는 행위를 정당화하기 위한 명분에 불과했다. 미국 정부도 직접적인 현금 지원을 비롯한 각종 재난지원금을 국민에게 나눠줬다. 한국도 한국은행BOK이 기준금리를 1.25%에서 0.5%까지 낮췄고, 정부는 전 국민 대상의 재난지원금을 지급하기도 했다.

중앙은행과 정부의 확장적 통화·재정정책은 실물 경제의 심각한 추락을 막는 데는 성공했지만, 자영업자들을 비롯한 경제적 약자들의 몰락까지 막을 수는 없었다. 사람과 사람의 만남을 매개로 하는 서비스업 경기의 심각한 후퇴는 각 나라에서 공통적으로 나타났다. 손실을 조직적으로 입증할 수 있는 거대 기업들은 상당 부분 지원을 받았지만, 영세 사업자들은 전염병의 물결에 떠내려가 버렸다.

실물 경제에서는 명암이 엇갈렸지만, 자산 시장은 환호했다. 막대한 유동성 공급의 풍선효과가 자산 시장에서 극적으로 나타났기 때문이다. 코로나19 확산 직후 대체로 30% 넘게 급락했던 세계 주요국 증시는 2020년 2분기를 기점으로 급반등에 성공했다.

특히 코로나19 확산이 오히려 비즈니스 확장의 기회로 작용한 언

고객예탁금 추이

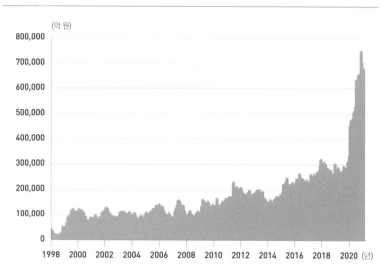

자료: 한국 거래소

택트untact 관련주들의 약진이 눈부셨다. 코로나19 발병 직후의 저점 대비 아마존Amazon이 110% 상승했고, 페이스북Facebook이 108%, 넷플릭스Netflix가 103% 상승했다. 한국에서도 카카오와 네이버가 각각 264%와 158%의 급등세를 나타냈다. 투자자들은 성장이 기대되는 종목들에 베팅해 큰 수익을 거둘 수 있었다.

한편 2020년 2분기 이후 글로벌 증시 전반의 강세가 나타났지만, 그중에서도 한국 증시의 강세는 단연 돋보였다. 2020년 코스피 상승률은 30.7%로 주요국의 대표지수 중 압도적인 1위였다. 코로나19 방역이 중요 요인이었지만 무엇보다도 동학개미로 불리는 개인 투자자들의 압도적인 투자자금 유입이 주가 급등을 가져온 핵심 동력이었다.

코로나19 발병 이후 총 130조 원의 신규자금이 주식시장으로 유입됐다. 외국인 투자자가 17조 원, 국내 기관 투자자들이 37조 원의 순매도를 기록했음에도 개인 투자자들이 53조 원의 순매수를 나타내면서 주가 상승을 이끌었다. 전례 없는 규모의 자금이 주식시장으로 유입된 것이다. 주가 하락에 베팅하는 인버스 ETF 등에도 많은 돈이 몰리고 있지만, 그래도 전체적으로 다수의 투자자가 성공의 경험을 쌓아가고 있다.

투자의 성패는 1~2년의 결과가 아닌 보다 긴 기간의 성적에 따라 평가해야 한다. 코로나19 발병 직후 경험했던 지난 1년의 V자형 급반등은 매우 예외적인 사례로 볼 필요가 있다. 시장은 늘 상승과 하락의 사이클을 반복하기에 장기적인 수익률 재고를 위한 노력은 여전히 필요하다.

투자가 중요한 이유 ②

성장은 둔화되고
금리는 낮다

한국 사회에서 재테크라는 단어가 본격적으로 쓰이기 시작했던
때는 1990년대 중반이었다. 금리의 급격한 하락과 가계 금융자산의
축적이 재테크에 대한 관심을 불러 일으켰다. 그 이후로도 금리는 계
속 하락해왔고, 한국 가계가 축적해놓은 금융자산은 천문학적으로
늘어났다. 다만 최근 10여 년 동안 한국경제의 성장은 현저히 둔화되
고 있다. 요즘 같은 성장 둔화의 시기에 알맞은 재테크 방법을 살펴
보도록 하자.

재테크의 시작

재테크라는 단어가 언론에 처음 언급되기 시작했던 시기는 1980
년대 후반이었다 이때의 재테크는 저원화가치·저유가·저금리의 이른
바 3저 호황으로 우리 경제가 유례없는 호황을 누렸던 1986~1988
년에 큰돈을 벌었던 대기업들이 부동산과 주식에 투자하는 행태를

일컫는 말이었다. 1980년대 버블경제 시대에 일본 기업들이 행한 자이테크에 빗대어 기업 본연의 활동에 충실하지 않은 외도의 한 형태로 비판적으로 기사화됐던 것이 재테크 보도의 원조였던 셈이다.

은행권 재테크, 증권 재테크라는 제목의 기사가 나오기 시작했던 시기는 1995~1996년부터였다. 우리에게 익숙한 재테크의 역사는 1990년대 중반부터 시작됐다고 볼 수 있다. 당시 어떤 일이 있었기에 한국인들이 재테크에 관심을 기울이기 시작했을까? 두 가지 중요한 변화로 가계 금융자산의 급증과 금리의 급락이 있었다.

재테크를 하려면 굴릴 돈이 있어야 한다. 1980년대 후반의 3저 호황과 노동조합 활성화 과정에서의 임금 상승 등으로 한국의 가계 금융자산은 폭발적으로 증가했다. 가계 금융자산은 3저 호황 직전인 1985년 말의 62조 원에서 1995년 말 468조 원으로 급증했다.

또한 1990년대 중반은 시중금리가 급격하게 하락했던 시기이기도 했다. 1996년 시중은행 정기예금 금리는 사상 처음으로 한 자릿수대로 떨어졌다. 정기예금 금리가 1%에도 못 미치는 요즘의 잣대로 보면 이해가 안 갈 수도 있지만, 80년대 초 30%에 달했던 금리가 한 자릿수대로 떨어지면서 '저금리 쇼크'가 발생했던 것 같다.

금리가 높은 시기에는 딱히 자산운용이 필요하지 않다. 근검절약하며 눈 딱 감고 은행에 예금하는 것이 최선의 선택인 경우가 많다. 심지어 고금리 시대에는 무위험 투자라고 할 수 있는 예금에서 얻는 수익이 위험자산인 주식 투자보다 낫기도 했다.

한국에서 두 자릿수대의 은행예금 금리는 1998년을 끝으로 사라졌다. 1996년에 한 자릿수대로 금리가 떨어졌다가 IMF 외환위기 국면에서 일시적으로 두 자릿수대로 치솟은 이후 금리는 경향적으로 하락해 왔다. 두 자릿수대 금리 시절이었던 1980년~1998년의 연평균 예금금리는 15.8%에 달했던 반면 주식시장을 대표하는 코스피의 연평균 상승률은 9.5%에 그쳤다.

한국의 예금 금리는 1998년 이후 지속적으로 하락해 2021년 3월 0.87%(은행 저축성예금 신규 취급액 기준)까지 떨어졌다. 앞서 금리가 한 자릿수대로 떨어졌을 때, 한국 가계의 재테크가 시작됐다고 이야기했는데 특히 요즘과 같은 절대 저금리 환경에서는 자산운용의 중요성이 커질 수밖에 없다.

또한 가계가 축적해 놓은 금융자산은 4,300조 원을 넘어서고 있다. 은행에 예금하기보다는 투자하고 살아야 할 세상이다. 문제는 한국경제의 저성장 기조가 굳어지고 있다는 것이다. 코로나19 이후 주가가 많이 올랐지만, 실물 경제와 자산 시장의 괴리를 논거로 주가 버블을 지적하는 이들도 적지 않다. 성장 둔화의 시기에 과감하게 투자한다고 해서 돈을 벌 수 있을까?

성장 둔화 시기에 투자란?

한국의 경제 성장률은 경향적으로 둔화되고 있다. 연구기관에 따라 차이는 있지만, 한국경제의 잠재성장률은 2.5% 내외로 추정된다. IMF 외환위기 이전 실질 GDP가 연평균 10%대로 성장하던 고성장 국가에서 2000년대 중반 5% 내외로 성장하는 중속 성장 국가를 거쳐, 최근에는 저속 성장 국가가 돼버렸다. 성장이 둔화되는 건 달가운 일이 아니지만, 성장이 둔화되는 시기에 주식을 비롯한 자산 시장의 성과는 오히려 고성장 국면보다 좋을 수 있다.

성장이라는 개념에 대해서 투자자들이 가지고 있는 통념을 살펴보자. 성장은 투자자들을 매혹시킨다. 성장하는 국가나 산업에 투자해서 부를 늘리려는 시도는 자연스러운 일이다. 특히 우리나라처럼 성장이 둔화되고 있는 국가에서는 더욱 그렇다. 중국·베트남 주식(2006~2007년)·브라질 채권(2013년)·미국 성장주(2017년~) 투자 열풍 등은 이 땅에서 채워지지 못한 성장에 대한 욕구가 해외투자를 통해 분출됐던 사례들로 볼 수 있다.

흥미로운 점은 종종 자산 시장은 성장을 배반한다는 사실이다. 오히려 성장이 조금 둔화되는 국면에서 자산 가격이 제대로 올라가는 경우가 많다. 특히 주식이 그렇다. 2006~2007년 한국인들은 중국 주식과 사랑에 빠졌다. 당시 중국 주식을 샀던 한국 투자자들은 중국 경제의 성장이 지속되면서 중국이 미국과 맞먹거나 어쩌면 미국을 능가하는 국가가 될 것이라고 기대했을 것이다.

한국 투자자들이 가졌던 이런 기대는 크게 어긋나지 않았다. 최근 기업의 과잉부채를 비롯해 중국경제가 가지고 있는 여러 문제점이 드러나고 있지만, 중국경제가 고성장할 것이라는 판단 자체가 틀린 것은 아니었다. 팬데믹 국면이었던 2020년에도 중국경제는 주요국 중 유일하게 성장했고, 그 이전까지는 6%가 넘는 고성장을 지속해 왔다. 한국인들의 중국 주식에 몰입했던 2007년 이후 중국의 연평균 GDP 성장률은 8.0%에 달해 한국의 3.1%, 미국의 1.6%보다 훨씬 높았다. 중국의 고성장을 기대했던 십수 년 전 한국 투자자들의 판단은 결과적으로 맞았다.

국면별 명목 GDP 증가율과 코스피 상승률

	1차 급등기	횡보 조정기	재상승기
시기	1986~1988년	1989~2002년	2003~2020년
연평균 명목GDP 성장률	16.3%	12.6%	4.4%
연평균 코스피 등락률	58.9%	-2.6%	12.4%

자료: 한국은행, 한국 거래소

그렇지만 주가의 움직임은 전혀 딴판이었다. 2007년 한때 6,100 포인트대까지 올랐던 중국상해종합지수는 2021년 3월 현재 3,400포 인트대에 머물러 있다. 반면 미국 증시는 연일 사상 최고가를 경신하 면서 2009년 이후 10년 넘는 활황 장세를 구가하고 있다. 박스권에 서 장기 횡보했던 한국 증시도 2019년 이후 힘을 내 코스피 3,000포 인트라는 신기원에 올라섰다.

투자자들은 경제 성장률이 높은 국가로 몰려갔고 그 국가가 높은 성장을 할 것이란 기대도 맞아떨어졌지만, 정작 성장의 수혜를 누리 지는 못했다. 이런 역설을 어떻게 해석해야 할까. 한국에서도 비슷한 사례가 있었다. 우리나라가 1960년대 경제 개발을 시작한 이후 경기 가 가장 좋았던 때가 언제일까?

2차 오일쇼크가 끝나고 중화학 공업에 대한 구조조정이 어느 정도 일단락됐던 1984년부터 IMF 외환위기 직전이었던 1996년까지가 한국경제에서 가장 활력이 넘쳤던 시기다. 3저 호황으로 수출은 급 증했고, 노동조합의 활성화로 임금은 치솟았다. 마이카 시대가 열렸 고, 분당·일산의 대규모 신도시 건설로 아파트는 중산층의 보편적 주 거 형태로 자리 잡았다. 여기에 88올림픽을 잘 치러내면서 국가적 자

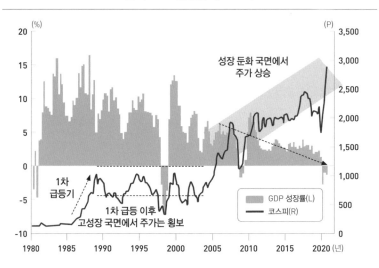

한국 GDP 성장률과 코스피

성장 둔화 국면에서
주가 상승

1차
급등기

1차 급등 이후
고성장 국면에서 주가는 횡보

GDP 성장률(L)
코스피(R)

자료: 한국은행, 신영증권 리서치센터

긍심도 높아졌다. 1996년 선진국 클럽으로 불렸던 OECD 가입은 한국경제가 이뤄낸 성취를 상징하는 화룡점정이었다.

그러나 경제의 활력이 넘쳤음에도 당시 한국 증시의 성과는 그리 좋지 못했다. 3저 호황이 있었던 1980년대 후반에 일시적인 강세장이 있었지만, 장기적으로 코스피는 500~1,000p의 박스권을 벗어나지 못했다. 1989년에 처음 1,000p에 올라섰던 코스피는 16년 동안 장기 박스권을 거쳐 2005년에야 네 자릿수 지수대에 안착했다.

이후 2007년에 2,000p대에 처음 올라섰고, 2021년에 3,000p에 도달했다. 고성장 국면에서는 일시적인 급등 이후 장기적으로 주식시장의 성과가 좋지 못했던 반면 오히려 성장 둔화 국면에서 의미 있는 상승을 이뤄낸 셈이다.

저성장 속 금리는 낮다

성장 둔화 국면에서 주식이 오히려 크게 오르곤 하는 이유는 저금리와 유동성, 사회·경제적 안정성이라는 관점에서 설명할 수 있다. 실물 경제 성장의 둔화가 주식시장에 호재일리는 없다. 그렇지만 성장 둔화의 산물인 금리 하락은 주식을 비롯한 자산 시장 전반에 호재다. 금리는 돈에 대한 수요와 공급에 따라 결정되는 '돈의 가치' 또는 '돈의 가격'이다.

경제 성장이 둔화되면 돈에 대한 수요가 줄어들게 된다. 돈에 대한 수요가 줄어든다는 주장에 직관적으로 수긍하지 못하는 독자들이 있을 것이다. 대부분의 사람은 돈이 늘 필요하기 때문이다. 오히려 부자가 돈을 더 벌기 위해 노력하는 경우가 흔하다. 많은 이들이 경제적 결핍으로 고민하는 경우가 많은데 돈에 대한 수요가 줄어들 수 있을까?

돈에 대한 수요는 두 경제 주체의 관점에서 나눠서 생각할 수 있다. 먼저 가계다. 가계는 소비를 위해 돈이 필요하다. 저축도 현재의 소비를 미래로 이연시키는 것과 같다. 가계는 돈을 더 벌기 위한 욕구가 충만해 있는 플레이어다.

반면 기업의 경우는 좀 다르다. 가계는 소비하고, 기업은 투자한다. 소비 수요는 안정적이지만, 투자 수요는 매우 가변적으로 변한다. 기업의 입장에서 투자를 잘못하면 큰 낭패를 볼 수도 있기 때문이다. 잘못된 투자로 파산에 이른 기업들은 부지기수로 많다. 투자는 성장 전망이 밝을 때 활성화된다.

우리나라의 1980~1990년대처럼 돈 벌 기회가 많은 고성장 국면

GDP 대비 국가별 투자 비중

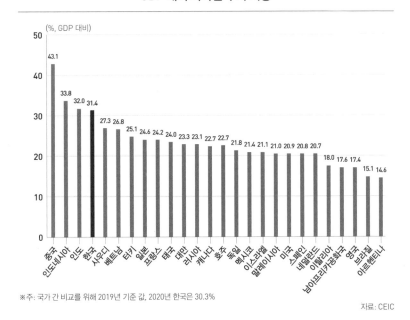

※주: 국가 간 비교를 위해 2019년 기준 값, 2020년 한국은 30.3%

자료: CEIC

에서는 투자 활성화 정도가 아니라 기업의 과잉투자로 인한 경제 위기가 반복적으로 나타나곤 했다. 반면 경제 전반의 성장이 둔화되는 국면에서는 기업의 투자가 활성화되기 힘들다. 결국 국가 경제의 돈에 대한 수요는 투자에 대한 기업의 태도에 좌우된다고 볼 수 있다.

한국 기업들의 투자는 좀 독특한 측면이 있다. 국민경제에서 투자가 차지하는 비중(GDP 대비 투자 비중)은 경향적으로 둔화되고 있지만, 다른 나라와 비교하면 아직도 투자의 절대 비중이 높다. 한국의 GDP 대비 투자 비중은 2020년 기준 30.3%였다. IMF 외환위기 직전이었던 1996년에 이 비율은 40%에 달했는데, 이후 추세적으로 하락하면서 30%에 턱걸이하는 수준까지 떨어졌다.

장기 시계열로 보면 투자가 위축되고 있지만, 국제 비교에서는 다른 결론이 도출된다. 한국처럼 투자가 GDP의 30%를 상회하는 국가는 중국(43%)·인도네시아(33%)·인도(32%) 정도밖에 없다. 일본은 24%고, 미국은 20%다.

GDP 대비 투자 비중의 하락은 실물 경제의 성장 둔화를 반영해 온 것으로 볼 수 있다. 또한 과거에 비해 투자가 위축됐다고 하더라도 한국은 아직도 다른 나라와 비교하면 투자 비중이 높은 국가다. 이 때문에 향후 투자가 더 늘어날 여지는 크지 않다고 봐야 한다. 장기적으로 기업의 투자가 활성화되면서 돈에 대한 수요가 커져 금리가 상승할 가능성은 크지 않다. 거의 모든 선진국에서 나타나는 현상이다.

한국의 금리 하락은 저성장의 산물이다. 저성장 자체는 주식시장에 호재가 아니지만, 저금리는 호재가 될 수 있다. 물론 성장률의 하락 속도가 너무 가파르거나 아예 경제 규모가 축소되는 마이너스 성장이 나타나면 그때는 저금리가 주는 긍정적 효과보다 성장의 후퇴에서 오는 부정적 효과가 더 크게 나타난다.

1990년대부터 진행된 일본의 '잃어버린 20년'의 시기가 그랬다. 당시 일본의 금리는 제로 수준까지 하락했지만, 주식시장과 부동산 시장은 장기 침체를 면치 못했다. 잃어버린 20년 동안 일본 경제는 다섯 번이나 마이너스 성장을 기록했다. 마이너스 성장은 자주 나타나는 현상이 아니다. 통상 '저성장'이 문제지, 경제 자체가 역성장하는 건 매우 드문 일이다.

우리나라의 경우 1960년대 경제개발을 본격화한 이후 1980년 2

차 오일쇼크, 1998년 IMF 외환위기 때에 이어 2020년 팬데믹 국면 등 마이너스 성장은 세 차례에 불과했다. 마이너스 성장은 일생 동안 극심한 경기침체기에 너댓 번 경험하는 일인데, 일본에서는 20여 년 동안 다섯 차례나 마이너스 성장이 나타났으니 경기침체의 골이 깊기는 깊었다. 이런 상황이라면 자산 시장도 저금리가 주는 플러스 효과보다 경기침체가 주는 부정적 효과에 더 큰 영향을 받을 수밖에 없다.

투자가 중요한 이유 ③

유동성이 증대했다

한국의 저금리를 기업의 투자와 관련해서 자금의 수요라는 관점에서 논의했다. 다만 기업의 투자 수요 약화라는 사실만으로 최근의 극단적인 저금리를 설명하기에는 부족하다. 아직도 한국은 GDP의 30% 이상을 투자하고 있는 나라이기 때문이다. 돈이 어디까지 풀리면 적당할지 생각하며 양적완화와 질적완화의 개념도 살펴보자.

폭발적으로 늘어난 유동성

한국의 예금 금리는 1998년 이후 지속적으로 하락해 2021년 3월 현재 0.87%(은행 저축성예금 신규 취급액 기준)까지 떨어졌다. 금리가 극단적인 저금리 레벨까지 떨어진 이유는 돈이 너무 많이 풀렸기 때문이다. 투자 위축으로 돈에 대한 수요도 줄었지만, 돈의 공급은 극단적으로 팽창했다.

최근의 금리 하락은 돈에 대한 수요가 위축되었다기보다는 유동

한국 명목 GDP와 M2

단위: 조 원

	1990년	2000년	2008년	2020년
명목 GDP	201	652	1,154	1,924
M2	130	693	1,370	3,197

※주: 명목 GDP는 연간·M2는 당해 말 기준.

자료: 한국은행

성이 폭발적으로 공급된 데 더 큰 영향을 받았다고 볼 수 있다. 돈의 공급이 많았다는 것은 어떤 의미일까. 중앙은행은 국가 경제에 유동성을 공급하거나, 흡수할 수 있는 권한을 가지고 있다.

한국에는 한국은행이 있고, 미국엔 연방준비제도, 유로존과 일본에는 유럽중앙은행ECB과 일본은행BOJ이 있다. 최근 주요 중앙은행들이 풀고 있는 유동성의 규모는 상상을 초월할 정도로 크다. 한국의 사례를 살펴보자.

돈이 어느 정도 경제에 풀리는 게 적당할까. 정답은 없지만 그래도 실물 경제가 커가는 속도와 비슷하게 돈이 늘어나는 것이 자연스러운 일이다. 돈은 실물 경제활동을 보조하는 기능이 있기 때문이다. 위의 표는 실물 경제의 규모라 할 수 있는 명목 GDP(국내총생산)와 풀린 돈의 양을 보여주는 M2(총통화)를 비교한 것이다.

단순하게 해석해보면 1990년만 하더라도 실물 경제의 규모(명목 GDP 201조 원)에 비해 경제에 풀린 돈의 규모(M2 130조 원)가 훨씬 적었다. 상대적으로 돈이 귀하니 돈의 가격인 금리도 높을 수밖에 없었다.

2000년에는 실물 경제와 풀린 유동성의 규모가 엇비슷해졌고,

2008년에는 유동성의 규모가 명목 GDP보다 18% 가량 커졌다. 2008년을 예로 든 것은 미국의 투자은행 리먼브라더스의 파산으로 상징되는 글로벌 금융위기 직후부터 주요 중앙은행들의 유동성 공급이 파격적으로 증가했기 때문이다.

특히 팬데믹 이후에는 막대한 유동성이 시중에 풀리면서 2020년 말 기준 명목 GDP는 1,924조 원인 반면, M2는 3,197조 원까지 폭증했다. 돈의 공급이 이렇게 늘어나다 보니 금리 하락은 불가피했다고 해석할 수 있다.

지금까지 중앙은행의 유동성 확충이 돈의 희소성을 떨어뜨려 금리를 장기간 하락시켰다는 사실을 살펴봤다. 그렇다면 중앙은행은 돈을 경제에 어떻게 공급할까. 남대문에 있는 한국은행 옥상에서 오만 원권 지폐를 뿌리는 방법을 쓸리는 없다. 중앙은행이 경제에 유동성을 공급하는 일반적인 수단은 공개시장운영open market policy이다.

일반인들은 중앙은행과 거래하지 못하지만, 민간은행들은 중앙은행과도 거래한다. 중앙은행은 은행의 은행이라고도 불리는데 민간은행이 중앙은행에 자금을 예치하거나 대출을 받기도 하기 때문이다. 민간은행은 중앙은행에 계좌를 개설해 놓고 중앙은행과 거래를 하는데, 공개시장운영도 양자간 거래의 일종이다.

한국은행이 민간은행으로부터 특정한 증권을 사들이면서 민간은행 계좌에 매입 대금을 넣어주면 시중에 풀리는 유동성의 양을 늘릴 수 있다. 반대로 시중에 돈이 너무 많이 풀렸다는 판단을 내리면 한국은행이 민간은행에 보유 중인 증권을 팔면 된다. 이때 민간은행 계좌에 있는 돈이 한국은행으로 들어오면서 시중 유동성은 감소한다.

이때 한국은행과 민간은행이 사고파는 증권은 신용도가 높아야 하고, 만기는 짧아야 한다. 한국은행과 민간은행의 거래는 이윤 획득이 아닌 경제에 유동성을 공급하거나 줄이기 위한 목적으로만 행해진다. 그렇기에 부도 위험이 없는 안전한 증권이 거래돼야 한다. 정부가 발행한 국채와 통화안정증권, 기타 정부가 보증하는 채권, 주택금융공사가 발행하는 주택담보부채권 등이 그 대상이 된다.

또한 채권의 만기가 길어도 안 된다. 시장금리는 늘 변동하는데 만기가 길면 중앙은행과 민간은행이 거래하는 과정에서 이자율 변동 위험이 생기기 때문이다. 그래서 한국은행이 공개시장운영을 통해 거래하는 증권은 통상 7일 만기로 거래금리를 고정하는 환매조건부채권RP이다. 환매조건부채권은 채권매도자가 일정 기간 후에 합의한 금리로 되사주는 채권을 의미한다. 여기서는 한국은행이 통상적으로 거래하는 채권의 만기가 짧다는 정도로만 이해하면 될 듯하다.

양적완화와 질적완화

공개시장운영은 모든 경제학 교과서에 나오는 일반적인 유동성 공급 수단인데 글로벌 금융위기 이후에는 비전통적인 수단이 더해졌다. 양적완화quantitative easing라는 말을 들어봤을 것이다. 양적완화는 2000년대 초 일본은행이 시작했다. 2008년 글로벌 금융위기 이후 미국과 유럽중앙은행이 가세하면서 새로운 유동성 공급 수단으로 자리 잡았다.

민간은행들이 보유한 증권을 중앙은행이 매입함으로써 경제에 유동성을 공급한다는 점에서는 양적완화와 공개시장운영은 차이가 없다. 두 방식의 차이는 중앙은행이 매입하는 증권의 만기에서 생긴다. 앞서 공개시장운영은 중앙은행이 신용도가 높은 채권을 '단기'로 매입하는 행위라는 점을 살펴봤다.

양적완화는 중앙은행이 '만기가 긴' 장기채권을 매입하면서 경제에 유동성을 공급하는 행위를 지칭한다. 매입 대상이 되는 채권은 정부가 발행하는 국채, 공적기관이 발행하는 주택담보부채권 등으로 공개시장운영과 동일하다. 다만 만기가 긴 채권을 매입하기 때문에 중앙은행은 이자율 변동에 따른 리스크를 감내해야 한다.

중앙은행이 이자율 변동에 따른 리스크가 발생함에도 양적완화를 실시하는 이유는 무엇일까? 공개시장운영*을 비롯한 전통적인 통화정책은 기본적으로 단기금리를 조정하는 수단이다. 한국은행과 미국 연방준비제도 등 중앙은행은 기준금리를 발표하는데, 기준금리는 만기가 아주 짧은 단기금리다. 한국은행 기준금리가 만기 7일짜리 환매조건부채권 금리라는 점을 앞서 언급했는데, 연방준비제도 기준금리FFR: Federal Fund Rate는 만기 하루의 오버나잇 금리다.

예를 들어 2021년 3월 현재 한국은행의 기준금리는 0.5%다. 그런데 기준금리가 0.5%라고 해서 시장에서 거래되는 금리가 꼭 0.5%인 것은 아니다. 자금 사정에 따라 단기금리가 0.52%가 되기도 하고, 0.47%가 되기도 한다.

공개시장조정은 이때 행해진다. 시장금리가 기준금리보다 높으면 중앙은행이 채권을 매입하면서 유동성을 늘린다. 유동성이 늘어나면 돈의 가치인 금리가 하락해 기준금리에 수렴한다. 시

공개시장운영open market policy
중앙은행이 만기가 짧고 신용도가 높은 공적기관이 발행한 채권을 매매함으로써 유동성을 공급하거나 축소하는 정책.

장금리가 기준금리보다 낮으면 중앙은행이 채권을 매도하면서 유동성을 흡수해 금리를 높인다.

중앙은행의 기준금리가 초단기 금리인 데는 이유가 있다. 만기가 하루(미국) 또는 7일(한국)의 초단기는 비교적 예측 가능하기에 중앙은행이 공개시장운영을 통해 돈을 풀거나, 흡수하면서 금리를 컨트롤 할 수 있다.

30년 만기의 국채를 생각해보자. 정부가 발행한 장기채권인 국채라서 신용도가 높다고 볼 수 있지만, 30년이라는 세월은 아무도 보증해주지 못한다. 그리스와 포르투갈 같은 국가들은 재정위기를 겪었고, 초강대국 미국도 2011년에 국가신용등급이 강등되는 수모를 당하기도 했다.

단기금리는 중앙은행이 조절할 수 있지만, 장기금리는 경제 상황과 채무상환 능력 등에 대한 시장의 전망에 따라 결정된다. 이쯤 되면 중앙은행들이 양적완화라는 비전통적인 통화정책을 쓰는 이유를 알 수 있을 것이다. 중앙은행이 장기금리까지 통제하기 위한 목적으로 시행되는 정책이 양적완화다.

여기에 더해 요즘에는 질적완화라는 개념도 도입됐다. 양적완화가 안정도가 높고 만기가 긴 채권을 매입하는 행위였다면, 질적완화는 위험도가 높은 증권까지 중앙은행이 매입하는 행위를 뜻한다. 질적완화가 시행되면 회사채나 기업어음 심지어 주식까지 중앙은행이 매입하게 된다. 2020년 팬데믹 국면에서 주요 중앙은행들은 질적완화 정책을 쓰기 시작했다.

질적완화는 논란이 많은 개념이다. 중앙은행이 특정한 사적 플레이어를 지원하는 측면이 있기 때문이다. 중앙은행이 정부나 공공기관의 채권을 매입하는 행위는 충분히 용인될 수 있다. 공적기관은 공익을 위해 존재하지 이윤을 목적으로 하는 경제주체가 아니기 때문이다.

질적완화는 성격이 전혀 다르다. 시장에서 경쟁하는 민간 경제주체들의 목적은 이윤 획득에 있다. 즉 돈을 벌기 위해 경쟁을 하는데 돈을 찍어낼 수 있는 권한을 가진 중앙은행이 특정 플레이어들을 지원하면서 뒷배가 되어주는 건 공정하지 못하다는 평가를 받을 수 있다. 코로나19라는 재난에 대응하기 위한 한시적인 조치라는 단서가 달리기는 했지만 말이다. 이런 식으로 중앙은행의 영향력은 파격적으로 커지고 있다.

투자가 중요한 이유 ④

저금리는 계속된다

공개시장운영에서 양적완화, 질적완화로 이어지는 일련의 과정은 중앙은행이 경제에 유동성을 공격적으로 공급하는 것을 목적으로 이뤄졌다. 돈이 많이 풀리다보니 금리도 장기적으로 하락해왔다.

앞으로는 어떨까? 막대한 정부의 부채를 고려하면 금리가 더 떨어지거나, 최소한 의미있게 오르지는 못할 것이다. 주요 중앙은행들이 양적완화와 질적완화 등의 비전통적 통화정책을 도입한 이유는 급증한 정부부채와 관련이 깊다고 본다.

2008년 글로벌 금융위기는 대공황 이후 가장 큰 경기 후퇴를 초래했다. 대침체로 불리는 당시의 불황은 민간의 과잉부채로부터 비롯됐다. 구미권 선진국에서는 가계가 과도하게 빚을 내 주택을 샀고, 신흥국에서는 기업들이 부채를 늘려 발생한 과잉투자가 존재했다. 위기를 극복하기 위해 중앙은행은 양적완화라는 비전통적인 통화정책을 사용했고, 정부는 재정지출을 늘리면서 경기후퇴를 막았다.

자본주의 체제에서 중앙은행과 정부의 개입은 일시적인 위기에 국한돼야 한다는 것이 일반적인 믿음이지만, 금융위기 이후 글로벌 경제는 좀처럼 활력을 되찾지 못했다. 낮아진 금리는 정상화되지 못했고, 정부의 부채도 계속 늘어나던 중 코로나19가 결정타를 날렸다. 시장이 마비되면서 중앙은행은 질적완화라는 파격적 정책을 썼고, 정부도 공격적으로 재정지출을 늘리면서 경기 하강을 막았다.

2020년 한국 GDP 성장률은 -1.0%로 OECD 회원국 중 가장 양호했지만, 정부 지출을 뺀 민간 부문의 성장률은 -2.4%로 부진하다. 한국뿐만 아니라 많은 국가가 재정지출 확대로 코로나19로 인한 충격을 완화시켰지만, 정부부채의 급속한 증가라는 대가를 치러야 했다.

미국의 GDP 대비 국가부채 비율은 2020년 말 131%(2019년 말 108%)까지 늘어났고, 일본 256%(238%), 영국 107%(85%) 등으로 국가부채가 가파르게 증가했다. 한국은 상대적으로 재정 건전성이 높지만, 국가부채에 대한 경계심은 커지고 있다.

정부부채의 절대 규모가 커지면 저금리 기조의 유지가 불가피하다. 정부부채 규모가 큰 상황에서 금리가 상승하면 정부의 이자 비용 지출 부담이 커지기 때문이다. 미국은 2차대전 이후 국가부채가 급증한 상황에서 금리를 명목성장률보다 크게 낮은 수준으로 유지하는 인위적 저금리 정책을 쓴 바 있는데, 요즘 상황도 당시와 비슷하다.

중앙은행과 정부의 친밀한 관계를 통해 국가부채를 늘릴 수 있다는 적극적인 주장도 나오고 있다. 현대화폐이론MMT: Modern Monetary Theory이라는 이론이 있다. 민간의 수요가 약해 인플레이션 압박이 약할 때는 정부가 재정지출을 늘려 경기를 부양해야 한다는 것이 MMT의 내용이다. 민간 경기가 안 좋으니 세수를 통해 재정지출 재원을 마련하긴 어렵지만, 중앙은행이 양적완화를 통해 정부가 발행하는 국채를 사서 자금을 공급해주면 문제가 없을 것이라는 주장이다.

무제한의 발권력을 동원할 수 있는 중앙은행이 정부의 국채를 인수해주니 시장 금리가 올라갈리도 만무하다. 구축 효과crowding-out effect라는 개념이 있다. 정부가 증세하거나, 국채를 발행해 재정지출을 늘리면 민간의 경제활동(민간투자)을 위축시킬 수 있다는 것이 구축 효과의 내용이다.

정부가 민간이 쓰려고 하는 경제적 자원을 증세나 국채 발행 등을 통해 흡수하면 한정된 경제적 자원에 대해 정부와 민간이 경쟁하게 된다. 이 과정에서 돈의 가치인 금리가 상승한다. 금리가 상승하면 아무래도 민간투자가 위축될 수밖에 없다. 그렇지만 무제한적 발권력을 동원할 수 있는 중앙은행이 정부 발행 국채를 매입하면 구축 효과가 발생하지 않는다. 중앙은행이 풀어내는 자금은 민간과 경쟁하는 희소한 자원이 아니라 중앙은행 스스로가 새롭게 만들어 내는 돈이기 때문이다.

MMT는 주류 경제학의 관점에서는 이단으로 평가받고 있지만, 현실은 MMT와 비슷하게 돌아가는 측면이 있다. 양적완화는 정부가 발행하는 장기국채를 중앙은행이 간접적으로 인수할 수 있게 해줬다. 중앙은행이 정부가 발행하는 국채를 직접 매입하는 방식이 아니라 민간은행 보유 국채를 사는 형식이다. 이 때문에 직접적 매입은 아니지만, 민간은행을 매개로 정부에 자금 지원을 해줄 수 있는 길이

주요국 10년 만기 국채수익률

자료: Bloomberg

열렸다.

주요 선진국들은 이미 이런 길을 가고 있다. 일본의 GDP 대비 국가부채 비율은 250%를 넘어섰는데, 정부가 발행하는 국채를 일본은행이 양적완화로 소화하고 있다. 금리는 제로금리를 넘어 아예 마이너스권을 넘나들고 있다. 유럽의 주요 국가들도 일본의 뒤를 따르고 있다. 독일과 프랑스는 진작에 장기 금리가 마이너스로 반전됐다. 몇 해 전 재정위기를 겪었던 스페인과 포르투갈마저도 2020년 12월에 10년 만기 국채수익률이 마이너스까지 떨어졌다.

마이너스 금리는 우리의 경제적 상식에 부합하는 현상이 아니다. 돈을 빌려주는 쪽에서 이자를 받는 게 아니라 차입자에게 오히려 웃돈을 주는 꼴이기 때문이다. 마이너스 금리의 최대 수혜자는 막대한 부채를 진 정부다.

어느 바보가 정부 좋으라고 마이너스 금리의 채권을 사고 있나? 답은 '중앙은행'이다. 중앙은행이 '마이너스 금리'에도 아랑곳하지 않고 국채를 사주니 민간 투자자들도 함께 국채를 사고 있다. 마이너스 금리에서는 투자자들이 이자를 통해 돈을 버는 게 아니라 오히려 손해를 보지만, 마이너스 금리의 폭이 더 깊어지면 국채가격 상승을 통해 이익을 낼 수 있다.

저금리시대에 투자하지 않으면
가난을 대물림한다

정부의 부채 규모가 큰 상황에서는 금리가 오르기 어렵다. 쥐꼬리만한 이자로는 소폭의 인플레이션에도 부의 실질 가치를 지켜낼 수 없다. 마이너스 금리는 더 말할 것도 없다. 한국의 금리가 당분간 마이너스까지 갈 것 같지는 않지만, 저금리 기조의 유지는 불가피하다. 저금리가 된 이유와 도대체 이 많은 돈이 어디에서 나왔는지에 대해 알아보자. 그러면 돈의 흐름이 보일 것이다.

차별적인 저금리

저금리는 가계가 가지고 있는 부를 기업과 정부에게 차별적으로 이전시키는 역할을 한다. 저금리가 주는 영향은 차별적이다. 부채를 진 차입자는 저금리가 좋지만, 돈을 빌려준 대여자는 저금리 환경이 달갑지 않다. 한국의 가계부채가 1,900조 원을 넘어서고 있어 금리 하락이 일견 가계에 도움이 되는 것으로 느껴질 수도 있지만 그렇지

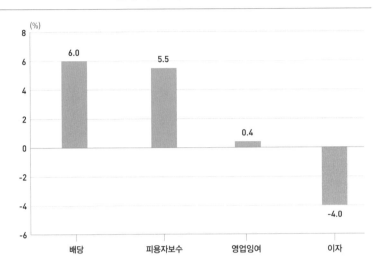

한국 가계소득 원천별 증감률

(%)

- 배당: 6.0
- 피용자보수: 5.5
- 영업잉여: 0.4
- 이자: -4.0

※주: 피용자보수는 노동자들의 임금, 영업잉여는 자영업자 수입, 2009~2019년 연율화

자료: 한국은행

만은 않다. 어느 나라나 가계는 돈을 빌리기보다 빌려주는 순예금자(대여자)이기 때문이다.

2020년 말 현재 한국의 가계 금융부채는 2,051조 원이지만, 가계 금융자산은 이보다 훨씬 많은 4,539조 원이다. 가계 전체적으로는 부채보다 자산 규모가 훨씬 크다. 가계는 잉여자본을 보유하고 있어 돈을 굴리기 위한 수요가 늘 존재하는 셈이다.

가계 전체적으로 금리가 오르는 편이 내리는 것보다 유리하다. 구조화되고 있는 저금리는 한국 가계 소득의 장기 정체를 설명하는 요인이다. 최근 10년(2010~2019년) 동안 한국 가계 소득의 원천별 증감률은 위의 그림과 같다.

기업들이 배당을 늘리면서 배당 소득은 연평균 6% 증가했고, 노동자들의 임금(피용자보수) 역시 연율 5.5% 증가해 그리 나쁘지 않았다. 반면 자영업자의 소득(영업잉여)이 거의 늘지 못했고, 결정적으로 이자 소득이 연평균 4% 감소해 가장 큰 타격을 줬다.

저금리는 가계에 부정적인 영향을 주지만, 기업에 긍정적으로 작용한다. 기업 역시 순차입자와 순대여자가 있지만, 전체적으로 기업은 돈을 빌리는 순차입자다. 정부는 균형 재정 상황에서는 순차입자도, 순대여자도 아닌 중립적 존재지만 최근에는 부채가 급격하게 늘고 있어 기업과 비슷하게 순차입자로 봐야 한다. 인위적인 저금리는 가계의 부를 기업과 정부로 옮기는 역할을 하고 있다.

투자 열기 속, 그 많은 돈은 어디에서 나왔을까?

어딘가에라도 투자하고 살아야 할 세상이다. 저금리는 투자자들의 행동을 바꾼다. 제로금리와 마이너스 금리의 원조격인 일본에서 외환과 해외주식, 비트코인 등에 적극적으로 투자하는 주부들을 지칭하는 '와타나베부인'이 나왔듯이 말이다. 일본과 같은 극단적 경기 침체의 산물로서의 저금리가 아니라면 낮은 금리는 자산 시장에 긍정적인 영향을 줄 수 있다.

특히 금융자산이 많이 축적돼 있어 금리에 영향을 받는 유동성 규모가 큰 국가의 자산 시장에서는 저금리 효과가 극대화될 수 있다. 어떤 계기가 생길 경우 투자시장으로의 강력한 자금 이동이 나타날 수 있기 때문이다.

이미 이런 조짐이 나타나고 있다. 코로나19 이후 주식시장으로 엄청난 규모의 자금이 유입되고 있다. 주식시장으로 들어온 개인 투자자들의 직접 투자자금은 122조 원(2020년 1월 2일~2021년 3월 10일)에 달하고 있다. 개인 투자가들의 자금 유입 덕분에 코스피도 사상 초유의 3,000p대에 올라설 수 있었다.

최근 강세장 이전 한국인들이 가장 주식에 탐닉했던 시기는 2004~2008년의 주식형 펀드 붐 때였는데, 총 93조 원의 자금이 주식형 펀드로 유입됐다. 당시에는 46개월 동안 93조 원이 간접 투자 형태로 주식시장에 들어왔는데, 최근에는 14개월 동안 122조 원이 직접투자로 유입됐으니 최근의 투자 열기가 유별나기는 하다.

이 많은 돈이 어디에서 나왔을까? 전혀 이상한 일이 아니다. 한국인들은 큰돈을 가지고 있다. 한국은행에 따르면 2020년 말 기준 한국 가계가 보유하고 있는 금융자산은 4,539조 원에 달한다. 가계부채는 2,051조 원이기 때문에 가계 금융자산에서 가계부채를 차감한 가계 순금융자산은 2,488조 원이다. 한국 가계가 가용할 수 있는 자금은 2,488조 원으로 이 중 100조 원 정도가 주식시장으로 들어오는 건 언제든지 가능한 일이다.

한국의 가계 금융자산은 크게 보면 현금과 예금, 보험과 연금, 주식(펀드 포함)으로 삼분돼 있다. 이중 가장 높은 비중을 차지하는 건 현금과 예금으로 총 1,931조 원(가계 금융자산의 44.6%)을 기록하고 있다. 다음은 연금과 보험이 1,352조 원으로 31.2%, 주식과 펀드가 852조 원으로 19.6%를 차지하고 있다. 이자에 붙는 소득세를 빼면 원금 증식이 거의 불가능한 현금과 예금에 아직도 많은 부가 쏠려있는 셈이다.

한국 가계 금융자산의 구성

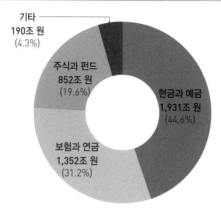

기타
190조 원
(4.3%)

주식과 펀드
852조 원
(19.6%)

현금과 예금
1,931조 원
(44.6%)

보험과 연금
1,352조 원
(31.2%)

※주: 2020년 9월 말 기준

자료: 한국은행

2021년 3월 현재 5대 시중은행의 1년 만기 정기예금 금리는 평균 0.60%이다. 1억 원을 예금하면 연이자가 60만 원, 매월 5만 원 꼴이다. 여기에 주민세를 포함한 이자소득세(세율 15.4%)를 내고 나면 실제로 매월 손에 쥐는 금액은 4만 2,300원에 불과하다. 저금리에 지쳐 계기만 있으면 언제든지 투자시장으로 향할 수 있는 가계 자금은 이미 충분히 누적된 셈이다.

또한 한국의 국민연금 규모는 2020년 10월 말 기준 772조 원에 달하고 있다. 국민연금 역시 금융시장의 큰손이다. 한국 금융시장뿐만 아니라 전 세계 연기금 중 3위의 운용 규모를 자랑하고 있으니 그야말로 글로벌 큰 손이라고 볼 수 있다.

가계 금융자산과 국민연금 적립액은 과거의 축적물이다. 과거 고성장 시대에 벌어 놓은 자산이 차곡차곡 쌓여온 것이다. 한국경제의 성장은 둔화되고 있지만, 과거 개발연대부터 축적된 금융자산 규모는 매우 크다.

여기서 실물 경제와 금융시장의 괴리가 발생할 수 있다. 경제 규모가 커지면 어느 정도 성장 둔화를 감내해야 하지만, 과거 고성장기에 쌓아 놓은 잉여 유동성은 많다. 주식·부동산을 비롯한 자산 시장은 실물 경제의 펀더멘털을 반영하고 있기도 하지만, 그 자산을 매수해 줄 수 있는 사회의 잉여 유동성 규모에 큰 영향을 받기도 한다.

경제주체들이 여유 자금을 충분히 저축하고 있기 때문에 일본과 같은 극단적 불황을 겪지만 않는다면 적어도 실물 경제의 성장률보다 자산 가격의 상승률이 더 높게 나타날 수 있는 환경인 것이다. 실물 경제의 성장 둔화는 노동을 통해서만 부를 쌓을 경우 그 증식의 속도가 매우 더딜 수 있다는 점을 시사한다. 실물 경제의 성장률보다 더 나은 성과를 가져올 수 있는 자산 시장에 대해 적극적인 관심을 기울여야 할 이유가 여기에 있다.

투자가 중요한 이유 ⑥

투자는 불안정한 고성장 사회보다
안정적 저성장 사회에서 빛을 발한다

실물경제의 성장이 둔화되더라도 저금리와 풍부한 유동성이 자산 시장에 긍정적인 영향을 줄 수 있다는 점을 앞에서 살펴봤다. 반면 경제가 고성장할 때 오히려 투자의 성과가 부진한 경우도 자주 발생하곤 한다.

1989~2002년 한국의 명목 GDP 성장률은 연평균 12.6%나 됐지만, 코스피의 연평균 등락률은 -2.6%로 부진했다. 글로벌 금융위기 이후 중국이 보여주고 있는 모습도 비슷하다. 2008~2020년 중국의 명목 GDP 성장률은 연평균 10.7%에 달했지만, 상해종합지수의 연평균 수익률은 -3.1%였다.

고성장 국면에서는 기업들의 투자 수요가 왕성해 금리는 높은 수준에서 유지되곤 한다. 고금리는 주식시장에 호재라고 볼 수 없지만, 높은 성장세를 기록하는 경제 펀더멘털이 주가에 악재일리도 없다. 혹시 경제의 성장 속도보다 금리가 주식시장의 장기 성과에 더 본질적인 영향을 주는 변수일까? 저성장 국면에서는 낮은 금리가 성장 둔화보다 더 큰 영향을 줬고, 고성장 국면에서는 높은 금리가 높은 성장률보다 더 우선적인 영향을 준 것처럼 보이니 말이다. 필자는 유동성(금리)과 펀더멘털(경제 성장률)의 대립이라는 측면보다 오히려 경제 시스템의 불안정성이 주식시장이 고성장의 수혜를 온전히 누리지 못하는 이유라고 본다.

1960년대부터 시작한 한국 자본주의 역사에서 고도성장의 시기는 IMF 외환위기를 전후한 시기까지로 볼 수 있다. 3저 호황이 끝났지만 그래도 10%대의 높은 성장률이 유지되던 1989~2002년의 시기는 고성장의 끝자락이었다. 당시 경제 성장률은 높았지만 경제 위기도 주기적으로 돌출되곤 했다.

1992년 중소기업들의 대규모 파산, 1997~1998년 외환위기, 1999년 대우그룹 부도, 2000년 현대그룹 유동성 위기, 2003년 카드 위기 등이 시차를 두고 나타났다. 2003년의 카드 위기만 가계가 과도하게 소비를 늘리다가 발생한 문제였고, 나머지는 모두 기업발 경제 위기였다. 경제가 고성장하는 국면에서는 기업들이 왕성하게 투자한다는 점을 여러 차례 언급했다.

문제는 과잉투자에서 비롯된다. 기업이 투자를 늘릴 때는 경제 성장률이 높아지지만, 투자가 잘못되어 과잉설비라는 부메랑으로 돌아올 때는 심각한 경제 위기가 발생한다. 과거 고성장 국면에서는 경기가 하강하면 기업 이익이 줄어드는 정도가 아니라 투자를 과도하게 늘린 기업들이 파산하곤 했다. 또한 기업들에 대규모로 대출한 은행들도 덩달아 위기에 빠졌다.

은행의 위기는 시스템 리스크system risk로 비화된다. 시스템 리스크는 단순한 경기 하강에서 발생하는 위기가 아니라 '특정 경제주체의 파산 → 은행권의 손실 → 대출 회수와 신규대출 위축에 따른 신용 경색 → 실물 경제 위축'으로 이어지는 일련의 부정적인 피드백을 의미한다. 고성장 국면에서는 과잉투자에 기인한 주기적 경제 위기 가능성이 늘 잠재해 있다.

사실 2003년의 카드 위기 역시 기업의 과잉투자와 무관하지 않다. IMF 외환위기 이전까지 한국의 은행들은 주로 기업들을 대상으로 대출을 해줬다. 가계는 저축을 통해 은행을 매개로 기업에 자금을 공급해준 셈이다. 당시에는 초등학교 학생들도 저축할 정도였다. 50대 이상의 1960~1970년대생들은 초등학교 때 학교에서 통장을 만들어 매월 소액을 저축했던 기억이 날 것이다.

한국은 가계의 저축과 기업의 왕성한 투자로 고성장을 이어왔지만, 외환위기가 불거지는 과정에서 한국 대기업들의 과잉투자가 문제로 대두됐다. 그래서 당시 정부에서 빅딜big deal이라는 인위적인 구조조정 정책을 쓸 정도였다. LG반도체는 현대그룹에 넘어갔고, 삼성자동차는 대우그룹에 분배됐다.

기업들은 신규 투자를 하기보다 기존에 벌여 놓은 사업을 수습하기에도 바빴기에 은행은 기업을 대체할 다른 대출처를 절박하게 찾아야 했다. 외환위기 이후 은행 등 금융회사는 가계 대출로 방향을 돌렸다. 은행·카드사·정부가 소비와 가계 금융을 활성화하는 과정에서 터진 위기가 '카드 버블 붕괴'였다고 볼 수 있다.

요즘의 중국도 90년대 한국과 비슷한 점이 많다. 성장률은 비교적 높게 유지되고 있지만, 과도한 부채 문제는 중국경제에 내재해 있는 '회색 코뿔소'로 거론되곤 한다. 회색 코뿔소는 발생할 개연성이 높고 파급력이 크지만, 사람들이 간과하고 있는 위험을 의미한다. 특히 중국은 기업부채가 문제가 되고 있다.

2019년 말 중국의 기업부채는 GDP 대비 160%에 달하고 있다. 중국 정부의 통제로 심각한 시스템 리스크 없이 시간을 벌고 있지만, 중국경제에 내재된 불안정성을 지적하는 이들이 많다. 개발도상국에서 선진국으로 넘어가는 과도기에 있는 국가들은 대부분 심각한 경제 위기를 경험했는데, 위기의 출발은 대부분 과잉부채에서 비롯됐다. 동아시아 국가들이 경험한 1990년대 외환위기가 대표적이고, 라틴아메리카 국가들은 외채 위기에 발목을 잡혀 아예 중진국의 덫에 빠져 있다.

2000년대 초 글로벌 경제의 떠오르는 총아로 각광을 받았던 BRICs(브라질·러시아·인도·중국)의 주식시장 중 장기 성과가 괜찮은 국가가 있는가? 중국 상해종합지수는 BRICs 열풍이 정점에 달했던 2007년 말 이후 -33%(2020년 말 기준)의 부진한 성과를 기록했고, 러시아 RTS 지수도 -39%의 부진한 성과를 보였다.

인도 SENSEX 지수와 브라질 BOVESPA 지수는 각각 135%와 86% 상승했다. 그렇지만 인도와 브라질의 통화인 루피와 헤알 가치는 같은 기간 심각하게 하락(평가 절하)해 달러로 환산한 인도의 주가는 1% 상승에 그쳤고, 브라질 주가는 -51%의 급락세를 면치 못했다. 같은 기간 동안 한국 코스피는 54%나 상승했다.

경제의 성장 속도는 대부분 기업의 투자에 의해 좌우된다. 고성장

경제는 매우 역동성이 높지만, 한편으로는 매우 불안정하다. 과잉투자와 과도한 부채가 함께하기 때문이다. 그렇기에 종종 주식시장은 성장을 배반하곤 한다. 한국경제의 저성장에 대한 우려가 높지만, 자산 시장은 꼭 성장만을 반영하는 건 아니다. 오히려 저성장 시대에 자산 시장에 대한 투자를 늘리는 건 환영할 만한 일이다. 장기적으로 리스크 관리를 하면서 투자를 잘 할 수 있다면 말이다.

2030세대가 투자를 배워야 할 이유

▣ 김학균 동학개미로 불리기도 하는 개인 투자가들의 주식시장 참여가 폭발적으로 늘어나고 있습니다. 이들 중에는 2030세대도 무척 많다고 하지요. 저는 젊은 세대가 어떤 식으로든 투자의 세계에 뛰어드는 것은 좋은 일이라고 생각합니다. 저금리 기조가 굳어지고 있어 위험을 감수하지 않으면 부를 증식시키기 어려운 세상이니까요.

▣ 신현준 무엇보다도 저성장, 저금리의 고착화와 함께 전셋값, 집값이 폭등한 상태입니다. 이제 소득 일부를 저축해 전세, 내 집 마련, 은퇴 후 소득 준비라는 평범한 중산층의 공식이 무너지고 있습니다. 주식 등 고위험·고수익 투자를 해야만 하는 시대에서 기초부터 탄탄한 공부와 관련 시장에 대한 깊은 이해가 필요하지요. 이들의 부모 세대인 베이비부머 세대는 자녀들 사교육비, 내 집 마련에 과도한 지출을 했습니다. 반면에 부동산 시장 외에 주식 등 투자시장을 멀리해 급속한 개발시대가 제공하는 기회에 비해 충분히 부를 이루지 못한 측면이 있습니다.

주변을 잘 둘러보면 우리 삶의 대부분의 결정들이 투자와 관련되어 있습니다. 어느 시점에 집을 구매할 것인지, 전세 또는 월세로 살 것인지, 작은 평수의 집을 큰 평수로 늘려 나갈 것일지 등. 이렇게 투자의 세계를 알아야 현명하게 해결할 수 있는 일들이 많습니다. 문제는 준비 없이 이런 상황을 마주치면 올바른 의사결정을 할 수 없다는 것입니다. 2030세대는 일과 투자 모두 추구하면서 행복한 부와 경제적 자유를 이루는 새로운 지평을 열어 갔으면 합니다.

김학균 저는 경제 성장이 둔화될수록 오히려 투자를 늘려야 한다고 생각합니다. 주식이나 부동산이 경제 성장에 영향을 받기는 하지요. 기본적으로 경제가 좋은 편이 이들 자산 가격의 상승에 도움이 됩니다. 극단적인 경기 침체 국면에서는 주식도, 부동산도 오르기 힘듭니다. 그렇지만 경제 성장이 완만히 둔화되는 국면에서는 자산 가격의 상승률이 경제 성장률보다 나은 경우가 많습니다.

한국경제의 성장률은 계속해서 둔화될 가능성이 높습니다. 1980년대 이후 우리 경제의 성장률 추이를 살펴볼까요? 전두환 정권 때 한국의 실질 GDP 성장률은 연평균 10%에 달했습니다. 이후 집권했던 노태우 정권 9.0%, 김영삼 정권 6.6%, 김대중 정권은 5.2%였습니다. 2000년대 들어서는 노무현 정권 4.6%, 이명박 정권 3.2%, 박근혜 정권 2.9%, 문재인 정권 1.7%(2017~2020년)였습니다. 한국경제의 성장률은 보수·진보정권 가리지 않고 하락해왔던 셈입니다.

어떻게든 성장률을 높이기 위해 노력해야 하지만, 큰 틀에서의 성장률 둔화를 받아들일 필요도 있다고 봅니다. 경제 규모가 일정 수준을 넘어서면 성장률을 높이기 힘듭니다. 예전에 교과서에서 배운 한계생산체감의 법칙과 평균회귀 경향이 작용하기 때문입니다. 경제적으로 보면 투입 대비 산출의 효율이 떨어지는 단계인데요. 이는 발전된 자본주의 국가에서 흔히 나타나는 현상입니다.

대부분의 성숙한 국가들은 고성장의 길을 걷다가 점차 성장 정체 국면에 접어듭니다. 19세기의 고성장 국가였던 미국은 이제 연간 성장률 2% 내외의 감속 성장 국가가 됐고, 미국보다 먼저 성장세가 꺾였던 유로존 국가들은 1%대로 성장률이 굳어지고 있습니다. 1970~1980년 글로벌 경제의 총아였던 일본 경제는 너무도 빠르게 쇠퇴하면서 연간 1% 성장도 버거운 상황이 돼버렸습니다. 성장률을 높이기 위해서는 혁신이 필요한데 이게 쉬운 일이 아니거든요. 2020년 기준 한국 실물 경제의 규모라고 볼 수 있는 명목 GDP는 1,924조 원입니다. 이를 조금이라도 키워보려고 온갖 노력을 하고 있지요. 특히 정부가 재정지출을 크게 늘리면서 성장률을 방어하고 있습니다. 2020년 한국의

GDP 성장률은 코로나19로 -1%의 역성장을 기록했습니다. 그나마 정부가 재정지출을 늘려 성장률의 급락을 막았습니다. 2020년 정부를 뺀 민간 부문의 성장률은 -2.4%에 그쳤습니다. 2019년도 마찬가지였는데 전체 GDP 성장률은 2%, 정부 지출을 뺀 민간 부문의 성장률은 0.6%에 불과했습니다.

정부의 노력으로 한국경제 성장률이 1~2%p 개선되는 효과가 있는 셈인데요. 이를 금액으로 계산하면 대략 20~40조 원 규모입니다. 1,900조 원 수준인 한국의 명목 GDP를 기준으로 말씀드린 겁니다. 이제는 금융에서 부를 쌓지 못하면 한국경제 전반의 소득 증대는 어렵지 않을까 싶습니다.

✉ 신현준 우리나라 잠재 성장률과 실제 성장률의 저하는 많은 선진국에서 이미 겪어온 것으로 재정, 통화 등 부양책으로 올릴 수 있는 여지는 거의 없습니다. 경제구조의 성공적 전환으로 생산성이 높아져야 가능한 일이죠. 인터넷, 스마트폰, IT로 대표되는 기존 경제구조는 전 세계적으로 괜찮은 일자리를 충분히 만들어 내지 못하고 있고, 저성장, 저물가, 저이자율 속에 높은 실업률이 굳어지고 있습니다.

빅데이터와 인공지능AI, 사물인터넷IoT과 5G 통신, 로봇과 자율주행으로 대표되는 새로운 4차 산업 물결 속에서 팬데믹이 찾아왔습니다. 경제와 기업의 체력이 약화된 반면에 비대면 선호와 디지털 전환은 가속화된 상황이죠.

새로운 성장 엔진과 양질의 신규 일자리는 차세대 기술을 활용한 비즈니스 모델의 성공적인 안착이나 기존 산업의 혁신적인 파괴로 생겨날 것입니다. 아쉽게도 변수가 너무 많아 시기를 정확하게 예상하기 어려운 상황입니다. 괜찮은 일자리를 얻어 안정적인 소득 흐름을 확보한 후, 불필요한 지출을 줄여 저축을 늘려나가는 기존의 재테크 방식이 흔들리고 있는 거죠.

괜찮은 일자리를 얻고 허리띠를 졸라매 종잣돈을 만들더라도 1% 내외의 낮은 저축의 복리를 굴려 자산을 두 배로 만드는 데 72년이 걸립니다. 투자 수익률이 6%라면 투자

원리금이 12년 만에 2배, 24년 만에 4배, 36년 만에 8배가 될 수 있죠.

반면 시장이자율이 구조적으로 하락하여 저이자율이 정상 상태가 되고 유동성 확대가 동반되면 위험을 감수한 대가로 지불되는 보상인 리스크 프리미엄도 낮아지게 됩니다. 이에 따라 이자율과 리스크 프리미엄의 합인 할인율이 하락하면서 위험자산의 평가 가치 레벨을 높일 수 있습니다. 최근 들어 우리나라도 이런 구간에 진입하고 있는 것으로 판단되기 때문에 투자를 통해 부를 이룰 기회는 점점 많아질 것으로 보입니다.

▨ 김학균 실물 경제의 성장은 둔화되고 있지만, 한국에는 과거 고성장기부터 쌓아 놓은 자산이 많습니다. 바로 가계 금융자산이지요. 한국 가계 금융자산은 2020년 말 현재 4,539조 원입니다. 한국의 명목 GDP 규모가 1,924조 원이라는 점을 고려하면 실물 경제보다 훨씬 큰 규모의 자금이 금융자산의 형태로 쌓여 있습니다.

앞서 제가 자산 가격은 경제 성장을 반영하는 경우가 많다고 말했는데요. 이는 투자에서 '펀더멘털'로 불리는 영역입니다. 그런데 자산 가격이 꼭 펀더멘털만을 반영하는 건 아닙니다. 그 자산을 사줄 수 있는 매수 기반도 그 못지않게 중요한 요인이거든요. 매수 기반은 그 사회에서 총체적으로 축적해 놓은 돈의 규모입니다. 앞서 말한 가계 금융자산이 이에 해당됩니다. 한국은 실물 경제의 성장이 둔화되고 있지만, 부동산이든 주식이든 자산 시장에 투자할 수 있는 돈은 매우 많은 상황이라고 평가할 수 있습니다.

적절한 비유가 될지 모르겠지만 야구를 예로 보겠습니다. 메이저리그 토론토 블루제이스 팀에서 뛰고 있는 류현진 선수의 연봉은 2,000만 달러입니다. 우리 돈으로 220억 원(원/달러 환율 1,100원 가정) 정도 되는 돈이지요. 그런데 류현진 선수가 한국에서 마지막으로 뛰던 2012년 한화에서 받은 연봉은 4억 7,000만 원이었습니다. 류현진 선수는 한국보다 40배 넘는 연봉을 받으면서 메이저리그에서 뛰고 있는 겁니다.

류현진 선수의 펀더멘털은 뭘까요. 볼 스피드와 커브의 각도, 체인지업의 완급조절 정도가 되겠지요. 아무리 생각해봐도 류현진 선수가 던지는 공의 위력이 한국보다 미국에서 40배 이상 나아졌다고 보기는 어렵습니다. 류현진이라는 선수를 소비할 수 있는 시장의 규모가 몸값을 끌어올렸다고 보는 게 더 타당할 겁니다. 류현진이라는 선수가 가진 훌륭한 펀더멘털에 대해 한국보다 40배 이상 지불할 수 있는 구매력이 메이저리그에 존재했기에 높은 연봉을 받을 수 있었다고 봐야겠지요.

💬 신현준 다른 앵글로 보면 투자시장에서 더 의미가 있는 숫자는 가계의 금융자산 4,500조에서 가계부채 2,000조를 뺀 2,500조의 순금융자산 규모가 될 것이고요. 이에 더하여 지난 50년간 '한강의 기적'으로 불리는 고도성장 과정에서 가계 저축자금의 상당 부분이 국민연금, 퇴직연금 등 연기금에 1,000조가 축적되고 있습니다. 물론 이것은 국가 연금제도와 연계한 강제저축의 성격이지요. 이것까지 고려하면 대략 3,500조 원 정도의 투자 실탄에다가 금융자산으로 잡히지 않는 현금 보유와 지분 직접 투자자금들이 준비되고 있다고 볼 수 있는 거죠.

아울러 우리가 관심을 가지고 봐야 할 부분은 자산 시장간 구조적인 자금의 이동입니다. 다른 요인이 동일하다고 할 때, 특정 시장으로의 꾸준한 자금 유입은 장기적인 가격 상승에 좋은 여건을 제공해주기 때문이죠. 시장이 장기적으로 수급 여건이 건강하게 유지되면서 우상향의 그래프를 그릴 때, 다수가 이기는 결과를 얻을 수 있습니다. 미국 401k 연금과 주식시장의 선순환 구조는 모두가 부러워하는 성공사례입니다.

그동안 우리나라 가계저축은 예금적금 등 금리상품, 아파트 등 주택 구입에 주로 운용됐습니다. 주택에 대한 규제강화 추세와 은퇴 준비를 위한 고위험투자 관심 제고로 앞으로는 주식 등 위험자산 시장의 수요기반이 더 커질 것으로 보입니다. 사실 대부분의 선진국이 이와 유사한 길을 걸어왔다고 할 수 있죠.

우리 가계 저축자금의 상당 부분을 차지하는 연기금 투자와 관련해서도 더 생각해야 할 부분이 있습니다. 국민의 노후를 대비하기 위해 적립된 연기금 자금은 철저한 위험관리와 수익 극대화의 관점에서 운용하는 것이 당연합니다. 다만 단기 관점이나 정치 논리에 매몰되어 잠재 기회를 잃는 어리석음에도 빠지지 말아야 할 것입니다.

그간 노력으로 연기금 운용의 전문성과 투명성은 크게 개선되었습니다. 앞으로는 국내 자산 시장이 건강하게 자랄 수 있도록 거름을 주고 든든한 수요처 역할을 통해 장기 수익기반을 만드는 역할에 앞장서야 한다고 봅니다. 한국경제를 글로벌 가치주로 볼 수 있다면 비중 확대가 가능한 것이죠. 해외투자 확대와 함께 우리 경제의 위상과 잠재력에 맞는 전략적 자금 배분을 통해 새로운 산업 물결의 성공스토리를 써나간다면 주식 등 자산 시장의 발전부터 글로벌 기업의 성장, 괜찮은 일자리 창출과 국민의 은퇴 준비 지원까지 동시에 도모할 수 있습니다.

▣ 김학균 원장님 말씀 듣다 보니 성장 둔화 국면에서는 자산 시장의 움직임이 실물 경제의 성과보다 더 나을 수 있다는 점을 다시 떠올리게 됩니다. 펀더멘털이라는 관점에서는 고성장기보다 매력이 떨어지지만, 유동성 여건은 훨씬 낫기 때문입니다. 그러니 투자를 하는 건 좋은 일이라고 생각합니다.

한편 실물 경제의 성장이 둔화되고 있다는 사실은 노동을 통해 돈을 벌 기회가 적어지고 있다는 점을 의미하기도 합니다. 우리가 경험하고 있는 취업난, 고용불안 등은 모두 저성장의 산물입니다. 이렇게 보면 투자를 금기시하는 태도는 정말 옳지 않습니다. 과거 고성장 시기에는 투자를 하지 않더라도 노동을 통해 소득을 올릴 기회가 충분히 있었습니다. 노동소득의 불확실성이 과거보다 훨씬 커진 상황에서 실물 경제보다 나은 성과를 낼 수 있는 투자를 외면하는 건 현명한 선택이 아니라고 봅니다.

▣ 신현준 우리나라의 고도 성장기인 1970년대에 예금 금리나 채권 금리가 20%가 넘었던 적도 있었습니다. 그런 시기에는 높은 금리를 보고 저축하는 것이 그리 나쁘지 않은 선택이었지요. 외국도 크게 다르지 않습니다. 싱가포르 투자청GIC 총괄 CIO를 만나 저금리 시대에 어떻게 4~5%대의 안정적인 포트폴리오 수익률을 올리느냐고 질문한

적이 있습니다. "싱가포르 투자청은 70%를 채권 투자로 운용하고 있는데 1980년대 초 설립 시기에 채권 수익률이 두 자릿수에 달할 때, 대량으로 편입한 자산의 덕을 보고 있다."이렇게 답하더군요.

최근 1년 만기 정기예금이나 국채의 이자율은 1%가 안됩니다. 다시 올라간다고 해도 3%를 넘기 어렵죠. 1%, 3% 수익률로 복리의 마법을 부리더라도 각각 72년, 24년이 걸려야 원금의 두 배를 만들 수 있습니다. 취업과 고용이 불안정한 상황에서 파이어족과 같이 소비를 극단적으로 줄이지 않는 한, 이 정도 수익률과 증식속도로는 정상적인 은퇴 준비가 어려울 겁니다.

▣ 김학균 프랑스의 좌파 경제학자인 토마 피케티Thomas Piketty가 쓴 《21세기 자본》이라는 책이 몇 해 전 큰 반향을 불러일으켰습니다. 피케티는 자산 가격 상승률이 노동소득 증가율보다 높아 불평등을 강화해왔다는 점을 오랜 기간의 실증 연구를 통해 밝혔습니다.

피케티의 주장에 대해서는 반론이 있지만, 그의 연구가 대부분 자본주의가 성숙한 선진 국을 대상으로 했다는 점에서 우리가 앞서 논의한 내용과 통하는 점이 있습니다. 불평등의 강화가 바람직한 현상은 아니지만, 그래도 현실적으로 투자를 하고 살아야 할 당위성을 피케티라는 좌파 경제학자가 말해준 게 아닌가 싶습니다. 피케티 본인의 의도와는 무관하게요.

▣ 신현준 역시 증권사 최고 리서치센터장님답게 투자자 입장에서 훌륭한 역발상을 하는군요. 사실 피케티의 연구는 경제학자들 사이에서 많은 비판과 반론이 있습니다. 가장 문제 제기가 많았던 것은 사용한 데이터의 정확성과 분석의 정합성일 겁니다. 그런데도 기존 경제학에서 불평등을 연구할 때 소득이라는 플로우 변수만을 통해 분석했던 한계를 극복하고 더 현실성 있는 분석 방법 을 제시했다는 면에서 크게 기여했다고 생

각합니다.

경제학에서 많은 학자들이 인플레이션과 금융위기가 불평등을 심화시킨다는 데 동의하면서 주로 소득변화가 이루어지는 채널로 설명해 왔는데요. 직관적으로나 주변 사례를 봐도 인플레이션에 따른 기존자산의 가격 상승 현상과, 금융위기로 일시적으로 폭락하는 자산의 투자 기회 활용을 통해 자산가들이 더 이익을 볼 가능성이 큽니다.

코로나19 이후에도 K자형으로 불리는 불평등한 회복이 예상되지 않습니까? 우리가 아는 경제이론들이 논리의 정합성, 과거 데이터 입수의 한계 등을 이유로 소득, 소비, 저축, 투자와 같은 플로우 변수를 주로 다루어 왔습니다. 이 때문에 보유자산이나 부와 같이 스톡 변수에 대한 통계 기록이나 관련 연구는 잘 이루어져 오지 않았던 것이 사실입니다.

우리가 투자하려고 하는 주식, 채권, 부동산 등 자산 시장은 스톡 변수인 자산을 매개로 하여 실물시장, 화폐시장과 복잡한 상호작용을 주고받고 있는데요. 이러한 연관 관계를 제대로 이해하는 것이 성공적인 투자 플레이에도 크게 도움이 될 수 있습니다. 채권 가격, 실물 투자, 이자율, 화폐시장의 관계는 경제학과 재무론적 관점에서 부분적으로 설명되어 왔지만 주식, 부동산 등 대부분 자산 가격의 움직임은 아직 많은 부분이 블랙박스로 남아 있습니다. 이론적으로 규명되지 않지만, 전문가들이 오랜 경험과 통찰력을 가지고 플레이를 하는 상황이죠.

피케티가 새롭게 설명하려 했던 불평등 관련 이슈에 자산 가격을 통한 효과를 추가해 더 나은 통계로 정합성 있게 분석한다면, 효과적인 경제사회시스템의 설계와 정부 정책을 만드는 데 도움이 될 수 있겠지요.

🖂 김학균 저성장 국면에서 투자해야 할 이유는 더 있습니다. 투자를 통해 저성장을 피해갈 수 있기 때문입니다. 투자 대상은 무궁무진합니다. 한국 자산에만 투자해야 하는 것도 아닙니다. 한국은 이미 저성장 터널에 들어섰지만, 모든 나라가 그런 건 아니죠. 그래도 중국이 6% 내외의 성장을 하고 있고, 베트남으로 대표되는 동남아 국가들의 성

장 속도도 빠릅니다. 투자자의 자격으로 이들 국가가 누리고 있는 성장의 수혜를 나눌 수 있습니다. 미국도 경제는 저성장이지만, 주주들에 대한 우대가 두드러진 나라입니다. 지난 수년간 기업들이 벌어들인 당기순이익보다 많은 돈을 배당과 자사주매입을 통해 주주들에게 돌려주고 있으니까요.

국내 투자도 마찬가지입니다. 한국경제 전반의 성장은 둔화되고 있지만, 몇몇 산업에서 약진이 두드러지고 있습니다. 삼성전자로 대표되는 반도체 기업들과 LG화학으로 대표되는 2차전지 관련 기업들은 그야말로 세계 초일류입니다. 투자는 돈이 나를 위해 일하게 하는 행위입니다. 성장하는 국가나 산업, 기업에 투자하는 것은 그들이 성장하면서 쌓아가는 부를 나눌 수 있다는 점에서 좋은 일이지요. 물론 성장하는 국가나 기업을 찾아내는 일은 투자자의 능력에 좌우되는 일이겠고요.

✉ 신현준 미국, EU 등 선진국 투자자들은 자국 경제가 저성장 국면에 접어들면서 기존 포트폴리오에 고성장 이머징과 고위험 투자의 배분을 통해 성공적으로 투자수익률 목표를 달성해 왔습니다. 이런 부분을 참고해보면 좋겠습니다. 우리나라의 경우 그간 삼성, LG, SK, 현대차 등 글로벌 경쟁력을 갖춘 기업이 다수 성장해 왔습니다.

베이비부머 세대가 주식 투자를 멀리하면서 성장 과실의 대부분을 외국인과 기관이 가져갔다는 점이 많이 아쉽습니다. 이런 맥락에서 최근 우리나라 개인 투자자들이 주식 투자에 대한 관심을 높여 나가는 것은 바람직합니다. 과도한 레버리지나 준비가 부족한 투자로 큰 손실을 보게 되거나, 실망감에 또다시 주식시장에 대한 관심을 잃지 않기를 바랄 뿐이죠.

중국, 아세안 등 이머징의 고성장과 미국 등 선진국의 최고 혁신역량의 이익을 우리도 공유해보는 것도 좋은 방향입니다. 그렇다면 국내투자, 근로소득에만 의존하는 것보다 중장기 포트폴리오 성과를 개선할 수 있을 것입니다. 이런 면에서 글로벌 투자는 반드시 고려해야 할 부분입니다.

개인적으로는 남북 분단, 기업 소유·지배구조의 취약성, 투자자 기반과 시장 인프라 부족으로 오랜 기간 평가 절하된 한국기업과 한국경제에 당분간 높은 비중을 가져가는 것이 바람직해 보입니다. 여기에 위의 두 가지를 적절히 가미한다면 높은 수익률을 실현할 수 있다고 생각합니다.

한 경제의 생산가능곡선은 자본과 노동에 기술을 더하여 얻을 수 있는 최대 GDP를 나타냅니다. 이 곡선위의 점들을 인력의 자질과 역량, 제조·서비스·농업 경쟁력, 연기금 등 투자능력, 기업가 정신, 과학기술, R&D, 콘텐츠, IT, 디자인 역량, 국가 시스템, 문화예술 등 경쟁력의 원천이라 생각하면 이들의 총합은 경제의 현재 생산능력을 결정하고 미래 혁신역량도 나타내죠. 이 모든 영역에서 우리나라만큼 경쟁력을 확보한 나라가 얼마나 될까요?

김학균 투자는 반짝하고 마는 게 아니라 평생 하고 살아야 할 과업입니다. 투자하다 보면 짜릿한 성공도, 쓰디쓴 실패도 있을 겁니다. 우리는 단지 성공 확률을 높이기 위해 노력할 따름이지요. 야구선수가 3할을 치기 위해 분투하는 것처럼요. 증권회사에서 일하다 보니 주식 투자로 부를 일군 성공한 투자자들을 만나는 경우가 종종 있습니다. 이분들은 거의 100% 투자실패로 인생의 나락까지 떨어진 경험이 있었습니다.

결과적으로 성공한 투자자이기 때문에 실패의 경험을 부끄러워하지 않을 뿐이지 실패는 투자에 있어 늘 수반되는 일입니다. 투자 세계의 구루인 워런 버핏도 항공주 투자에서 여러 차례 손해를 봤다고 밝히기도 했습니다. 결국은 경험에서 배우면서 성공한 투자자가 된 것이겠지요.

이런 점에서 보면 투자는 일찍 시작할수록 좋다고 생각합니다. 아무래도 자산 형성의 규모가 적은 젊은 시절에는 실패해도 데미지가 크지 않을 것이기 때문이죠. 반면 투자 규모가 커질 수 있는 중장년기에서의 투자 실패는 회복하기 힘든 치명타가 될 수도 있습니다.

투자의 세계에서는 실패로부터 배우는 것도 중요한 일입니다. 투자의 규모가 적을 때 이를 경험해 보세요. 그래서 저는 2030세대의 투자를 환영하는 편입니다. 비슷한 맥락에서 젊은 세대가 소위 '영끌'을 하면서 빚을 내 투자하는 건 바람직하지 않다고 봅니다. 본인이 감내할 수 없는 투자를 하다 보면 치러야 할 수업료가 너무 커질 수도 있기 때문입니다. 투자의 관점에서 보면 '젊음'이 갖는 장점은 투자의 규모가 아니라, 시간으로부터 배울 수 있는 무궁무진한 '경험의 양'이라는 사실을 잊지 마세요.

💬 신현준 투자하는 법을 배운다는 것은 단순히 주식, 부동산 등에 투자한다는 의미가 아닙니다. 인생을 사는 데 있어 핵심적인 의사결정을 현명하게 하는 방법을 배우는 것이기 때문에 가능한 빨리 배우는 것이 좋습니다.

투자는 과학보다는 예술에 가까운데요. 미술, 음악 등 예술적인 것이 모두 그러하듯이 투자도 단순히 배우고 연구하는 것만으로는 부족하고, 오랜 경험과 시행착오를 통해서만 더 높은 경지에 오를 수 있기 때문이지요. 유대인은 13세 성년식 즈음에 주변 친지들이 십시일반으로 상당한 규모의 종잣돈을 모아 주는 관습을 가지고 있습니다. 왜 전 세계 투자시장이 이들에 의해 좌우되고 있는지 알 수 있겠지요?

우리가 이 책에서 제시하는 바람직한 인생투자전략은 젊은 시절 자기 자신에게 아낌없이 투자하기, 선택한 직업을 즐기면서 전문성 높이기, 불필요한 지출을 줄이고 현명한 투자를 이어가 경제적 독립을 넘어 경제적 자유 달성하기, 은퇴 후 보다 고차원적인 인생의 목적과 행복 추구하기로 요약해 볼 수 있습니다.

인생 투자의 본질은 인생 전 과정에 걸쳐 복리로 성장해 가는 여정입니다. 치명적 실수는 은퇴 후 부와 경제적 자유를 동시에 추구하는 데 회복하기 힘든 데미지를 줄 수 있습니다. 젊은 시절부터 첫 단추를 잘 끼우고 실수를 줄이면서 이기는 투자를 이어가는 것이 중요합니다. 지금 바로 공부를 시작해야 하는 이유이지요.

국채를 만기 보유하거나 보장 금액 내의 예금과 같이 원리금이 확정되어 있고 돌려받을 확률이 100%라고 생각해 봅시다. 우리는 이것을 저축이라고 부르지 투자라고 하지 않습니다. 카지노에서 블랙잭 도박을 한다면 우리가 이길 확률이 하우스가 떼는 돈을 고려할 때 50%가 조금 못 미치는 수준이겠지요. 우리가 도박이 아닌 투자라 한다면 성공확률은 이 사이 어딘가에 있을 텐데요. 투자 성공확률이 80%가 넘게 되면 신의 경지라고 하지 않습니까? 70% 이상 이기는 것을 목표로 하겠지만, 이 또한 매우 어렵고 꾸준한 노력이 필요합니다.

우리 주변의 투자 대안들을 잘 이해하고 현명한 결정을 할 수 있다면 사이비 전문가에게 휘둘리지 않고 여유로운 삶을 살 수 있습니다. 재무, 경제, 회계, 세무에 관한 기본 지식을 습득하고, 다양한 매체를 통해 경제와 시장의 흐름을 따라잡고, 실전 투자와 모의연습을 통해 경험을 늘려가는 것이 필요하겠지요. 홍수와 같이 쏟아지는 데이터 속에서 올바른 정보를 골라내는 능력도 중요하겠지요. 투자 성공의 비법은 간단합니다. 좋은 투자 방안을 알아보고 다른 사람보다 먼저 좋은 가격에 사는 것이죠. 무엇보다 선구안이 중요하다 할 수 있어요.

커피체인 주식에 투자하려면 실제로 업장을 방문해 커피도 마셔보고 경쟁사들의 제품, 서비스와 비교해 볼 수 있는 안목이 필요합니다. 금융사 창구에서 상품의 수익과 위험에 대해 핵심적인 설명을 듣고 더 나은 상품을 고를 수 있는 기본 소양도 키워야 합니다. 아는 만큼 보이고, 전문가의 조언도 더 잘 활용할 수 있게 될 테니까요.

최근 주식 등 투자시장에 관심이 커지면서 과도한 레버리지를 사용하는 '영끌'에 대한 우려가 커지고 있어요. 사실 새로 투자를 시작하는 분들이 꼭 알아야 하는 투자 성공 비법 중 하나는 시간을 자기편으로 만들어야 한다는 것입니다. 시장의 풍파를 넘어 원래 목표했던 수익을 실현하려면, 또 부채 상환 등을 위해 폭락한 가격에 팔지 않으려면 여윳돈으로 투자해야 하죠. 3개월, 1년, 2년 후에 반드시 써야 할 돈은 주식 등 고위험 투자와는 맞지 않습니다. 차입금에 대한 상환 독촉장이 오는 순간 투자는 희망이 아니라 지옥으로 변할 수 있어요.

LESSON
2

금융 키워드로 배우는 최소한의 투자 상식

돈의 흐름을 알아야
부를 얻을 수 있다

돈의 시간가치

돈은 손에 넣는 시기에 따라
가치가 달라진다

1년 후의 1,000원은 통상 현재의 1,000원보다 가치가 낮다(예외적으로 시장이자율이 마이너스인 경우는 미래 1,000원의 가치가 더 높다). 1년 후에 받게 되는 1,000원의 현재가치를 계산하려면 이 돈을 시장이자율로 나누면 된다. 시장이자율이 3%라면 1,000/(1+0.03)으로 약 971원이다.

1,000원 > 971원

2년 후 1,000원의 현재가치를 구하려면 1.03으로 두 번 나누면 된다. 즉 $1000/(1+0.03)^2$로 약 943원이다. 3년 후는 세 번, 4년 후는 네 번 나누면 된다.

모든 투자는 현재 시점에서 일정 금액을 투자하고 미래 수익을 기대한다. 투자로 미래에 얻는 모든 수익(이자, 배당, 자본이득, 원금)을 시장이자율로 나눈 현재가치가 투자 금액을 넘으면 투자 이익이 된다. 미래 수익의 흐름을 언제 얼마만큼 받을 수 있는지 파악하면 미래 수익의 현재가치를 계산할 수 있다. 다음 문제를 함께 풀어보자.

투자자 A는 50억 원에 3층짜리 꼬마빌딩을 사서 10년 후 80억 원에 매각하며 양도소득세 10억 원을 납부했다. 보유기간 동안 매년 임대료로 2억 5,000만 원을 받았고, 보유세와 제반 관리비용으로 1억 원이 들었다. 시장이자율이 3%라고 할 때 10년간 수익률은 얼마일까? 돈의 시간가치를 고려하지 않은 경우(A)에는 이렇게 계산할 수 있다.

수익률(A) = (자본이득 20억(80-50-10) + 연간 임대수입1.5억 (2.5-1) × 10년)/50

정답은 35억/50억 = 70%, 즉 1년 평균 수익률은 7%다. 시간가치를 고려할 경우(B)에는 투자시점이나 10년 후 시점의 돈의 가치로 계산해야 한다. 여기서는 최초 투자시점으로 계산해보자.

수익률(B) = (20억/(1+0.03)^{10} + 1.5억/1.03 + 1.5억/1.03^2 ·· 1.5억/1.03^{10})/50억

정답은 약 28%, 1년 평균 수익률은 2.8%다. 즉 B〈A로 돈의 시간가치를 고려할 경우 그렇지 않은 경우보다 수익률이 크게 낮아짐을 알 수 있다.

수익률&복리

돈이 스스로 일하며
불어나는 마법

많은 사람이 주식시장, 주택시장을 얘기하면서 자신의 투자금이 두 배, 네 배 올랐다고 자랑한다. 그러나 대부분의 경우 언제 사서 어느 기간 동안에 이익을 올렸는지는 설명이 없다. 만약 20년 만에 두 배가 되었다면 매년 원금과 이익을 재투자한 것, 즉 복리로 가정하여 이 기간 동안 3.6%의 평균 수익률을 올린 것이다. 10년 만에 두 배가 되었다면 매년 7.2%의 평균 수익률을 거둔 것이다.

복리란 원금뿐 아니라 이자도 전액 재투자했을 경우의 수익률을 의미한다. 연 7.2%의 수익률이라면 1억 원을 투자했을 때 1년 후 원금 1억과 이자 720만 원을 받는다. 원금과 이자를 모두 재투자하면 다음 년도에는 원금 1억과 이자 720만 원과 이자를 재투자한 720만 원의 이자 518,400원을 합한 1억 7,718,400원을 받는다.

복리의 마법을 설명하기 위해 활용되는 주먹구구로 '72의 법칙'이란 것이 있다. 72라는 숫자를 매년 예상되는 평균 수익률로 나누면 원금이 배가 되는 년도 수를 구할 수 있다. 수익률이 7.2%면 72÷7.2＝10년, 즉 10년 만에 원금이 두 배가 되는 것이다.

이런 방식을 계속 적용하여 연평균 7.2% 수익률을 낼 수 있으면 10년에 2배, 20년에 4배, 30년에 8배, 40년에 16배라는 자산 규모 상승을 기대할 수 있다. 연평균 3.6% 수익률을 낸다면 대략 20년에 2배, 30년에 4배, 40년에 8배 자산 규모가 상승한다.

1977년에 분양한 강남구의 한 아파트 분양가는 1평(3.3㎡)에 55만 원이었다. 이 아파트의 2019년 매매가는 평당 6,000만 원을 넘어섰다. 40년을 꾸준히 보유하고 있었다면 109배 재산가치가 늘어난 것이고, 매년 평균 12.4% 가량의 수익률로 장기간 투자하면서 복리효과를 충분히 올린 것으로 볼 수 있다.

$$(1+0.124)^{40}＝107.3배$$

그러나 1977년부터 2019년까지 42년간 물가지수는 830% 올랐다. 이로 인해 2019년 돈의 가치는 1977년 돈의 가치보다 8.3분의 1로 떨어졌기 때문에 실질적으로는 109배가 아닌 109/8.3＝13.1배의 투자 성과를 거뒀다고 할 수 있다. 다른 말로 물가상승률을 초과하여 매년 평균 6.7%의 실질 수익률을 거둔 것이다.

투자 대안을 이야기할 때 물가상승률 만큼 수익이 나서 '인플레이션 커버cover'를 하는 것도 나쁘지 않은데, 물가상승률을 초과하여 6.7%의 수익을 올린 것은 매우 좋은 투자였다는 말이다.

그렇다면 주식은 어떠할까. 코스피(종합주가지수)는 1977년부터 지난 40년간 약 20배 올랐다. 1977년도에 코스피에 투자했다면 연평균으로 7.8% 상승한 것이고 물가상승률 이상으로 매년 평균 2.4%의 실질 수익률을 거둔 것이다.

삼성전자는 1975년 1,131원에 상장된 이후 45년 뒤인 현재 400만 원(시가 8만 원대, 50대 1의 액면분할 감안)이 넘는 가격에 거래되고 있어 3,537배 주가가 올랐다. 당시 상장가로 매입하여 지금까지 계속 가지고 있었다면 강남아파트보다 32배 이상 재산 가치가 더 높아졌을 것이다.

삼성전자의 가치를 일찌감치 알아보고 1975년 상장 당시에 이 주식에 투자하여 약 3,500배 주가가 상승할 때까지 계속 가지고 있었던 사람이 과연 얼마나 있을까? 창업자들과 그의 가족들은 여기에 해당될 것이다. 그러나 일반 투자자는 2배, 10배 상승 시점에 적절히 이익을 실현하고 팔고 나온 경우가 대부분이다.

실제로 주변을 둘러보면 부동산을 장기 보유하는 경우는 많지만 주식을 장기 보유하는 경우는 거의 없다. 주택은 직장, 교육, 가족 등의 필요로 살고 있어서 팔기 어렵고, 또 팔려고 하면 보통은 몇 개월이 걸리기 때문에 오래 보유하는 경우가 많다. 반면에 주식은 환금성이 높아서 많이 오르게 되면 팔고 싶은 욕구를 참기 어려운 면이 있다. 그러다 보니 주식의 장기 보유를 통해 큰 이익을 보는 사례는 많지 않다.

워런 버핏은 투자조합을 구성해 오랜 기간 독점적인 수익을 낼 수 있는 회사 주식을 경영권 행사가 가능한 만큼 사서 몇십 년간 보유하면서 복리 투자의 마법을 보여줬다(우리나라의 경우 삼성전자와 강남 아파트를 예로 든 이유는 이 두 종목이 지난 40년간 한국의 투자시장에서 대표적인 우량 종목이었기 때문이다).

오래된 이야기지만 대만에서 증권 투자로 큰돈을 벌었던 '증권왕'의 성공담이 생각난다. 그의 성공 방법은 종목의 심층 분석을 통해 신중하게 우량 종목을 결정하여 주식을 매입하되, 주주의 출자에 대하여 교부하는 유가 증권인 주권株券의 보관기관에서 실물 증서를 찾아와 일련번호를 적어두고는 증서를 모두 불태웠다고 한다.

주식을 매도하기 위해서는 분실신고 후 증서를 재발급받아야 하는데 통상 몇 달이 소요되기 때문에 주식의 단기 급등에서 오는 매도 욕구를 참아낼 수 있었다고 한다. 그는 이런 방법으로 엄청난 재산을 모았다.

요즘 같이 AI 기반의 로봇이 투자 종목을 정해주고, 하루에 최대 수십 차례 거래를 통해 단기차익을 노리는 단타 매매가 성행하고, 퀀트quant라는 수학 모형에 따라 매매 시기를 컴퓨터에 맡기는 시대에도 버핏식 투자 전략은 유효할 뿐 아니라 매우 성공적일 수 있다.

다만 버핏이 기존의 산업을 보는 눈은 확실히 한 수 위라고 할 수 있겠지만, 새로 열리는 신산업을 보는 눈도 확실히 좋을지에 대해서는 의문이 많다. 장기간 성과를 낼 우량 종목을 골라낼 능력이 있다는 전제하에서 투자자들, 특히 개인 투자자들이 여기서 얻어야 할 중요한 교훈은 '미래에도 성과가 좋을 종목을 낮은 가격에 사서 장기간 투자하는 것'이 투자 성공의 압도적인 첫 번째 비법이라는 점이다.

투자

투자자의 원칙,
아는 곳에 투자하라

투자 고수들에게 투자에 성공하는 비법을 이야기해달라고 하면 이구동성으로 하는 말이 "아는 곳에 투자하라"다. 사실 안다는 것은 다양한 맥락에서 여러 의미를 가질 수 있기 때문에, 투자시장에서 '안다는 것'이 어떤 의미인지를 확실히 이해하고 넘어갈 필요가 있다.

A라는 국내 배터리 제조회사의 주식을 생각해보자. 만약 우리가 A사 주식에 1년 반 기간으로 투자한다면 알아야 할 것은 무엇일까?

제일 먼저 필요한 것은 A사 주식에 '투자하는 이유'를 알아야 한다. 친구가 추천해줘서 또는 유선생(유튜브+선생님)이 추천하는 '베스트5 유망 종목'이라서가 아니라 아래와 같이 내가 이해할 수 있는 수준으로 합리적인 투자 이유가 있어야 하는 것이다.

앞으로 5년간 전기차 시장이 매년 30% 성장할 것이고, A사의 전기차 배터리 부문 경쟁력이 상위 1~2위 안에 들 것이기 때

문에 30% 이상의 매출 증가와 주가 상승
이 기대된다. 향후 1~2년 안에 세계 경
제가 팬데믹을 벗어나면 상승국면을 보일
것이고, 가장 큰 시장인 미국경제도 그간
의 확장적인 통화금융정책에 따른 소비여

력 증가로 자동차 등 내구재* 소비가 늘 것으로 전망된다. A사
는 경영진이 탄탄하고 지난 10년간 높은 이익을 올리면서 배
당 성향도 업계 평균 이상을 유지하고 있다.

　이처럼 A사 주식의 투자 성과를 좌우하는 주요 요인은 전기차 시
장의 성장세, A사의 시장경쟁력 및 이익 흐름 예측, 세계 경제의 흐
름, 미국의 내구재 소비 흐름, A사의 경영 활동 및 배당 정책임을 알
수 있다.

　다음 단계로 이러한 요인들이 예상대로 흘러가는지 모니터링해야
한다. 전기차와 배터리 시장 성장률이나 경제 여건 등 주요 요인들이
예상과 같이 흘러간다면 단기간 주가가 크게 오르더라도 더 오를 가
능성을 지켜보면서 좀 더 긴 시간을 보유하며 크게 이익을 실현해야
한다. 이를 전문용어로 'buy&hold and think big'이라고 말한다.

　긍정적 변화가 예상보다는 못 미치지만 방향성이 같을 경우에는
주가가 아직도 적정한지 재평가하여 이익을 실현하고 나올지, 아니
면 계속 보유할지 결정한다. 're-evaluate and choose a better way'다.
주요 요인들이 예상과 다른 흐름을 보이고 주가가 하락하면 미리 설
정해둔 기준(예를 들어 10%)에 따라 손절매하고 나와야 한다. 이것이

'loss cut'이다.

마지막으로 원래 계획한 투자 기간(위에서 A사 투자에 설정한 1년 반) 동안 투자가 잘 진행되어 보유하고 있는 A주식의 가격이 50% 가량 올랐다고 가정했을 때, 이 주식을 더 보유해야 하는지, 아니면 이 정도 이익 실현에 만족하고 나와야 하는가를 판단해야 한다. 이것이 가장 중요하다.

스스로 이러한 선택을 할 수 있으려면 1년 반이 지난 시점에 A사의 주가를 결정하는 상기 요인들에 대해 다시 분석해봐야 한다. 주가가 더 오른다고 판단할 수 있는 상당한 근거가 있으면 더 보유하는 것이고, 그렇지 않으면 팔고 나와야 하는데 이러한 판단을 높은 확률로 정확히 할 수 있어야 한다.

결국 안다는 것은 제대로 결정한 투자에서 기대한 만큼 충분한 수익을 올릴 수 있게 해주고 자칫하면 나락으로 떨어질 수도 있는 '투자의 계곡들'을 무사히 건널 수 있게 해주는 지혜의 다리 역할을 하는 것이다.

투자시장은 넓다

경제학은 자유시장에서 수요와 공급이 만나 가격과 거래수량이 결정되는 기본 원리를 알려준다. 그러나 각각의 시장은 수요와 공급에 있어 독특한 성격을 가지고 있어서 이것들을 올바로 이해한 후에야 비로소 각 시장에서 미래 가격의 움직임을 높은 확률로 예상할 수 있다.

서울 주택시장을 지난 경험에 비춰 생각해보자. 2000년대 들어 우리나라에서는 낮은 출산율 문제가 부각되었고 2008년 글로벌 위기 이후 자본시장 전문가들 사이에서는 집을 팔아 전월세로 옮기고 남는 돈으로 주식, 채권 등에 투자해야 한다는 주장이 우세했다. 주요 논리는 출산율 저하로 주택수요가 줄어들어 주택시장이 일본의 90년 대와 같이 붕괴한다는 것이었고 처음에는 그럴듯해 보였다. 당시 전문가들은 주변 사람에게도 큰 비밀이라도 되는 듯이 속삭였다.

그러나 사실 이 분석은 서울의 주택시장에 대한 심각한 이해 부족에서 기인한 것이다. 최선의 정보를 습득하여 올바른 분석을 제시해야 할 전문가들이 제 몫의 전문성을 발휘하지 못한 실패 사례로 남을 것 같다.

서울 주택에 대한 수요는 단순히 한국의 인구 추세로 측정할 수 없고, 구매력 있는 인구 추이로 분석해야 한다. 뿐만 아니라 대기 수요와 잠재적 수요까지 감안해야 할 것이다. 그동안 우리 경제는 안정적 성장으로 1인당 소득이 3만 달러가 되었고 구매력이 크게 늘어났다.

국내만 해도 지방도시에서 사업을 하거나 전문 업종에서 돈을 번 사람, 경기도나 인천에서 서울로 출퇴근 하는 사람 중에 서울에 집을 사려고 하는 사람들이 많다. 아이를 서울로 유학 보내거나 한국 기반으로 사업하려는 교포나 중국인들도 집을 사는 경우가 흔한데 이 수요를 모두 합치면 공급에 비해 수요가 많은 상황이다.

여기에다가 한국 등 아시아권 국가들에서는 주택을 통해 재테크를 하려는 바람직하지 않은 문화가 있다. 전세 제도에 따라 갭 투자가 용이한 측면도 있고 자본이 부족했던 과거의 관념으로 설계된 각종 부동산, 조세 제도들이 주택을 통한 재테크 내지는 투기를 어렵지 않게 만들었다.

주택 공급은 수요에 비해 원활하지 않다. 우리나라는 선진국 수준 이상으로 강력하게 도입된 엄격한 용적률, 건폐율과 각종 이용제한 및 환경규제로 쾌적한 도시를 이루는 데는 상당 부분 성공하였으나 사람들이 살고 싶어 하는 지역에 신규 주택을 원활히 공급하지는 못하고 있다.

특히 도시 재개발은 이해관계가 첨예하여 진행이 더디고 일시적 개발 이익에 대한 일반의 반감도 커서 공급 시기와 물량의 예측 가능성이 크지 않다. 1시간에서 1시간 30분 통근거리의 경기, 인천 지역에 신도시 형태로 주택을 공급하고 있지만, 결국 서울 주택에 대한 대기 수요를 증가시키는 부메랑으로 돌아오고 있다.

사실 주택시장은 공급이 제한되어 있어 수요에 매우 민감하다. 필자가 1990년대 후반에 살았던 미국 미주리 주의 한 시골도시 콜롬비아는 물가가 저렴하고 안전하면서 병원 시설이 잘 되어 있어 은퇴 후 살기 좋다고 소문이 났다. 그 결과 3년간 10%의 인구 증가가 있었다. 이 기간 동안 학군 좋은 지역의 주택가격은 100%, 나머지 지역도 50% 이상이 올랐다. 한국 주택시장은 과도한 교육열과 주택을 통한 재테크에 좌우되는 측면이 있어 순수하게 경제적 분석이 쉽진 않지만 이런 문제가 거의 없는 미국의 사례에서 주택시장의 독특한 단면을 엿볼 수 있다.

서울 주택시장에 대해 올바른 예측을 하려면 명품도시로 발돋움하는 서울의 위상도 감안해야 한다. 필자가 세계 주요 도시들을 다녀본 경험에 비춰보면 서울과 같이 활발한 경제 활동, 편리한 대중교통, 안전한 치안, 한류, K-pop 등의 매력적인 현대 대중문화, 잘 발달된 식문화, 삶의 다양성 등 긍정적인 측면들이 잘 어우러진 도시는 찾기 어렵다. 북한과 대치하고 있어 안보 위험에서는 디스카운트 요인이지만 이 또한 시간의 흐름에 따라 완화되고 있어 감안해야 할 것이다.

여기에 더해서 2008년 글로벌 위기로 미국, EU 등 각국의 중앙은행은 막대한 통화 유동성을 시장에 공급해왔는데, 주택 등 부동산 가격은 경제 성장률보다는 이자율 수준이나 통화 유동성의 규모에 더 크게 반응하는 것이 일반적이었다. 이 또한 다른 주요 도시들과 같이 서울의 주택 가격을 폭등시킬 요인이었다. 그간 진전되어온 경제의 글로벌화도 시장간 이동을 자유롭게 하여 큰 영향을 주고 있다.

2019년 기준으로 홍콩의 30평대 아파트 가격은 50억 원에 달했다. 이것을 팔면 서울에 20억, 부산에 10억짜리 아파트를 각각 1채씩 사고 나머지 20억으로 K-pop과 K-living을 즐길 수 있는 세상이 되었다.

또 다른 예로 최근 부동산시장에서 떠오르는 투자 대상으로 물류창고(냉장·냉동창고 포함)가 많이 거론되고 있다. 이 시장을 잘 이해하려면 온라인 경제의 전개 양상과 라이프 스타일의 변화, 퀵 배송 서비스의 증가, 이에 따른 유통·물류시장의 변화에 대한 이해가 핵심적으로 필요하다.

2018년 11월 미국 의회 중간선거 시점으로 떠나는 시간 여행

2018년 글로벌 투자시장은 한마디로 '모두에게 매우 어려웠던 한 해'였다. 2017년에 활황세를 보였던 주식시장은 2018년에도 상승세를 이어갈 것으로 전망됐지만, 미국연준의 기준금리FFR 인상 및 그에 따른 파장, 선진국의 양적완화 축소 계획, 미중 무역 분쟁 격화, 경기 전망 약화 등으로 예상을 크게 빗나갔다.

기준금리 인상은 시장 금리 상승으로 이어져 채권시장도 이자율 상승과 채권가격 하락이 혼재하여 목표한 이익을 내기 어려운 상황이었다. 오피스 빌딩, 호텔 등 미국 부동산 투자의 경우 중국자본이 빠져나가고 금융기관의 대출규제로 지분 투자에서 고수익을 기대하기 어려웠다. 겨우 메자닌Mezzanine(지분과 부채의 중간 성격) 투자로 3~4% 정도의 수익률을 기대할 수 있을 정도였다.

그해 11월 즈음 애널리스트들의 2019년 컨센서스consensus 전망은 상당히 어두운 것이었다. 미중 무역 분쟁의 격화에 더해 미 연준의 2~3차례 기준금리인상, Brexit의 중간 규모 충격 가능성, 경기 둔화 등으로 주식시장 하락, 금리 상승 및 채권가격 하락이 예상된다는 내용이었다.

이 예상을 반영하여 전략 계획을 수립한다면 주식과 채권 비중을 줄이고 예금 등 단기상품과 대체투자 비중을 늘려야 한다. 그러나 2018년도 주식시장 전망이 크게 빗나가 신뢰가 많이 손상된 상황이었기 때문에 이들의 예측을 검증해볼 필요가 있었다.

2018년 말 기준의 2019년도 시장 전망의 하이라이트는 미중 무역 분쟁의 경로와 미 연준의 금리인상 시나리오였다. 도널드 트럼프Donald

Trump가 미국 대통령으로 선출된 이후인 2017년부터 세계 경제와 투자시장의 경로는 경제 대국들의 정치에 좌우되는 바가 컸는데 시장 전문가들은 이 부분에 대한 이해나 고려가 부족했고 결과적으로 정확한 전망을 할 수 없었다. 필자가 몸담고 있던 기관에서도 국내외를 합하여 13조 원 규모로 주식에 투자하고 있었기 때문에 미국의 중간선거 시기(2018년 11월) 즈음하여 좀 더 타당한 시나리오를 찾을 필요가 있었다.

① 미중 무역 분쟁

세계 경제에 가장 큰 영향을 미치면서 무역 분쟁의 당사자인 트럼프 대통령과 시진핑Xi jinping 주석, 두 빅 샷의 향후 행보와 예상되는 효과를 예측해야 했다. 먼저 트럼프를 분석했다.

트럼프가 대통령이 된 후 추진한 주요한 경제정책은 법인세 인하(35%→20%)와 미국계 다국적 기업이 해외에 파킹하고 있던 2조 6,000억 달러 현금성 자산을 미국으로 가져올 때 10% 내외의 낮은 세율로 과세하여 본국 환류를 독려한 것이다.

미국경제는 당시 경기 고점 논쟁이 있을 정도로 경기가 활황이었는데 왜 이런 추가 부양책을 하는지에 대해서는 의견이 분분했다. 여러 해석이 가능하지만, 필자는 트럼프 대통령이 미중 무역 분쟁에서 강한 카드를 구사하면서 생길 잠재적 마이너스 효과를 상쇄하기 위한 의도가 다분하다고 판단했다.

중국경제에 대한 견제 심리는 미국뿐 아니라 EU, 일본 등 주요국들이 공통으로 가지고 있었다. 이 때문에 강한 압박을 통해 큰 성과를 거두는 것은 미국의 세계적 위상 강화와 지지율 상승을 통해 재선 가도에 좋은 것이었다. 20세기 들어 미국에서 재선을 원했으나 재선을 하지 못한 대통령은 세 명에 불과했기 때문에 재선에 실패하는 것은 부끄러운 일이었다. 대선 과정에 불거진 러시아 스캔들과 이후 우크라이나 스캔들 등을 잘 관리하기 위해 트럼프는 반드시 재선을 해야 한다고 생각하고 있었다.

미 의회 중간선거 과정에서 나타난 '샤이 트럼프'가 재선의 발판이 될 수 있었는데, 이들은 트럼프가 지지를 표시하기에 참으로 부끄러운 대통령인 것이 맞지만 국익, 특히 경제적 이익을 위해서는 큰 역할을 할 것으로 기대하고 있었다.

그러나 11월에 있었던 미 의회 중간선거에서 야당인 민주당이 하원을 장악하면서 트럼프가 그리고 있었던 큰 그림은 차질을 빚게 되었다. 미중 무역 분쟁을 더 극적으로 끌고 가려면 추가 부양조치를 취해야 하고 남은 정책수단은 '재정 확대'였다. 그러나 대선 캠페인 과정에서 공약했던 대규모의 사회간접자본인 SOC_{Social Overhead Capital} 투자를 통해 추가 경기부양이 가능하려면 의회에서 예산 승인을 얻어야 했는데 하원 통과가 어려워졌다. 이와 같은 상황에서 트럼프는 미중 무역 분쟁을 (표면적으로 격화시킬 수는 있어도) 실질적으로 격화시킬 수 없다는 추론에 도달했다.

시진핑 주석이 이끄는 중국을 분석해도 같은 결론에 도달했다. 시 주석은 덩샤오핑의 집단 지도체제 유훈을 벗어나 일인 지도체제를 굳혀 가고 있었다. 이 과정에 중요한 것은 그간의 반부패 시책의 고삐를 늦추지 않으면서 낙후된 지역 중심으로 경제적 성과를 내는 데 있다. 미중 무역 분쟁의 부정적 경제 효과가 커질수록 시 주석의 입지는 약화될 것이기 때문에 시 주석도 체면을 크게 손상하지 않는 선에서 타협할 것으로 전망됐다.

이러한 두 당사자의 이해관계에 비춰보면 시장의 컨센서스와 달리 미중 무역 분쟁은 2020년 초까지 격화되는 것이 아니라 실질적으로 완화되어 2019년 말까지는 휴전에 이를 것으로 예상됐다.

② 미 연준의 금리인상

세계 투자시장을 좌우하는 두 번째 큰 이슈는 미 연준의 기준금리 인상이었다. EU나 일본 경제는 아직 금리인상 여력이 없었지만 미국은 2016년부터 부양이 필요 없는 경제에 부양책을 펼치고 있었기 때문에 2017~2018년에는 이미 과열의 조짐을 보이고 있었다. 미 연준은 연간 3번 0.75%p만큼 기준금리인상을 통해 전례 없는 양적완화 상황에서 빠져나오려 하고 있었고, 시장의 컨센서스도 2~3차례 인상 예상이었다.

그러나 필자가 보는 판세는 시장 컨센서스와 달랐다. 경제적 성과를 통해 재선을 간절히 원하는 현직 대통령이 원하는 방향을 거스르는 것이 과연 쉬운 일인가? 게다가 본인을 임명한 대통령이 트위터를 통해 계속 압박하는 상황은 누구라도 불편한 상황이었을 것이다. 제롬 파월Jerome Powell 의장은 법률가 출신으로서 시장에서는 경제학적 기반이 탄탄하지 않은 것으로 평가하고 있었다. 따라서 나의 추론은 기준금리를 올리기 힘들다는 것이었다!

주식시장과 채권시장을 위협하는 태풍 두 개의 세력이 예상보다 약화된다면? 결론은 주식시장은 좋아질 것이고 채권 가격도 생각보다 떨어지지 않을 것이다. 그럼 실제 상황은 어떻게 전개됐을까?

트럼프의 전술은 두 갈래로 펼쳐졌다. 먼저 법률가 출신 중앙은행 총재로 경제학적 기반이 의문시되었던 파월에게 무자비한 트위터 공격을 감행했다. 미국경제를 망치는 주범으로 연준을 공격하고 금리 인상이 아니라 금리 인하가 필요한 시점이라고 압박했다. 처음에는 터무니없는 주장이라고 여겨졌지만 미중 무역 분쟁이 예상을 넘는 부정적 효과를 불러와 세계 경제에는 경기 침체의 그림자가 드리웠고 이는 2~3차례 금리인상이 아니라 오히려 두 차례의 금리 인하로 이어졌다(2.25%→1.75%, 0.5%p 인하).

다른 한편에서는 무역 분쟁을 파국으로 끌고 가지 않으면서 가능한 최대 승리를 얻어 내기 위한 작전이 시작되었다. 그러려면 2019년 말까지, 늦어도 대선이 있는 해인 2020년 초까지 남들이 인정할 만한 수준의 승리가 필요했는데, 이 대목에서 협상을 통해 사업을 키워온 트럼프의 진면목이 드러났다.

트위터로 쏟아내는 현란한 수사와 함께 전격적인 대규모 관세 부과, 대표적 중국 통신장비 기업인 화웨이Huawei에 대한 공격 등을 통해 일방적으로 전세를 몰아갔다. 그러나 시진핑이 이끄는 중국은 그리 호락호락한 상대가 아니었다. 트럼프가 시간에 쫓긴다는 점을 간파하고 한편으로는 미국산 수입물품에 보복 관세를 부과하며 다른 한편으로는 농산물 수입, 금융시장 개방 등에서 미국의 가려운 부분을 긁어주며 상황을 진정시켜 나갔다. 2019년 12월 미중 무역 분쟁은 언제든 다시 재개될 수 있다는 가능성을 남긴 채 휴전이 이뤄졌!

- 2019년도 주가지수 상승률: 미국 S&P 500 지수(28.9%), 프랑스 CAC 40 지수(26.4%), 독일 DAX 30 지수(25.5%), 유로 스톡스 50 지수(24.8%), 코스피 지수(7.7%), 중국 상하이 종합 지수(22.3%), 일본 닛케이 225 지수(18.2%), 영국 FTSE 100 지수(12.1%), 홍콩 항셍 지수(9.1%)
- 미국채 10년물 금리: 2018년 9월에 3.2% 수준까지 올랐다가 12월에 2.7%대로 하락했는데 2019년 9월에는 1.4%까지 큰 폭으로 하락, 12월에 1.8%대로 소폭 반등

이를 반영한 2019년도의 주가와 금리 추이는 무엇을 말하는가? 주식 투자를 통해 20%대, 국채 10년물 투자로 10% 이상을 벌 수 있는 투자 기회가 있었다는 뜻이다. 주식시장 하락, 금리 상승 및 채권 가격 하락이 예상된다는 시장 컨센서스와는 너무나 큰 차이가 있는 것이다. 이 차이는 50조를 운용하는 기관이라면 1년 운용수익률 1%, 즉 운용이익에 있어 5,000억 원의 차이를 만들 만큼 큰 것이다.

여기서 교훈으로 삼아야 할 점은 세계 경제와 금융시장이 미중 패권경쟁에 좌지우지되고 있는 상황에서 경제 펀더멘털, 경기 변동, 기업의 이익전망 등 전통적인 분석에만 안주해 투자해서는 안 된다는 점이다. 시장이 정치게임에 좌우된다면 그 게임의 내용과 전망까지도 철저히 분석해야 한다!

투자 대안

수익률과 위험이라는
두 가지 얼굴

다양한 투자 대안을 이해하면 각자의 시장에서 이길 수 있는 확률을 높일 수 있다. 모든 투자 대상은 각각 수익과 손실의 확률분포 Risk-Return profile를 가진다. 투자 대안 간에 비교할 때는 위험조정수익률 risk adjusted return*이 의미가 있다. 투자자들은 실제 투자 전에 이에 대해 잘 알아야 하고, 잘 모르는 경우 전문가의 설명을 듣고 이해하고 넘어가야 한다.

국채는 통상 1~3%대의 낮은 이자를 주지만 국가의 부도 위험이 거의 없으므로 만기까지 보유하는 국채의 위험조정수익률은 이자율 그 자체다. 정기예금의 경우 은행이 부도나서 원금과 이자를 받지 못하는 경우만큼 수익률에서 제해야 하는데, 예금자보호제도로 5,000만 원까지 보장되고 은행의 부도 확률은 워낙 낮아서 거액 예

위험조정수익률
국채나 예금의 경우 원금손실 가능성이 거의 없지만, 주식, 회사채, 부동산 등의 경우 이익과 손실 모두 가능하므로 위험을 감안한 장기 수익률 값으로 조정해야 투자 대안 간 비교가 가능하다. 미국의 위험조정수익률은 채권과 부동산이 2~3%, 주식은 3~4% 수준인데, 이보다 높은 수익을 얻으려면 더 큰 위험을 감수해야 한다는 의미도 갖는다.

금이 아닌 경우 예금 금리를 위험조정수익률로 보면 된다.

그러나 주식의 경우는 다르다. 큰 수익이 날 수도 있지만 큰 손실이 날 수도 있다. 특정 시점의 가능성(확률분포)을 단순화하면 다음과 같다.

확률 합계=100%	10%	10%	50%	20%	10%
수익률	-20%	-15%	4%	15%	20%

위험조정수익률=기대수익률= 0.1×(-20)+0.1×(-15)+0.5×4+0.2×15+0.1×20= 3.5%

발생할 확률이 가장 높은 수익률은 4%고 이것보다 더 높은 수익률이 가능하더라도 마이너스 수익, 즉 손실이 날 확률도 있으므로 위험조정수익률은 3.5%에 그치고 마는 것이다. 실제로 연구자들이 50년 이상의 장기 데이터를 가지고 미국 주식시장을 분석한 결과를 보면 위험조정수익률이 3~4%의 범위에 있다. 상대적으로 시장의 성과가 낮은 한국의 경우 2~3%의 범위에 있는 것으로 추측해볼 수 있다.

금리와 연계되는 DLS(파생연계증권) 상품과 같이 옵션 조건이 포함된 경우에는 이 조건의 달성 여부에 따라 수익률이 달라진다. 예를 들어 독일 10년물 국채 금리가 −0.2% 이상을 유지하면 연 10% 수익을 지급하고, 이보다 낮아지면 0.1%p 하락 때마다 20%씩 원금 손실이 나는 구조라고 가정해보자. 각 확률이 아래 표와 같다면 기대수익률은 얼마가 될까?

확률=100%	5%	5%	10%	80%
독일10년물 국채금리	-0.50%	-0.40%	-0.30%	-0.2% 이상
수익률	-60%	-40%	-20%	10%

기대수익률= 10%×0.8+-20%×0.1+-40%×0.05+-60%×0.05=8-2-2-3=1%

원금 손실의 가능성이 위의 표와 같을 경우 표면상 10%의 수익률로 보였던 이 상품의 위험조정수익률(기대수익률)은 1%에 불과한 것을 알 수 있다. 따라서 이런 상품에 투자할 때는 독일 국채금리가 −0.2% 이상이 되지 않고 더 낮아질 확률을 알아야 하는데 이것이 쉽지 않다.

통상 과거의 금리 추세를 보고 이 확률을 계산하지만 금융위기, 팬데믹, 경제의 구조적 침체, 새로운 산업 물결의 도래 등 경제가 구조적 변화를 겪는 시기에는 현재나 미래의 금리 추세가 과거 추세와 완전히 달라지는 경우가 많다. 주의를 요한다. 여기에는 전문가의 전문성과 경험에 기초한 예측이 필요하며, 정확한 확률을 모르는 경우에도 과거의 실적과 어떤 일이 일어날 수 있는지에 대한 가정을 통해 해당 투자의 수익과 위험의 모습을 그려볼 수 있다.

가장 단순한 파생상품인 풋옵션put option*과 콜옵션call option*의 수익구조payoff를 보면 다음과 같다. 풋옵션을 사면 투자자산 가격이 떨어질 경우에도 원래 약정한 가격에 팔 수 있기 때문에 옵션

풋옵션put option
시장가격에 관계없이 특정 상품을 수수료를 내고 미리 지정한 특정 시점과 가격에 매도할 수 있는 선택권(옵션)을 갖는 권리.

콜옵션call option
풋옵션과 상반된 개념으로 정해진 시점에 일정한 시장가격으로 매수할 수 있는 옵션을 갖는 권리. 자산가격이 상승할 것으로 예측되면 콜옵션을 매수해 시세차익을 얻을 수 있다.

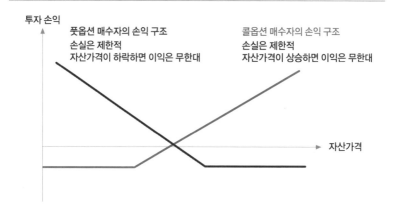

풋옵션과 콜옵션의 수익구조함수

투자 손익

풋옵션 매수자의 손익 구조
손실은 제한적
자산가격이 하락하면 이익은 무한대

콜옵션 매수자의 손익 구조
손실은 제한적
자산가격이 상승하면 이익은 무한대

자산가격

구입 후에 주가가 떨어질수록 큰 이익을 볼 수 있다. 반대로 콜옵션을 사면 투자자산 가격이 올라갈 경우에도 원래 약정한 가격에 살수 있기 때문에 옵션 구입 후에 주가가 올라갈수록 큰 이익을 볼 수 있다.

여기서 반드시 기억해야 하는 것은 아무리 복잡하거나 구조화된 금융상품도 이런 식의 수익구조함수payoff function로 그려볼 수 있고, 이것이 금융상품 이해의 핵심이라는 점이다. 기업의 재무 관리자나 개인 투자자로서 복잡한 금융상품의 내용이 잘 이해되지 않는다면 판매담당 직원에게 수익구조함수로 설명해달라고 말하자. 그러면 훨씬 이해가 잘될 것이다.

만약 전문가도 높은 성공확률로 예측하지 못하거나 명확한 수익구조함수를 제시하지 못한다면 투자하지 않는 것이 정석이다. 아는 곳에 투자하라! 투자자들이 지켜야 할 기본 중의 기본이다.

포트폴리오

위험은 나누고
수익은 더하는 전략

투자할 때 어느 한곳에 모든 돈을 거는 것all-in은 잘될 때는 큰 수익이 따르지만 그렇지 않을 때는 큰 손실을 입게 된다. 그래서 투자 세계에서 흔히 하는 말이 있다.

"바구니 하나에 모든 달걀을 담지 마라."

서로 다른 기대수익률과 위험분포를 가진 자산들을 모아서 투자 포트폴리오를 구성하면 위험이 상쇄되어 더 안정적인 수익률 흐름을 보일 수 있다. 일반적으로 포트폴리오 효과를 극대화하기 위해서는 포트폴리오에 편입하는 자산들의 수익과 위험의 확률분포가 달라야 한다(다시 말해 상관도가 낮아야 한다).

쉽게 예를 들어 설명하면 우산 회사 주식과 아이스크림 회사 주식을 동시에 갖고 있다고 가정해보자. 비 오는 날은 우산 회사가 큰 이익을 주고, 맑은 날은 아이스크림 회사가 큰 이익을 가져다줄 것이다. 두 회사의 주식을 갖고 있으면 날씨에 상관없이 항상 이익을 낼 수 있는 것이다.

그렇다면 비 오는 날 아이스크림 회사, 맑은 날 우산 회사의 주식은 어떨까? 이 같은 경우에 이익이 크지 않은 회사나 손실을 보는 회사가 있게 되므로 전체적으로는 큰 이익을 기대할 수 없게 된다. 여기서 전체 이익의 감소는 큰 손실을 회피하는 대가로 생각하면 된다.

위의 사례는 한 개의 자산, 즉 주식만으로 포트폴리오를 구성한 경우다. 포트폴리오는 주식, 채권과 같이 한 자산 종류만으로 구성하는 경우가 있고 혼합형으로 주식과 채권을 섞어서 구성하는 경우도 있다. 개인이나 기관의 경우 보통 가지고 있는 자산을 분산투자하기 위해 주식, 채권, 부동산, PE 등 여러 자산 종류를 믹스해서 구성한다.

다음의 사례를 보며 포트폴리오의 효용에 대해 생각해보자.

> 김투자 씨는 올해 54세로 통신회사의 부장이다. 연봉은 1억 5,000만 원. 6년 뒤 다가올 퇴직을 생각하면 가슴이 답답하지만 크게 한번 심호흡하고 생각에 잠긴다. 그간 열심히 살았지만 큰 재산으로는 10년 전인 2011년 전세 보증금 5억 원에 융자 3억 원을 받아 서울 강북에 장만한 34평 아파트가 전부다. 이외에는 60세 예상 퇴직금 1억 5,000만 원, 65세부터 받게 될 국민연금 월 120만 원과 부인의 임의가입 국민연금 월 50만 원, 세제혜택을 받기 위해 가입한 퇴직연금과 개인연금에서 20년간 매월 지급될 30만 원이 준비되어 있다.
> 2008년 글로벌 금융위기로 주택가격이 하향 안정세인 시기라

이 정도 융자로 집을 산 것은 행운이었다. 이후에 집값이 올라 현재는 15억 원을 호가한다. 지난 10년간 허리띠를 졸라맨 결과 3억의 빚도 다 갚았다. 하나 있는 딸은 대학 졸업반이다. 김투자 씨는 은퇴 후 예상되는 월 500만 원 정도의 생활비를 어떻게 준비해야 할까?

정년퇴직이 멀지 않은 중년의 직장인이라면 충분히 공감할 만한 상황이다. 이런 고민이 들 때 포트폴리오 접근법이 유용하다. 김투자 씨는 주택과 연금 위주로 재산을 형성하고 있다. 지금부터 어떻게 준비하더라도 주택을 보유하면서 월 500만 원의 생활비를 준비하기는 어렵다(65세부터 받는 총 연금 200만 원을 감안해도 월 300만 원이 부족하다).

현실적으로 퇴직금 1억 5,000만 원은 딸의 결혼 비용으로 상당 부분 사용될 것이고, 노후에 급증할 수밖에 없는 의료비 등의 긴급 수요를 충당할 만한 수준이다. 여기서 김투자 씨에게 가장 좋은 선택은 건강이 허락하는 나이(예를 들어 70세)까지 제2, 제3의 근로소득을 올리는 것이다. 그리고 부동산 위주로 되어 있는 자산 포트폴리오의 불균형을 해소하기 위하여 향후 저축하는 자금을 채권, 주식, 단기 금융상품 위주로 투자하는 것이다.

포트폴리오는 개인에 국한된 개념이 아니다. A연금은 2019년 12월 말 기준으로 740조 원의 적립금을 국내외 주식 40.8%, 국내외 채권 47.6%, 국내외 대체투자 11.4%, 현금예금 0.2%로 나눠서 운용하고 있다. 대체투자에는 부동산, SOC, PEF, 벤처, 헤지펀드 등 다양한 투자가 포함되어 있다.

　이와 같이 기관들은 다양한 자산에 분산투자하여 위험을 관리하면서 동시에 원하는 목표 수익률을 얻으려고 노력한다. 현재는 매년 연금 기여금으로 적립되는 금액이 연금으로 지급되는 것보다 큰 적립 시기여서 주식 등 위험 투자 비중을 높여서 운영하지만 앞으로 연금 지급이 기여금보다 커지게 되면 안정적인 투자와 현금 유동성을 늘려나갈 것이다.

포트폴리오 효과

　금융시장이 실물시장에 비해 더 다채롭고 역동적인 이유는 하나하나의 금융상품이 거래되기도 하지만 다수의 금융상품들을 꾸러미로 모으거나pooling, 비슷한 성격끼리 묶고bundling, 쪼개서tranche 거래하며 새로운 상품을 만들 수 있기 때문이다.

　다수의 금융상품을 모아 집합적인 수익분포를 만들 때 편입되는 자산들의 수익분포의 상관성이 약하거나 반대일 경우 수익 흐름을 안정화시키고, 전체 자산의 위험이 개별 자산이 지닌 위험의 합보다 감소되는 효과를 기대할 수 있다. 이것이 포트폴리오 효과다.

　이렇게 구성된 자산의 풀Pool에서 다양한 기준에 따라 소그룹으로 묶어 볼 수 있다. 예를 들어 1,000개의 은행 대출을 모은 풀에서 돈을 빌린 사람(차주)의 신용등급에 따라 A등급, B등급, C등급, D등급으로 묶는 방법이 있다. 또 은행 대출의 원금(P) 흐름과 이자(I) 흐름을 분리하여 묶는 방법이 있다. 또는 만기가 1년 이내로 남은 경우(S), 1년 초과 3년 이내로 남은 경우(M), 3년 초과로 남은 경우(L)로 나눌

트렌치 개념도

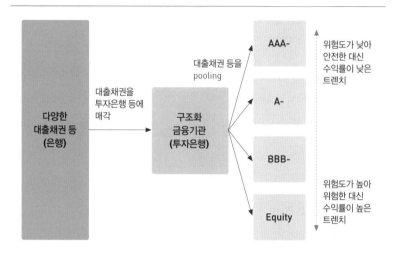

수 있다.

이것을 쪼개면 각각의 트렌치를 다른 가격(수익률)으로 팔 수 있다. 예를 들면 위에서 은행 대출을 신용등급에 따라 나눈 경우 A등급 트렌치는 D등급 트렌치에 비해 위험이 낮기 때문에 낮은 수익률을 제시해도 팔릴 수 있다. 다른 두 경우에도 당시의 경제금융 상황에 따라 다른 트렌치를 다른 가격(수익률)에 팔 수 있음을 알 수 있다.

자산 풀을 구성할 수 있는 것은 이밖에도 모기지 채권, 매출채권, 신용카드채권, 회사채, 국채, 학자금 대출 등 무궁무진하다.

승부를 겨룰 수 있는 시장과
활용할 수 있는 전략의 수를 늘리자

우리나라 일반 가구의 자산 구성을 보면 75% 이상이 주택·부동산이다. 대부분의 경우 특별히 투자한다는 생각 없이 주택을 거주용으로 구입했거나 토지 등 부동산에 장기 투자하거나 상속받은 경우다. 따라서 종합적인 투자 전략을 수립할 때는 자본시장뿐 아니라 부동산시장에 대한 정확한 이해에 기초해야 한다.

글로벌화된 투자시장에서 외환시장은 각국의 경제와 금융에 관한 중요한 정보가 흐르면서 촉매 역할을 하고 그 자체로도 좋은 투자 기회를 제공한다. 그러나 우리나라는 역사적으로 은행가들이 이 시장을 운영하면서 활동해왔고 자본시장 전문가들은 이 시장을 잘 모르는 경우가 많다. 이런 불균형 때문에 투자 기회의 상실과 불완전한 의사결정이 이뤄지기도 한다. 따라서 현대의 투자시장에서 진정으로 성공하기 위해서는 외환시장도 잘 이해하고 승부를 겨룰 수 있어야 한다.

이제 우리나라도 개인이 투자할 수 있는 자산의 종류가 매우 다양하고 많다. 주식(현물, 선물, ETF, 펀드), 채권(현물, 선물, ETF, 펀드), 단기금융상품(MMT, MMW, MMDA, CMA 등), 일반 주택뿐 아니라 부동산 신탁과 펀드를 통한 국내외 오피스 빌딩, 창고 등 물류시설, 부동산 개발, 도로 등 SOC, 휴게소, 농지 등 투자, 펀드를 통한 금, 은 등 귀금속 투자와 석유, 구리, 농산물 등 원자재 투자, 공모펀드, 사모펀드, 헤지펀드, PEF, 벤처 등 투자 대상 자산과 방법이 다양하다.

또한 쌀 때 사서 비쌀 때 파는 전략long, buy뿐 아니라, 비쌀 때 팔고 쌀 때 사서 갚는 전략short, sell도 가능하다. 공매도는 허용과 규제가 반복되면서 안정성을 보이지 못하고 있지만, 인버스inverse ETF 등이 비슷한 효과를 줄 수 있다. 신용대출 거래를 통해 증거금을 걸고 가진 돈보다 많은 투자자산을 매입할 수도 있다. ETF중에서 더블(2x) 인버스와 같이 레버리지 전략은 원금에 상응한 채무부담을 통해 손익률을 두 배로 확대할 수 있게 해준다.

같은 산업에 속해 있는 기업이나 같은 자산 종류 중에서 내재가치에 비해 싼 것을 사는 동시에 비싼 것을 파는 전략buy&sell, long&short도 쓰임새가 많기 때문에 잘 알아둬야 한다. 헤지펀드 중에도 같은 전략을 구사하는 펀드들이 많이 있어 구체적 활용 사례를 설명해보겠다.

주식 투자자 김 과장은 과거 전자회사에서 일한 경험이 있어 전자산업에 관심이 많고 산업 내 각 기업에 대한 정보를 많이 가지고 있다. 김 과장은 앞으로 전자산업의 전망이 좋아질 것으로 예상하면서 현재 저평가 되어 있는 H전자 주식을 사고, 고평가되어 있는 것으로 분석된 S전자 주식을 빌려서 팔았다.

이러한 투자를 통해 전자산업에 대한 전망이 잘못되었을 경우, 위험을 제거하면서 개별 기업에 대한 분석에 기초하여 시장에서 주식가격 결정이 잘못된 것mis-pricing을 활용하여 이익을 추구하는 것이다. 이러한 전략은 주식뿐 아니라 채권, 부동산, 파생상품 등 사실상 모든 자산 영역에서 활용할 수 있는 것이다.

투자대상 자산과 전략들은 시기별로 또 본인의 재산과 수입지출 흐름상 유불리가 있기 때문에 직접 이해하고 검토할 능력을 키우거나 전문가의 도움을 받아 가장 유리한 대상과 전략을 선택해야 한다.

확률게임

100% 이길 수 있는
투자자는 없다

이론적으로 보면 국채를 살 때, 원금과 이자를 문제없이 받을 확률을 편의상 100%로 가정하는 경우가 있다. 사실 투자의 대가들도 이길 수 있는 확률을 70% 내지 80%로 높이기 위해 엄청난 노력을 기울인다. 워런 버핏, 조지 소로스George Soros, 레이 달리오 등 우리가 알고 있는 투자의 대가들도 항상 이겼던 것은 아니다. 70% 이상을 이기면 대가가 되고, 80% 이상을 이기면 '투자의 신'이 된다는 말이 있을 정도다.

반대로 이길 수 있는 확률이 50% 또는 그 이하가 되면 투자를 안하는 것이 좋고, 도박 또는 투기라고 부르는 편이 나을 것이다. 지게 되면 어렵게 모은 돈을 다 잃을 수도 있는 비정한 투자시장에서 이길 수 있는 확률을 높이려면 어떻게 해야 할까?

첫째, 각각의 투자시장에 대해 제대로 이해해야 한다

앞에서 서울 주택시장의 수요를 제대로 이해하지 못한 전문가들이 어떻게 잘못된 선택을 했는지, 또 트럼프 대통령이 정치적으로 큰 영향을 미치는 세계 증시에 대해 경제적 분석에만 치중했던 애널리스트들의 예측 실패 사례를 제시하였다. 각 투자시장을 잘 이해하려면 투자대상 자산의 펀더멘탈 현황과 변화, 수요 공급의 현황과 변화를 필수적으로 알아야 한다. 또한 시장에 큰 변화를 초래하는 동인들의 성격과 전개 양상을 예측할 수 있어야 한다.

주식시장을 예로 들면 경제 및 산업의 성장 전망은 어떠한지, 기업의 이익 전망과 배당계획이 어떠한지, 주식에 대한 수요를 가늠하는 투자자금의 시장간 흐름은 어떠한지, 주식의 공급을 좌우하는 신규상장 계획은 어떠한지를 최대한 정확히 알아야 한다. 여기에 시장에 큰 변화를 초래하는 동인을 식별하여 그 요인이 어떻게 변화할지 예상할 수 있어야 한다.

2017~2019년 세계 주식시장에 큰 영향을 미친 중요 동인은 미중 무역 전쟁, 미 연준의 금리인상 등 통화정책, 영국의 EU 탈퇴Brexit였다. 중요한 동인을 식별하는 것 이상으로 중요한 것은 이 동인이 어떻게 진전되어 나갈 것인가 하는 문제인데, 때론 경제·재무적 분석만으로 충분하지 않고 정치적·사회적·심리적 분석이 필요한 경우가 있다.

2020년에는 코로나19의 국제적 확산이 주식시장을 뒤흔들었는데, 전염병에 대한 전문지식과 치료제, 백신 개발 시기 등 바이오 지식이 시장 흐름의 예측에 꼭 필요했다.

둘째, 패가 한정적이라는 것을 인식해야 한다

필요한 전문성과 인력은 물론 충분한 자금력을 확보하고 있는 기관들과 달리 개인 투자자들은 세 가지 모두에서 제약이 크므로 이길 수 있는 전략의 수가 제한된다는 것을 명심해야 한다. 대부분의 개인 투자자들은 본연의 직업이나 사업이 있고 투자는 재테크 차원이나 은퇴 후 대비로 하는 것이 보통이다.

아무리 전문가의 도움을 받는다고 해도 원금손실이 가능한 투자의 본질상 본인이 이해할 수 없거나 결정할 수 없는 투자를 해서는 안 된다. 주식 폭락장에 신용을 이용한 섣부른 저가 매수, 이자율의 변동성이 큰 시기에 단기 채권투자, 자금능력을 초과하는 주택 갭 투자 등이 해서는 안 되는 투자의 예다.

여기서 부정적인 이야기를 장황하게 하는 것보다는 전문성이 높지 않은 개인 투자자들도 이길 수 있는 전략을 생각해보는 것이 좋겠다. 본인의 삶의 터전(직장, 교육)이 되는 곳에 집 한 채를 장만하되 불가피하게 빚을 지는 경우 저축을 통해 빚부터 갚는다. 빚을 갚고 나서는 지출을 최대한 줄여 나가면서 종잣돈을 모아 적금, 예금, 단기 금융상품 등 원금이 보장되는 안전자산 위주로 운영하면서 투자 기회를 기다린다. 물론 퇴직 후를 위해 공적 연금에 더하여 세금혜택이 있는 개인연금이나 퇴직연금에 한도까지 가입한다.

또는 집을 사는 것을 유예하고 안전자산 위주로 투자하면서 가점을 높여 상대적으로 저렴한 청약으로 내 집을 마련하거나 경제·금융 위기와 같이 집값이 큰 폭으로 조정되는 시기에 매입을 고려한다.

경제와 금융시장은 사이클을 이루면서 오르고 내리는데, 실력 있는 경제전문가나 금융전문가는 내일 주식이 오를지, 금리가 오를지는 모를 수 있으나 대세 상승과 하락의 초입은 높은 확률로 알 수 있다. 주식의 경우 대세 상승기가 오면 보통 2~3년간은 등락을 거듭하면서 오르고, 대세 하락이 오기 전까지는 빠질 수 있는 기회를 준다.

주식의 경우 대세 상승기 초입에 투자 가능한 자금을 우량주(블루칩) 위주로 투자한다. 종목에 자신이 없으면 코스피 200, 코스피 50과 같이 대형주를 모은 지수에 투자하는 것도 방법이다. 대개는 무릎 정도에서 매입할 수 있다. 이때는 1~2년 충분히 기다리다가 어깨 정도에 매각해야 한다. 과도한 욕심은 금물이다.

반대로 주식의 대세 하락의 초입에 인버스 ETF를 매입하거나 공매도를 통해 하락장에 베팅해볼 수도 있다. 하락장은 경제 펀더멘탈의 악화 외에도 경제·금융위기, 공포 등 다양한 원인으로 와서 상승장에 비해 전개과정을 예상하기가 더 어렵기 때문에 가능한 한 레버리지(빚)는 쓰지 않는 것이 바람직하다.

투자 이전에 투자가능 자금investable fund을 계산해보면 큰 위험은 피할 수 있다. 투자가능 자금이란 보유한 자산 중에서 필수적이거나 급하게 사용할 용도가 없는 돈이다.

투자가능 자금＝보유자산-(살고 있는 집의 가액 또는 전셋값+학자금, 결혼자금, 수술비 등 목돈 수요+여유마진)

코로나19로 전 세계 증시가 몸살을 앓고 있던 2020년 4월 한국의 개인 투자자들은 동학개미운동을 벌이면서 저가 매수를 통해 이익을 꿈꿨다. 이때 메릴린치Merrill Lynch의 수석 투자 전략가 출신으로 뉴욕 월 가에서 38년간 잔뼈가 굵은 리처드 번스타인Richard Bernstein은 〈월스트리 트저널〉의 자매 투자전문지 〈배런스〉와의 인터뷰에서 주식시장 약세 장은 3단계 과정을 거친다고 강조했다. 1단계는 투자자들이 하락세 가 일시적이라고 판단하는 단계, 2단계에서는 대다수 예상보다 하락 세가 오래 지속되는 단계, 결국 투자자들이 반등의 희망을 놓으면서 하락세가 마무리되는 3단계로 진행된다는 설명이다.

채권시장의 경우 경기 하강기의 초입에 금리의 대세 하락이 오면 투자를 고려해야 한다. 채권투자로부터의 수익은 채권의 이자와 시 장이자율 하락에 따른 채권가격의 상승(자본이득)인데 경기 하강기에 는 자본이득을 기대해볼 수 있다. 주의할 것은 경제·금융위기가 오는 시기다. 경기는 크게 하락하지만 금리는 반대로 크게 올라 채권 가격 의 대규모 하락(자본손실)이 초래될 수 있다.

따라서 위기가 올 것으로 예상되면 채권 투자 자금을 신속히 회수 하여 안전자산으로 운용하다가 채권의 발행 이자율이 충분히 높아지 면(예를 들면 2008년 글로벌 위기 시 10% 내외) 다시 투자에 나서는 것이 현명한 투자 방법이다. 높은 이자를 제공하는 우량 채권은 개인이든 기관이든 훌륭한 자산 포트폴리오를 구축하는 데 절대적으로 도움이 되는 자산이므로 경제·금융위기를 대비하여 충분한 유동성을 갖는 것은 여러모로 좋은 일이다(그러나 위기가 오면 대부분의 개인이나 기관의 유동성이 메말라 기회를 활용하지 못하는 것이 현실이다).

부동산의 경우 단기적 경기 사이클을 넘어 중장기적인 성과를 낼 수 있기 때문에 주식이나 채권투자와 같은 전통적인 투자와 비교해 대체적인 성과를 낼 수 있는 투자자산의 종류다. 다만 우리나라와 같이 국토가 좁고 택지가 제한적인 경우에는 오직 주택을 통해 재테크하는 것은 바람직하지도, 지속가능하지도 않다.

개인이 주택 외에도 성공적으로 부동산시장에 투자할 수 있는 아이디어들이 많이 있다. 부동산 신탁REITs, 부동산 펀드 등을 통한 간접 투자가 있고, 꼬마빌딩, 상가 직접 투자를 통해서도 투자 수익을 기대할 수 있다. 최근 부동산 펀드는 편입 자산이 다양화되어 오피스 빌딩, 상가, 임대주택, 호텔 등 일반적인 부동산 외에 도로, 철도 등 인프라, 창고 등 물류시설, 농지 및 농작물 재배 등과 관련 다양한 투자기회를 제공하고 있다. 전문가를 통해 각각 투자 대안들의 현황을 자세히 알아보고 투자 시점에 최적의 방안을 선택하면 된다.

셋째, 확증편향에 빠져 객관화를 잃으면 안 된다

자신의 판단을 최대한 객관화하고 투자의 성공을 방해하는 다양한 심리적 오류에 빠지지 않아야 한다.

인간의 행동을 좌우하는 심리적 오류 중 투자에 가장 큰 영향을 미치는 것은 '확증편향confirmation bias'이다. 이는 자신의 선입관을 뒷받침하는 근거만 수용하고, 자신에게 유리한 정보만 선택적으로 수집하는 행동을 보이게 된다. 즉 자기가 보고 싶은 것만 보고 믿고 싶은 것만 믿는 현상인데, 투자자들의 경우 최초 확신에 따라 투자를 하고 나면 의사결정을 변경해야 하는 악재가 발생해도 무시하는 경향이 있다.

이러한 오류에 빠지게 되면 실수로부터 배우고 더 나은 의사결정을 할 수 있는 기회를 잃게 된다. 심리적 오류에서 벗어나기 위해서는 새롭게 중요한 정보가 들어오면 기존 의사결정을 제로베이스에서 재검토하는 습관을 가져야 한다.

인간은 자신의 판단을 과신하는 오류를 흔히 범한다. '자기 과신의 함정overconfidence trap'이다. 자신의 예측, 실행, 판단능력을 과신한 결과 잘못된 미래 예측에 빠지는 것으로, 특히 전문가나 경영자들에게 두드러지게 나타나는 현상이다.

자기 과신에 빠진 사람들은 자신의 정보량을 과대평가해 새로운 정보에 소홀해지거나 남의 말을 잘 듣지 않는다. 자기 과신에 빠지게 되면 본인이 잘못 투자한 것을 큰 피해 없이 변경할 수 있는 기회를 놓치고 적절한 매도 타이밍을 잡지 못하게 된다. 반드시 본인의 의사결정이 틀릴 수 있다는 열린 마음으로 시장 정보를 분석하고 흐름 변화에 대처하는 습관을 키워서 극복해야 할 것이다.

'후회 회피evasion of regrets'는 후회할까 두려워 합리적으로 선택하지 못하는 현상으로 의사결정을 독립적으로 하지 못하고 남에게 의존하거나 희생양을 찾아 책임을 떠넘기는 행동으로 나타나곤 한다. 투자는 자기 책임으로 하는 것이 기본임에도 주식 투자의 실패 후에 전문가 A가 잘못된 조언을 했어, 기업의 경영진이 부정한 일을 했어 등 남에게 책임을 전가해 실패에서 오는 고통을 덜려고 한다. 본인의 실수를 정면으로 마주하는 습관을 키워 극복해야 한다.

'앵커링anchoring'도 비슷한 의미다. 사람들은 자신이 잘 모르는 것을 판단하거나 협상을 할 때 기준이 필요한데, 무의식적으로 처음 주어진 조건에서 크게 벗어나지 못하고 이를 기준으로 삼는 행태를 말한다. 처음 투자결정의 준거와 웬만큼 다른 정보가 들어 와서는 기존 것을 버리지 못하고 상황이 완전히 바뀌어 오래 지속된 후에야 자신의 잘못을 깨닫는 경우가 많다. 이로 인해 실전에서는 막대한 손실을 볼 수 있으므로 유연하게 다각도에서 상황을 보는 습관을 키워 극복해야 한다.

'홈 바이어스home bias'는 자기 나라, 자국 기업, 자기 지역, 자기 회사 등 본인이 잘 안다고 생각하는 것에 더 후한 평가를 주는 오류인데, 투자에 있어 객관성 합리성을 잃을 수 있어 주의해야 한다.

마지막으로 시장을 바라보는 '탐욕과 공포'는 합리적 투자와 투자의 성공을 방해하는 바람직하지 않은 심리적 반응이다. 죽을 줄 모르고 절벽을 향해 돌진하여 꼬리를 물고 떨어지는 레밍과 같이 다른 투자자들을 무작정 따라가서는 돈을 벌 확률이 희박하다. 그런데도 사람들은 통상 남들이 돈을 벌면 탐욕에 사로잡혀 베팅에 나서고, 남들이 투매를 하면 공포에 질려 혼비백산 도망가는 행동 양상을 반복한다. 이럴 때일수록 냉정함을 잃지 않고 중심을 잡고 현명하게 플레이하는 사람이 투자에 성공할 수 있다.

환율

환헤지를 이용해
투자 성과를 높여라

외환시장은 환율을 결정할 뿐 아니라 경제와 금융시장에 대한 중
요한 정보가 모여 향후 투자시장 움직임의 가늠자가 될 수 있다. 해
외투자가 크게 늘어난 현대 투자시장에서 환율의 움직임은 투자 성
과를 결정하는 핵심변수다.

현대의 외환시장은 외환에 대한 수요 공급에 따라 환율이 결정되
는 변동환율제가 일반적이다. 홍콩, 베트남 등과 같이 달러화에 자국
통화 가치를 고정하는 '페그제peg system'를 운영하는 나라도 있다.

환율은 통상 다른 통화간의 교환비율로 표현된다. 원/달러 환율
은 1달러로 바꿀 수 있는 원화의 양을 표시하고(1,200원/1달러), 유로/
달러 환율은 1유로로 바꿀 수 있는 달러의 양을 나타낸다(1.2달러/1유
로). 달러 등 외화를 사고 팔 때는 가격 차이가 발생하는데 시기에 따
라 몇십 원 수준에서 변동한다.

여기서 환율의 '평가절상appreciation'과 '평가절하depreciation'의 개념을 잘

알고 넘어가야 한다. 원화의 평가절상은 원화의 가치가 높아지는 것으로 1달러당 더 적은 양의 원화를 지불하면 되는 상황이다(예를 들면 1,200원/1달러→1,100원/1달러). 반면 원화의 평가절하는 원화의 가치가 낮아지는 것으로 1달러당 더 많은 양의 원화를 지불해야 되는 상황이다(예를 들면 1,200원/1달러→1,300원/1달러).

즉 달러 대비 원화의 절상은 달러화의 평가절하를 의미하고, 달러 대비 원화의 절하는 달러화의 평가절상을 의미한다.

외환시장의 작동 메커니즘

우리나라의 순수출 증가(수출>수입), 관광, 로열티 등 수입증가(수입>지출), 자본 순유입 증가(유입>유출) 등이 발생하면 외환시장에 달러 공급이 수요 이상으로 확대되어 달러화의 가치가 떨어지게 된다(달러 평가절하, 원화 평가절상). 반대로 우리나라의 순수출 감소(수출<수입), 관광, 로열티 등 수입 감소(수입<지출), 자본 순유입 감소(유입<유출) 등이 발생하면 외환시장에 달러 수요가 공급 이상으로 확대되어 달러화의 가치가 올라가게 된다(달러 평가절상, 원화 평가절하).

이와 같이 외환시장에는 두 통화 간의 교환비율인 환율을 매개로 산업 경쟁력, 무역 경쟁력, 관광·기술 등 서비스 경쟁력, 자본시장 경쟁력 등 수많은 정보가 만나서 흐르고 있다.

무역이 국부를 결정하는 중상주의 시대 국가들과 이 전통을 이어받은 수출주도 개발도상국은 자국의 통화가치가 떨어지면 산업의 가격 경쟁력(수출 경쟁력)이 높아져서 무역수지가 흑자로 돌아서고, 통화가치가 높아지면 산업의 가격 경쟁력이 낮아져서 무역수지가 적자

선진경제의 경기와 환율의 관계

로 돌아서기 때문에 자국통화의 가치를 낮게 유지(절하)하기 위해 무진 애를 쓴다. 이 경우 평가 절하가 주가 상승으로 이어지곤 한다.

하지만 자본의 이동과 금리정책의 영향이 무역수지나 관광수지보다 외환시장에 더 큰 영향을 미치는 현대 자본주의 국가(주로 미국 유럽 등 선진국)에서는 평가 절상이 경제의 강한 체력과 경기 상승을 의미하고 기업이익과 자본유입 증가로 주가상승을 동반하는 경우가 많다.

해외투자의 성과는 자국 통화로 환산한 후에야 결정될 수 있으므로 투자 기간 내 환율의 움직임은 투자 성과에 큰 영향을 미친다.

예를 들어 한국인 A가 환율이 1달러당 1,100원일 때 애플 주식을 100주, 주당 100달러로 1만 달러(1,100만 원)를 투자했는데, 1년 후 주가가 110달러로 10% 상승했다(11,000달러). 환율의 변화가 없다면 10% 수익률이 확정되지만 그사이 원화 가치가 100원만큼 절상되면 원화로 받는 돈은 11,000달러×1,000＝1,100만 원으로 수익률은 0%가 된다. 반대로 원화가 100원 절하되면 11,000달러×1,200＝1,320만 원으로 20% 수익률을 올리게 된다.

환헤지ⁱForeign Exchange Hedge
'환換'과 '헤지hedge'의 결합어
로, 환율 변동에 따른 위험을
없애기 위해 환율을 미리 고
정해두는 거래방식

환율의 변동과 관계없이 미국 주식 투자로 인
한 수익률만을 얻으려면 환헤지*를 하면 된다.
애플 주식에 1년간 투자하려면 1년 환헤지를 해
서 1년 후에 1만 달러를 파는 계약을 하면 된
다. 환헤지 계약을 위해서는 통상 2%p의 수수료
를 부담하므로 애플 주가가 10% 오르게 되면 환율 변동과 관계없이
10%-2%=8% 수준의 수익률을 올릴 수 있다.

우리나라 금리가 미국보다 많이 높았을 때는 환헤지를 하면
0.5~1%p 정도의 프리미엄을 받는 시기가 있었다. 최근 몇
년 동안에는 1.5~2%p 정도의 수수료를 내야 한다. 유로화나
엔화 자산에 투자할 때는 아직도 1.0~1.5%p 환헤지 프리미
엄을 받는다.

주식 투자와 관련한 환헤지를 할 때 어려운 문제는 주가가 언제
오르고 내릴지를 모른다는 데 있다. 주가가 10% 오르면 만 달러에
대해서는 환헤지를 했지만 1,000달러에 대해서는 헤지를 못했기 때
문에 환율 변동에 노출된다. 이것이 언더헤지underhedge다.

반면 주가가 10% 떨어져 9,000달러가 되면 1,000달러만큼 많은
금액을 헤지했기 때문에 불필요하게 수수료 손실을 볼 수도 있다. 이
를 오버헤지overhedge라 한다. 이론적·통계적 관점에서 시장 변동성이 낮
은 시장을 통해 변동성이 큰 시장을 헤지할 수 없다는 것이 정설이
다. 파리채로 크기가 작은 파리를 잡을 수는 있지만 토끼를 잡을 수

는 없다는 것이다.

통상 시장가격의 변동성이 큰 순으로 나열하면 이렇다.

주식시장 > 외환시장 > 대체자산시장 > 채권시장

따라서 개인 투자자 입장에서 해외 채권이나 부동산 등 대체자산에 투자할 때는 특별한 사정이 없는 한 환헤지를 고려해야 하고 주식에 투자할 때는 환헤지를 하지 않아도 무방하다. 환율 움직임은 알기 어려워 전문성이 부족한 투자자는 100% 헤지하는 것이 바람직하다. 다만 환율의 방향성이 유리한 쪽으로 보이는 시기에는 전문가의 조언을 구해 헤지를 일부 또는 전부 푸는 것을 고려해볼 수 있다.

현대의 자산운용에서는 규모가 큰 기관을 중심으로 환 자체를 투자대상 자산으로 보고 다른 자산과 같이 포트폴리오 배분을 통해 수익률을 올리려는 움직임이 있다. 큰 규모 기관의 경우 대규모의 외화 자산 매입과 매도가 비슷한 시기에 일어나는데 A자산을 매도하여 얻은 외화를 B자산의 매입에 활용한다면 환전 수수료, 헤지 수수료를 절약할 수 있고 환율 변동의 부정적 효과를 상쇄할 수 있다.

자녀들의 유학이나 해외물품 수입과 관련한 외화 수요가 있는 개인이나 기업들도 환율이 유리할 때 외화 예금에 가입하여 예금 이자를 받으면서 실제 소요시기에 좋은 환율로 외화를 쓰는 사람들이 있다. 아주 바람직한 투자 전략이다.

의사 A가 정형외과 병원을 개업하려고 할 때 B은행에서 1%

이자 달러화 대출을 제안받았다면, 환헤지 비용이 2%p 내외이므로 이를 더해서 원화 대출 이자율과 비교해야 한다.

외환시장은 각국의 정치, 경제, 사회와 금융에 관한 중요한 정보가 흐르면서 촉매 역할을 하고 그 자체로 좋은 투자 기회를 제공한다. 글로벌 관점의 투자 집행과 성공에 관심이 많은 독자들은 외환시장도 잘 이해해나가야 할 것이다.

수수료&세금

투자수익률은 수수료와
세금 후를 봐야 한다

사람들이 보통 자신의 투자 수익률을 말할 때 수수료나 세금을 고려하지 않는 경우가 많다. 순수익률을 알기 위해서는 정확히 고려해야 한다. 수수료는 상품 설명을 통해 알 수 있지만 세금 제도는 복잡할 뿐 아니라 매년 바뀌기 때문에 그때그때 시간을 내서 잘 숙지하기를 바란다.

1. 예금

은행의 일반 예금, 적금에 대해서는 14%의 이자소득세와 1.4%의 농어촌특별세(줄여서 농특세)를 합해서 15.4%를 원천징수한다. 세금 우대 상품은 세율이 9.5%이고, 비과세 상품은 농특세 1.4%가 부과된다. 일반 적금에서 1% 이자를 준다고 하면 세금을 뺀 순수익률은 0.846%가 된다. 이자소득과 배당소득의 합계가 2,000만 원이 넘는 금액에 대해서는 6~38%의 누진세율이 추가 부과되는 금융소득 종합과세의 대상이 된다. 미국 등 선진국에는 일정 평균 잔고를 유지하지 못하면 계좌유지 수수료를 부과하는 경우가 있으나 우리나라에는 아직 없다.

2. 주식 직접 투자

증권사에서 증권 매매 시 부과하는 수수료율은 미미한 수준으로 계속 낮아져왔다. 세금의 경우 10억 이하 투자자에 대해서는 코스피 0.08%, 코스닥 0.23%의 증권거래세가 부과된다. 해외주식 투자는 이미 22% 세율로 양도차익을 과세하고 있으며, 국내주식 투자의 경우에도 향후 점진적으로 증권거래세를 낮추면서 양도소득세 체제로 전환될 예정이다. 2023년부터 주식 투자로 2,000만 원 넘게 번 개인 투자자들은 2,000만 원을 뺀 나머지 양도차익에 대해 20%(3억 원 초과분은 25%)의 세금을 내야 한다.

양도차익과세가 도입되면서 손실에 대한 이익공제도 시행된다. 2022년부터 개인이 가진 주식, 펀드 등 모든 금융상품 포트폴리오의 손익을 통합 계산해 '순이익'에만 과세하고, 손실분에 대해서는 향후 3년 간 발생하는 이익에서 차감할 수 있게 해준다.

3. 펀드

펀드는 은행이나 증권회사 창구에서 판매수수료를 부과하고 펀드 운용사가 운용수수료를 부과한다. 상장지수펀드ETF는 시장을 대표하는 지수나 업종 지수를 추종하는데, 펀드 중 운용수수료가 가장 싸고 거래소에 상장되어 있어 매입과 매도가 개별 주식과 같이 편리한 장점이 있다.

일반적으로 'ETF→공모펀드→사모펀드' 순으로 수수료가 낮다. ETF는 시장이나 섹터를 수동적으로 따라가기 때문에 수수료가 가장 낮다는 장점이 있다. 공모펀드는 대규모 자금 운용으로 규모의 경제를 활용할 수 있어 사모펀드에 비해 수수료가 저렴하다.

펀드 수수료는 통상 1년 단위로 표시되는데, 사모펀드의 경우 몇 개월 단위로 설정되면서 1년 환산 수수료 부담을 높이는 경우가 있어 주의를 요한다. 펀드는 운용자산을 기준으로 주식형, 채권형, 혼합형 (주식+채권)이 있고, 부동산을 운용자산으로 한 부동산펀드도 있다.

4. 지분투자

비상장 회사 지분에 투자하는 경우 수수료와 세금 부담은 크지 않으나 해당 지분의 환금성이 떨어지는 단점이 있다. 우리나라의 경우 벤처투자와 관련해서 세금 공제혜택을 많이 주고 있어 고소득 직장인들을 중심으로 관심과 투자가 이어지고 있다.

5. 부동산

부동산은 거래와 보유 모두 가장 높은 수준의 수수료 및 세금 부담이 있다. 매입할 때는 기본적으로 부동산 중개수수료, 취득세, 등록세가 발생하고, 보유 중에는 재산세, 종합부동산세 대상이 되며, 매각 후 이익이 발생한 경우에는 양도소득세를 내야 한다. 리츠를 통해 부동산의 지분을 쪼개 투자하는 방법도 있다.

자산의 종류에 따라 세금 효과가 개인, 법인에 따라 달라지는 경우가 많으므로 투자자 본인의 납세 여건에 맞춰 투자 포트폴리오를 구성해야 한다. 1가구 1주택 비과세·감면, 비과세 예금 및 보험, 연금 저축 세액공제, 벤처투자 소득공제는 우리나라 일반가정에서 가장 많이 활용되는 절세 전략이다.

재무제표에서
유용한 투자정보를 얻는 방법

주식을 포함한 모든 종류의 투자에서 성공하기 위해서는 '회계'라는 공통의 언어로 작성된 '재무제표financial statements'를 읽을 줄 알아야 한다. 투자자라면 재무제표에 대한 이해를 통해 기업의 경영활동과 재무 상태를 파악할 수 있어야 한다.

재무제표는 모두가 합의한 회계원칙과 회계기준의 범위 내에서 작성되어 회계감사를 받지만 절대적인 것은 아니고 기업의 경영진이 선택한 회계처리 방법과 가정에 기초해서 작성된다. 특정 재무제표 항목과 숫자가 의미하는 바를 여하히 분석해서 투자에 유용한 정보를 얻을 수 있을 것인지가 관건이라 할 수 있다. 회계처리 방법과 가정이 합리적이지 않을 경우 이를 조정해서 의사결정에 활용해야 하는 것이다.

우리나라가 채택하고 있는 국제회계기준IFRS 재무제표는 재무상태표, 포괄손익계산서, 자본변동표, 현금흐름표, 주석으로 구성되어 있

재무상태표

자산	부채·자본
유동자산 현금, 당좌예금 만기 1년 이내 예금 등 금융자산 매출채권, 미수금, 재고자산	유동부채 만기 1년 이내 채무, 미지급금 고정부채 만기 1년 이상 채무, 회사채, 전환사채
고정자산 만기 1년 이상 채권, 미수금 기계장치, 건물, 토지, 무형자산(영업권 등)	자본 자본금, 자본잉여금, 이익잉여금

다. 그중 재무상태표, 포괄손익계산서가 가장 중요하다.

재무상태표는 다음 그림처럼 왼쪽(차변)에 자산, 오른쪽(대변)에 부채, 자본이 기록되는데 좌우가 같아야 해서 '자산＝부채＋자본'과 같은 등식이 성립하게 된다. 다르게 이야기하면 재무상태표는 '우리가 얼마의 부채와 자본으로 자금을 조달해서 어떤 자산을 얼마만큼 보유하고 있는지'를 보여준다고 할 수 있다.

주주의 몫인 자본은 계속 기록을 통해 구할 수 있지만 외부인의 경우 자산에서 부채를 차감해서 계산해낼 수 있으므로 자산과 부채의 각 항목에 대한 측정이 정확해야 함을 알 수 있다. 중대한 범죄인 분식회계까지는 아니라도 자본을 크게 보이기 위한 경영진의 유인책을 정확히 알고 분석해야 한다. 재무제표 주석을 통해 경영진이 재고자산, 매출채권, 무형자산, 미지급금(미수금), 채무 항목을 작성한 가정과 논리를 읽어보고 합리성을 판단할 수 있어야 한다는 말이다.

포괄손익계산서는 기업의 1년(또는 분기, 반기) 동안 경영활동을 보여주는 '성적표'라 할 수 있다. 얼마만큼 돈을 벌었는지를 활동별로

나눠서 표시하는데, 기업의 주된 영업
활동을 통해 벌어들인 매출액에서 매
출에 직접적으로 들어간 매출원가를
빼면 매출 총이익이 나온다. 판매와
경영관리를 위해 사용된 판매관리비
를 빼면 영업이익이 나온다. 영업이익
에서 영업외손익(이자수익, 이자비용 등
재무적 거래, 감가상각)을 가감하고 법인
세 비용을 빼면 당기순이익을 구할 수
있다.

포괄손익계산서	
매출액	×××
- 매출원가	(×××)
매출총이익	×××
판매관리비	(×××)
영업이익	×××
+ 영업외이익	×××
- 영업외비용	(×××)
- 법인세비용	(×××)
당기순이익	×××
± 기타포괄손익	×××
총포괄이익	×××

또 여기에서 금융자산 등의 공정가
치(시가) 변동을 반영하는 기타포괄손
익을 가감하면 총 포괄이익을 파악할 수 있다.

투자 의사결정을 할 때 가장 많이 사용되는 이익 개념은 '에비타
EBITDA'로 이자, 세금, 감가상각 전의 영업이익이다. 에비타는 Earning
Before Interest, Tax, Depreciation and Amortization의 약자다.

위에 네 가지 항목을 차감하여 이익을 구하는 이유는 경영자의 재
무, 자산취득, 세무 전략에 좌우되지 않고 영업활동에서 얻는 순수한
이익흐름을 구하기 위한 것이다. 실무에서 투자자들은 에비타를 포
괄손익계산서의 영업이익에 감가, 감모 상각Depreciation, Amortization을 더해
서 계산한다.

동전의 뒷면이라 할 수 있는 투자자의 입장에서 설명해 보면, 에
비타에 의해 기업 비즈니스 모델의 경쟁력과 지속 가능성이 확인되

면 재무구조, 자산취득정책, 조세전략 변환이나 M&A를 통해 기업 가치를 올릴 수 있는 것이다. 결국 기업가와 투자자가 해당 기업의 가치를 논의할 때 처음으로 만나는 출발점이 에비타라 할 수 있다.

투자자는 재무제표의 중요 항목을 주석과 비교·분석하면서 경영진의 회계처리 방법과 가정에 동의하지 않을 수 있다. 이 경우 해당 항목뿐 아니라 관련 항목들을 빠짐없이 수정해야 하는데 이를 위해서는 재무제표 항목간의 관련성을 잘 알고 있어야 한다. 처음에는 이해가 쉽지 않을 수 있으니 사례를 들어 설명해보겠다.

A사가 보고한 재무제표에 매출로 잡고 있는 100억 원의 소고기 중 70억 원이 판매를 위해 설립한 자회사 B사에 대한 매출이고, 소고기는 아직 자회사 창고에 쌓여 있다(70억의 매출원가는 50억이고, 판매관리비는 5억). 투자 목적상 이를 진정한 매출로 보지 않을 경우 A사의 매출에서 70억을 감하고 매출원가 50억, 판매관리비 5억을 감해야 하며, 결국 영업이익이 15억 줄어든다.

이때 손익계산서 항목의 변화와 함께 관련되는 재무상태표 항목에 필요한 조정도 잊지 말아야 한다. 상기 조정과 관련하여 재무상태표에서 A사의 재고 자산이 50억 증가, 미수금은 70억 감소해야 하며 판매관리비 지출로 사용했던 현금과 예금 5억 원도 다시 늘려줘야 한다. 또한 자본 항목(이익 잉여금)도 15억 원 감소시키는 것을 잊지 말아야 한다. 이와 같은 조정 후 나온 숫자를 재무비율분석에 사용하게 되면 유동비율, 재고자산회전율은 물론 매출액이나 매출원가, 이익과 관련된 재무비율이 연쇄적으로 바뀌는 것을 확인할 수 있다.

최근 주택시장의 상승세는 예상할 수 있었나?

💬 **김학균** 주택 가격이 천정 모르게 치솟고 있습니다. 주택가격이 가파르게 상승하면서 모두가 그 상승세에 압도되고 있는 것 같습니다. 주택이든, 주식이든 특정 자산가격이 다수의 생각보다 훨씬 빠르게 상승하다 보면 이에 대해 반론을 내놓는 건 정말 힘든 일이 되어버립니다. 집이라는 게 우리가 살아가는 데 꼭 필요한 의식주의 한 구성 요소이다 보니 주택 가격 급등에서 초래되는 부작용이 분명히 있고, 최근 수년 간 치솟은 집값이 한국경제의 펀더멘털에 비춰 장기간 지속 가능할까라는 의구심이 있을 수도 있다. 적어도 제가 느끼기에는 주택시장, 특히 서울 주택시장에 대한 비관론은 거의 사라진 것 같습니다.

💬 **신현준** 이런 상황은 누구나 원하지 않았을 것입니다. 자본주의 시장경제 체제가 지속가능하려면 무엇보다 사는 곳이 안정되어야 하기 때문이지요. 가계지출의 큰 부분을 차지하는 집값과 주거비가 급격히 오르면 근로자들은 임금이 인상되더라도 흔쾌히 동의하고 일하기 어려워져 사회불안이 초래될 수 있습니다. 지난 20년간 주택시장에 일어난 일을 간략하게 살펴보는 것이 오늘 우리 논의에 도움이 될 것 같네요.

2000년대 들어 신용 확대 사이클 속에서 결혼 감소, 도시집중 심화 및 가구 분화로 인한 가구 수 증가와 주택 노후화로 인한 신규 주택 수요까지 가세해 주택 수요가 공급을 초과하면서 선진국을 비롯한 전 세계 집값은 상승 추세를 타게 되었지요. 특히 2008년 글로벌 위기를 극복하기 위한 제로금리와 막대한 규모의 양적완화는 집값 상승에 기름을 부어 대도시를 중심으로 50%가 넘는 급격한 상승세를 보이는 곳이 많았습니다.

우리나라는 2000년대 중반 LTV, DTI 규제를 도입했고, 글로벌 위기로 실물 경제에 상당한 타격을 입었습니다. 또한 신도시 개발, 행복주택 등을 통해 물량 공급을 꾸준히 늘려왔기 때문에 큰 폭의 상승세는 없었지만 유동성과 소득의 증가로 시장의 기저에는 가격 상승의 압력이 쌓여가고 있었던 것이 사실입니다.

실제로 글로벌 위기의 영향에서 벗어나 경기 회복세가 본격화된 2015~2016년부터는 서울을 중심으로 주택가격 상승이 가시화 되었지요. 우리가 제대로 인식하지 못하는 가운데 서울은 이미 세계적인 명품도시로 자리매김해 오고 있었어요. 현재의 실수요뿐 아니라 수도권이나 지방 거주자, 중국 등 아시아권을 중심으로 서울주택에 대한 대기수요와 잠재수요가 늘어온 상황입니다.

이와 함께 가구원수 2인 이하 가구가 56%(1인 가구는 30%)에 이를 정도로 가구 분화가 급속하게 진행되어 왔고, 신규 아파트, 역세권 주거 위주로 주택 수요가 늘어나면서 수요공급의 양적, 질적 미스매치도 커졌습니다. 전세값, 집값 상승에 따라 대응책으로 나온 임대사업자정책, 조세정책은 매물 잠금 현상을 일으키면서 원하는 지역에 원하는 형태 주거의 공급부족 상황에서 투기적 수요까지 합세해 전국적으로 급격한 집값 상승을 초래했습니다.

2020년 들어 코로나19로 실물 경제가 어려워지면서 뉴욕시 집값은 10~30% 하락했지만, 우리나라 수도권의 경우 코로나 피해가 상대적으로 크지 않았기 때문에 집값의 조정은 없는 상황입니다. 많은 전문가들은 2008년 위기 때 이상의 돈이 풀리고 있고 제로금리도 재연되고 있어 강력한 주택규제에도 불구하고 당분간 상승세는 불가피할 것으로 보고 있는 상황이죠.

물론 집값 상승이 이렇게 계속될 수는 없을 것입니다. 모든 자산 가격은 상승과 조정의 그래프를 그릴 수밖에 없는데 저금리와 유동성 확대로 인한 할인율 하락과 자산가격의 레벨 업 효과는 일단 마무리 되었다고 봅니다. 급등에 따른 공포로 일부 과잉상승 Overshooting의 조짐도 보입니다. 앞으로는 다양화되는 수요에 맞춘 실효성 있는 공급대책,

코로나19 팬데믹과 실물 경제 충격의 경로, 미중 패권경쟁의 경로, 경기회복과 자산시장 인플레이션에 따른 이자율과 위험 프리미엄의 상승 등이 주택가격의 경로에 큰 영향을 줄 수 있는 변수로 보입니다.

📧 김학균 앞으로의 일은 누구도 모르겠지만 지금까지의 결과로만 보면 주택시장에 대해 과도한 비관론은 결과적으로 틀렸다고 평가해도 되지 않을까 싶습니다. 제 생각에는 1990년 이후 일본이 경험한 '잃어버린 20년'과 그 시기의 '부동산 폭락'이 한국 사회의 부동산 비관론에 큰 영향을 줬다고 봅니다.

일본에서 벌어진 일들이 한국에서 비슷하게 나타날 것이라는 전망은 듣는 이를 솔깃하게 만듭니다. 개발연대기 한국의 성장 전략 자체가 일본을 모방했던 측면이 있고, 제조업 중심의 경제 구조도 닮은 꼴입니다. 무엇보다도 일본의 인구구조에서 큰 영감을 받았을 겁니다. '인구가 줄어들고 있는데, 어떻게 집 값이 올라갈 수 있겠느냐'라는 매우 직관적인 추론은 충분히 할 수 있는 일이니까요. 최근 수 년 한국의 저출산은 일본보다 훨씬 심각한 상황이기에 더욱 그렇습니다.

📧 신현준 주택과 같은 자산시장 가격에는 구매력 있는 수요의 변화가 가장 큰 영향을 준다고 생각합니다. 공급은 단기간 내에 늘리기 어려우니까요. 지난 20년간 주택 수요의 주체인 가구 수가 크게 늘었고, 경제성과도 나쁘지 않아 개인의 구매력은 크게 늘었어요. 일본과 같이 장기간 경기침체가 온다면 구매력 있는 수요가 급감할 테니까 주택 등 자산시장의 대규모 하락 조정도 불가피할 것이지만 우리는 그와 같은 상황으로 가지 않으려 노력하겠지요. 주택전문가들이 우리나라 인구와 가구 수 변화, 주택 공급계획 등을 감안하여 주택 시장을 전망해 보면 2030~2035년 정도가 수급이 역전되는 시기로 보고 있습니다. 물론 이것은 전체 주택의 수요와 공급을 의미하는 것이고, 선호되는 지역의 주택 수요공급 여건을 의미하는 것이 아님을 주의해야 합니다.

인구수에 관해서도 다양한 시각이 존재합니다. 경제 성장론의 관점에서 보면 인구수가 늘어나는 것은 경제 성장률을 높이고 자산시장 수요를 높여 가격에도 긍정적입니다. 그러나 이미 포화상태로 국토의 수용능력이 작은 우리나라 상황에서 도대체 얼마까지 인구가 늘어야 하는지 반문하지 않을 수 없습니다. 퓰리처상을 받은 《총. 균. 쇠》의 저자 재러드 다이아몬드는 미래의 큰 위기 중 하나는 자원부족이라고 하면서 인구가 감소하는 것은 재앙이 아니라 기뻐할 일이라고 말하고 있지요.

향후 AI와 연계한 3D 프린터 생산이 본격화되면 노동력의 부족이 성장에 제약을 주지 않는 시대가 올 수 있고, 지금 선진국에서 일어나고 있는 것처럼 개개인이 훨씬 많은 나이까지 일하게 될 것입니다. 실제로 주택시장에서도 어느 정도까지 집중의 이익이 발생하다가 과밀이 되면 이익보다 부작용이 더 커지게 되죠. 주택시장과 관련하여 인구를 바라보는 관점도 이제는 역발상이 필요합니다. 총수요와 총 공급이 아니고 지역별 수요 공급, 국가 GDP가 아니고 1인당 GDP와 구매력이 더 중요해지고 있어요.

▣ 김학균 저는 일본의 부동산시장 붕괴는 그 이전에 너무도 지나치게 부풀어오른 버블 탓으로 보는 게 옳다고 생각합니다. 80년대 후반 일본의 부동산 버블은 상상을 초월했습니다. 도쿄의 부동산 가치가 천정부지로 치솟으면서 '도쿄를 팔면, 미국을 살 수 있다'는 말이 나왔을 정도니까요. 이런 버블은 일본중앙은행Bank of Japan의 완화적 통화정책과 시중은행들의 무분별한 신용 확대 정책으로 부풀려졌습니다. 1980년대 일본 버블의 정점 부근에서 일본 사람들은 주택 가격보다 더 많은 돈을 은행으로부터 빌릴 수 있었습니다. LTVLoan To Value가 100%를 넘었던 셈인데요. 주택 가격 외에 취득세 등의 재거래 비용까지 은행에서 빌려줬기 때문입니다. 한국의 주택가격도 생활인으로서의 제 감각에서 보면 아찔한 정도로 높아져 있다고 보지만, 일본과 같은 버블로 보기는 힘들지 않을까 싶습니다.

▣ 신현준 우리나라는 일본을 보며 2000년대 중반에 타이트한 LTV, DTI 규제를 도입했던 것은 다행스러운 일입니다. 그러나 2008년 글로벌 위기와 2020년 팬데믹 때문에 침체된 실물 경제를 지탱하기 위해 저금리와 막대한 유동성이 공급되면서 자산가격의 안정을 유지하기가 어려운 것은 다른 나라와 마찬가지죠.

주택가격의 구매력을 진단하는데 많이 쓰이는 PI$_{Price/Income}$ 배율로 보면 지금까지 상승은 버블로 보기 어렵습니다. 동태적인 버블의 가능성은 결국 소득과 자산가격 변화가 어떻게 되느냐에 좌우되는 것이고요. 시장이자율의 구조적 인하와 유동성 확대가 동반되면 리스크 프리미엄도 낮아지게 되어 할인율 하락에 따른 자산의 평가가치 레벨 업이 일어날 수 있습니다. 다만 현재 PI 배율로 보았을 때 시장의 패닉을 통해 일부 과잉 반영된 것으로 보입니다. 앞으로의 급격한 상승은 쉽지 않지만 막대한 유동성과 투기적 수요로 추가 상승한다면 정상 PI 배율을 넘어서 버블의 영역으로 갈 수 있기 때문에 주의가 필요할 것입니다.

▣ 김학균 한국 주택시장에 대해서는 낙관론이 압도적입니다만, 저는 주택시장이 '언제나 불패'라는 데는 동의하지 않습니다. 사이클이 없는 자산시장은 없습니다. 상승이 있으면 조정이 있습니다. 주택시장도 예외가 아닙니다. 가깝게는 2008년 글로벌 금융위기 직후 강남의 주택 가격이 30%가 넘게 하락하기도 했습니다. 국토교통부의 실거래가 통계 기준인데요, 지금이야 올라가는 집값이 걱정이지만 금융위기 직후에는 오히려 주택시장 침체가 가져올 부작용에 대한 우려가 많았던 것으로 기억됩니다.

▣ 신현준 모든 자산시장이 중장기적으로 사이클을 그린다는 점에서 동의합니다만, 앞으로 1~2년은 코로나19가 어느 정도 제어된다는 가정하에 늘어난 유동성의 힘과 신규 주택공급의 시차로 가격상승 압력이 더 크다고 생각합니다. 그러나 공급대책이 적극 실시된다고 가정하면 팬데믹이 어느 정도 제어되고 자산 가격 인플레이션의 우려로 시장

금리가 올라가기 시작하면 주택가격이 본격 조정을 받을 수 있습니다. 설상가상으로 G2 패권경쟁이 중국 등 이머징 국가들의 부채위기를 초래할 경우 우리나라 경제도 큰 타격을 받아 30% 이상 대폭 조정을 받을 수 있겠죠. 지금까지 중국 정부가 잘 관리하고 있는 상황이기는 하지만 GDP의 160%를 넘는 것으로 추정되는 중국기업의 부채가 다음번 경제금융위기의 뇌관이 될 수 있습니다. 과거 사례를 보면 우리나라 집값은 높은 수준의 하방 경직성을 보여 왔는데, 위기로 인한 구조조정으로 중산층의 실직이 본격화되거나 시장금리가 상승하는 것이 큰 폭 조정의 방아쇠가 되는 경우가 많았습니다.

📧 김학균 여유가 되는 사람은 주택을 사는 게 좋겠지만, 최근과 같이 집값이 급등한 상황에서 무리해서라도 집을 사라는 조언을 하고 싶지는 않습니다. 주택 보유에 따른 비용이 계속 커지고 있다는 게 첫 번째 이유고, 과도한 부채는 삶의 질을 현저히 떨어뜨릴 수도 있다고 보는 게 두 번째 이유입니다.

1주택자를 전제로 하면 주택은 주식과 달리 배당이 없습니다. 보유에 따른 수익이 없는 셈이고, 오히려 재산세 개념의 세금이 따라 붙습니다. 또한 집값이 오른다고 하더라도 이는 평가차익일 따름입니다. 팔지 않는 한 내 손에 들어오는 돈은 없습니다. 언제가는 주택을 팔 날이 올 수도 있지만, 그 기간 동안에는 부채를 갚느라 고생해야 됩니다. '현실이 고달프더라도 집 없는 고통에 비할 바는 아니다'라고 생각할 수도 있지만, 그 선택의 기회비용이 무시하지 못할 정도로 커졌다는 점도 함께 생각해야 합니다.

📧 신현준 돈이 충분치 않아 전세와 월세를 전전하는 사람에게 내 집이라는 의미는 남다른데요. 본인이 이사를 선택한 경우와 집주인이 집을 비워 달라고 해서 이사할 때의 심정은 매우 다릅니다. 개인적 경험으로 볼 때 직장, 학교, 부모·자녀 부양 등 생활상의 필요로 선호하는 지역에 능력에 맞는 자기 집 한 채를 가지는 것은 좋은 일이라고 확신합니다.

다만 최근과 같이 주택가격이 급등해 큰 규모의 채무를 지지 않으면 집을 살 수 없으면 주택보유 비용과 부채 상환부담이 과도하기 때문에 다른 방법을 강구하는 것이 필요합니다. 예를 들어 새로 결혼하는 맞벌이 부부는 5~10년 전세로 버티면서 가점을 쌓아 신규 아파트 분양을 받도록 노력해야겠지요. 불필요한 지출을 줄여 최대한 저축하면서 분양을 기다리는 동안 금융위기나 그와 비슷한 큰 폭의 조정이 와서 주택 가격이 20~30% 떨어지면서 매입 타이밍을 잡을 수도 있습니다. 뉴욕의 파이어족과 같이 저렴한 공유주택에 살면서 월세를 최대한 절감하는 방법도 있지만 우리나라에서 당장 이런 선택을 할 사람은 많지 않아 보이네요.

집을 보유하는 비용은{(매입가+매입 부대비용-전세가)×시장이자율+보유세 (재산세+종부세)}로 계산할 수 있고 보유에 따른 이익은 {주택가격 상승차익+내 집 보유에 따른 안정감, 자존감+이사비용 절감액}으로 계산해 볼 수 있습니다. 앞으로 보유에 따른 이익과 비용 중 어떤 것이 더 클 것인지, 자금조달 및 상환능력 여부, 인생 플랜과 효용함수에 따라 각자의 선택은 달라질 것입니다.

앞에서 이야기한 것처럼 1주택자의 경우 주택가격이 상승하더라도 차익 실현이 현실적으로 어렵습니다. 세금, 이사비용 등 거래비용이 워낙 크고 선호하는 지역에 전월세를 쉽게 얻는다는 보장이 없기 때문이죠. 다만 1주택자라도 은퇴 시점에서 집을 팔아 고향이나 원하는 지역으로 귀농·귀촌 하거나 대도시 근처에 전원주택을 구입하는 경우 상당한 차익이 발생할 수 있어 노년에 필요한 경제적 여유는 늘어날 수 있습니다. 그러나 어떤 경우라도 본인의 지불능력이나 상환능력을 넘어서는 주택 매입을 하는 것은 평생 빚에 허덕이는 인생을 살게 되어 바람직하지 않습니다!

금융 키워드로 배우는 실전 투자 전략

부자가 되고 싶다면
현명한 투자자가 되라

안티프래질

하락장에도
이기는 법

투자하는 이유가 분명해야 성공 요인과 실패 요인을 분석하여 다음 투자에 활용할 수 있고, 매도 시점도 잡을 수 있다. 주식, 부동산 등 자산 시장의 상승을 예측하는 것보다 하락을 예측하는 것이 더 어렵다고 한다.

인류가 경제의 성장과 발전을 도모했기 때문에 세계 경제는 일부를 제외하고 장기 상승추세에 있었다. 주식, 부동산 등 자산 가격은 경제 펀더멘털을 반영하고 인플레이션 효과까지 더해져 상승 시기가 하락 시기보다 더 길었다는 것을 이유로 생각해 볼 수 있다. 또 상승에는 몇 가지 요인이 긍정적으로 복합작용을 해서 이루어지지만, 1~2가지 부정적 요인만으로 하락이 올 수 있다는 점도 이유로 거론된다.

이와 함께 자산 가격의 대세 하락이나 경제금융위기는 다분히 심리적 요인(공포감, 실망감)에서 유발될 수 있어 예측이 어렵다. 지난 역사를 봐도 경제금융위기는 복잡한 상호작용의 결과로서 미리 알기 어렵다. 《블랙 스완》의 작가 나심 니콜라스 탈레브_{Nassim Nicholas Taleb}는 경제 위기와 같은 꼬리 리스크는 예측이 불가능하므로 차라리 위기가 왔을 때, 이익을 볼 수 있는 안티프래질_{antifragile}한 체질로 바꾸라고 조언한다.

절대 돈을 잃지 마라. 워런 버핏의 투자 1원칙이다. 그는 투자 1원칙을 장기 복리로 투자한다는 원칙을 통해 실현하고 있다. 투자를 포함한

> **경로 의존성**
> A와 B기업 투자가 향후 5년간 평균 10%, 20% 수익률 전망을 갖는다. B기업은 2년 차에 부도가 나서 투자수익률이 -100%가 될 가능성이 있다. 이 경우에는 투자가 종료되어 3년 차 이후 플레이할 수 없으므로 더 높은 수익률 전망은 의미가 없다. 우리 인생살이와 마찬가지로 일단 살아남아 후사를 도모해야 하는 것이다(A를 선택).

모든 인생살이가 경로 의존성*을 가지므로 하락장에서 이익을 보거나 손실을 최소화하는 강건함을 갖추면 오랜 기간 생존하면서 성공의 기회를 엿볼 수 있다.

워런 버핏과 같이 장기적으로 주식에 투자할 수 있는 실력과 여건이 된다면 투자 성공의 가장 큰 무기인 시간을 살 수 있어 좋은 일이다. 그러나 대부분의 투자자는 투자 자금과 인내심의 제약을 갖고 경로 의존성을 가지므로 하락장에서도 크게 지지 않아야 하고 오히려이길 수 있는 전략도 개발해야 한다.

가장 일반적인 전략은 숏_{short}을 치는 것인데, 이는 가격이 하락할 때 이기는 쪽으로 베팅하는 것을 통칭한다(반면 가격이 오를 때 이기는 쪽에 베팅하는 것을 롱_{long}이라 한다).

숏의 사례로서 공매도는 가격이 높을 때 주식을 빌려서 팔고 가격이 떨어졌을 때 사서 빌린 주식을 갚는 방식이다. 풋옵션은 수수료를 내고 미리 지정한 가격에 팔 수 있는 선택권(옵션)을 갖는 것이다. 투

자안의 가격이 하락해도 큰 이익을 보고, 상승해도 손해를 수수료 수준으로 통제할 수 있다.

　전문가의 운용에 의존하는 간접 투자 방식으로 가장 일반적인 것은 인버스를 사는 것이다. 주식형 ETF라면 주가 하락 시에 이익을 볼 수 있게 설계된 것이다. 관련 상품들은 수수료가 발생하고 일부 헤지를 하는 경우도 있어 가격 하락분보다 적은 이익을 얻는 것이 일반적이다. 한편, 곱버스 또는 인버스2×로 레버리지를 통해 하락분의 두 배에 가까운 수익을 얻을 수 있게 설계된 것도 있다.

　투자자들이 상승장과 하락장을 알기 어렵기 때문에 적립식 투자를 통해 시장의 변동성을 이겨 낼 수 있다는 의견이 있으나 대세 상승기나 하락기를 제외하고는 낮은 수익률 또는 낮은 손해율에 빠질 위험이 있다. 또 꾸준히 주식을 사 모으면 장기적으로 큰 수익을 얻을 수 있다는 의견도 '장기간 생존하면서 성과를 낼 수 있는 주식을 사 모았을 때'라는 단서가 붙어야 할 것이다.

　투자자들은 《안티프래질》 책에 나온 것과 같이 경제 위기에서 오히려 이익을 볼 수 있는 안티프래질한 체질로 바꾸어 보는 것도 고려해 볼 수 있다. 이 책에서 탈레브는 그의 친구인 뚱보 토니에 대한 묘사를 통해 안티프래질의 한 전형을 보여주고 있다. 뚱보 토니는 이탈리아 출신 이민자인데 뉴저지의 한 레스토랑에서 온종일 주인, 가족, 종업원, 손님들과 농담을 나누면서 지내는 유쾌한 인물이다. 그가 큰 돈을 버는 방법은 만나는 기업가 중에서 잘난 체하면서 잘 속는 사람들이 무너지기 전에 실패의 기운을 미리 감지하고 반대 포지션에 베팅(숏)하는 일이다.

투자가 모두 끝나 수익률 계산이 끝난 후에는 성공과 실패 요인을 분석하여 다음 투자에 활용하는 환류 과정이 꼭 필요하다. 왜 투자에 성공했고 실패했는지를 모르면 앞으로 투자에 도움이 되는 교훈을 얻을 수 없다.

탈레브는 《행운에 속지 마라》 책에서 대부분의 투자자는 행운에 힘입어 투자에 성공하는데, 이를 자신의 실력이라고 과신하는 어리석음에 빠진다고 이야기한다. 확률과 운에 대한 겸손한 이해에 기초해 실력을 쌓아야 이길 가능성을 높일 수 있다는 이야기다. 실제로 투자시장은 준비가 부족하거나 겸손을 잃은 사람에게 한없이 냉혹하다!

투자 결정을 내리기 전에는 반드시 이 증권, 이 부동산에 투자하는 이유가 명확해야 한다. 직장동료나 지인이 찍어준 종목에 투자하면 실력이 늘지 않고 매도 시점도 잡기 어렵다. 투자 기간과 목표 수익률을 미리 설정해야 하고, 투자 대안의 수익률과 위험 전망, 기업의 경쟁 여건, 새로운 산업의 변화 흐름, 미중 무역 분쟁과 미국 연준 이자율 전망 등 대외 여건 변화에 기초하되 필요 시 전문가와 상의해야 한다. 투자 기간에 이들 결정요인에 중요한 변화가 생겼다면 반드시 재검토를 통해 투자포지션을 조정하거나 전부 매도하는 것까지 고려해야 한다.

목표수익률이 달성되었으나 전망이 어두운 경우, 투자 결정 요인의 큰 변화로 목표수익률 달성이 어려워 투자를 계속하는 것이 바람직하지 않을 경우가 바로 매도 시점이다. 이러한 피드백 속에서 어떤 요인이 투자 성공과 실패에 기여했는지를 정확히 알 수 있고 다음 투자 기회에 더 나은 의사결정을 할 수 있다.

적절한 분산은 투자의 성패를 가르는 요인

투자를 이론적으로 보면 시장 전체를 모방한 포트폴리오 구성을 통해 위험을 제거하고 시장 수준의 수익률과 위험을 얻을 수 있다고 한다. 주식 200개 정도에 분산투자를 하는 것이 최적이라 한다. 이것이 코스피 200과 같이 거래소 상장 200종목을 편입한 지수상품이 나온 배경이라 할 수 있겠다. 다만, 개인의 경우 거래 비용이나 자금 한계 등으로 이 정도로 분산하기는 어렵다. 분산효과는 30개 이하 종목으로 충분하다.

한 가지 주의할 점은 분산 전략이 전체시장의 상승분만큼 나도 이익을 얻을 수 있다는 것이지 특정 시기에 더 나은 수익률이나 추가(알파) 수익을 가져다주지는 않는다는 것이다. 실제로 저명한 파이낸스 전공 교수들의 포트폴리오는 선호주식 5~10개, 워런 버핏의 포트폴리오는 30여 개 종목과 시장지수 상품의 조합으로 되어 있다. 가능한 범위 내에서 분산 투자를 해보자.

일반적인 개인의 투자 의사결정 순서는 ① 생애주기와 은퇴계획에 따른 목표수익률과 위험 수준 설정, ② 자산의 배분(주식, 채권, 부동산, 현금), ③ 나이와 여건 변화에 따른 조정으로 나누어 볼 수 있는데 투자수익률의 결정에는 자산의 배분이 가장 중요하다.

이론적, 실증적으로 보면 투자자의 투자 가능 자산의 자산별 배분 비율(주식 : 채권 : 부동산 및 대체 자산)은 4:4:2, 4:5:1 또는 5:4:1이 가장 좋은 것으로 나타난다. 수익률의 대부분이 이러한 전략적 자산 배분에 의해 좌우되기 때문에 시기별로 또 본인의 상황에 맞는 배분 비율을 정해야 한다.

우리나라 가구의 총자산을 보면 부동산이 75%를 차지하는 것으로 나타난다. 앞으로 주식이나 채권의 비율을 크게 높여야 할 것으로 보이지만 실제로 그렇지는 않다고 본다. 투자 가능 자산은 총자산에서 노후까지 살 주택 가액이나 전세금, 큰 규모의 지출(결혼장례비용, 수술비 등) 소요액은 제외하고 계산할 것이기 때문이다.

주식은 자본주의 경제체제에서 가장 중요한 투자대상이다. 소득이 있는 시기에 적극적으로 활용하는 것이 바람직한 것으로 보고 주식이나 주식형 투자 비율을 (100-나이)%로 단순화하여 제시한다.

계산한 투자 가능 자산에서 40세는 (100-40)=60%, 50세 (100-50)=50%, 60세 (100-60)=40% 같은 식이다. 인생 포트폴리오 차원에서 오랜 기간 안정적인 소득 흐름을 갖는 회사원, 교사, 공무원 등은 우량주 위주의 장기투자나 시장지수, 업종지수 투자를 통해 주식 비중을 높여 나가는 것이 바람직하다.

물론 투자에 대한 학습이나 경험 없이 급하게 투자를 늘리는 것은 좋지 않다. 소득 흐름이 불규칙한 자영업자나 사업실패의 가능성이 있는 기업가는 가급적 주식 비중은 낮추고 안정적인 소득 흐름을 줄 수 있는 채권이나 배당주 펀드의 비중을 많이 가져가야 할 것이다. 시기별로 보아 향후 몇 년간 주식 투자의 기대수익률이 높은 시점에서는 비중을 높이고(예를 들어 20%p) 주식 투자의 기대수익률이 낮은 시점에서는 비중을 낮추는 전략적 조정이 필요하다.

나이가 들고 은퇴 연령이 다가옴에 따라 주식에 대한 비중이 줄어드는 만큼 채권이나 채권형 투자에 대한 비중을 증가시키는 것이 바람직하다고 알려져 왔다. 그러나 현대 복지국가 체제로 오면서 은퇴시기가 미뤄지고 연금소득이 늘어나면서 주식 투자 비중을 더 높여야 한다는 이야기도 나오고 있다.

최근에는 부동산 등 대체투자에 대한 관심이 높아지고 있다. 주식, 채권 등 전통적 투자 수단과의 분산효과로 투자 포트폴리오의 성과를 안정적으로 높일 수 있기 때문이다. 이때 투자 가능 자금의 10~20% 정도 투자하는 것이 바람직하다.

부동산에 투자하면 꼬마빌딩 등에 대한 직접 투자뿐 아니라 오피스 빌딩, 물류창고, 쇼핑몰 등을 기초자산으로 한 리츠, 부동산 펀드와 같이 다양하게 간접 투자할 수 있다. 원자재, 금, 원유 등 다양한 자산에 대한 직접 투자와 원자재 가격, 이자율, 지수를 활용한 구조화 상품, 사모펀드, PEF 등 간접 투자 방식에도 관심을 기울여야 한다.

마지막으로 예금이나 MMF 등과 같이 유동성이 높은 금융상품에도 자금을 배분해야 한다. 평상시에는 긴급한 자금 소요에 대비하는 차원에서 투자 가능 자금의 5% 정도를 배분한다. 경기 하락이나 금융위기가 예상되는 시점에는 현금, 예금과 같이 유동성이 높은 자산 비중을 대폭 높여 더 좋은 투자 기회가 올 때를 기다려야 한다.

미국의 경우 401k 연금제도를 통해 직장인 등 대부분이 주식 투자를 통해 은퇴 이후를 대비한다. 반면, 한국은 주식시장에서 큰돈을 잃은 경험들이 주변에 많아 도박과 비슷하게 인식되어 왔다. 최근 동학개미 운동에서 보는 것처럼 2030을 중심으로 주식 투자에 급격하게 관심이 높아지는 데는 몇 가지 이유가 있다.

첫째, 주택 가격이 너무 올랐고, 강력한 대출 규제로 그간 중산층의 주된 재테크 수단이었던 내 집 마련이 어렵게 됐다. 둘째, 지난 20년간 젊은 세대의 안정적인 취업이 어려워지면서 미래에 대한 불안이 커졌다. 또한 다른 사람은 모두 누리는 좋은 기회를 놓칠까 봐 걱정되고 불안한 마음인 FOMO 심리가 팽배해지면서 가상자산, 주식 등 위험성 높은 투자에 관심이 높아지고 있다. 셋째, 그간 경제성장과 저축으로 인해 우리나라의 투자자금 규모가 3,500조 원 수준으로 커지고 관련 인프라도 발전하면서 주식 등 자본시장의 선순환을 가능하게 하는 여건들이 개선됐다. 넷째, 인간은 망각의 존재라고 했던가? 과거 선배들의 뼈아픈 실패가 시간의 흐름과 함께 많이 잊혀졌다.

벤저민 그레이엄에게서 배우는 통찰

투자자에게 '앎'이란
무엇인가?

투자를 잘하기 위해서는 절대적으로 학습이 필요하다. 어떤 종류든 투자는 기본적으로 지적인 게임이기 때문이다. 구체적인 투자 대상은 물론 전반적인 경제 환경도 알아야 승률을 높일 수 있다. 요즘에는 금융시장 밖의 변화에 대해서도 식견이 필요하다. 트럼프 행정부 때의 미중 분쟁(중국 주식시장이 장기간 부진했다)과 사드THAAD(고고도 미사일방어체계) 배치 후 나타났던 중국의 경제보복(한국의 화장품과 면세점 주가가 크게 하락했다) 등은 정치 현상과 지리적 조건의 관계를 연구하는 지정학적 통찰의 중요성을 일깨워줬다.

그런데도 어떤 이들은 학습에 냉소적이다. 많이 안다고 꼭 투자에 성공하는 건 아니기 때문이다. 맞는 말이다. 그렇지만 분명한 것은 제대로 알지 못하면 반드시 실패한다는 점이다. 자본주의에서 투자는 필수다. 굳어지고 있는 저금리 환경에서는 더 그렇다. 투자는 일주일 정도 바짝 뛰고 메달의 색깔이 결정되는 올림픽의 토너먼트가 아니라 장기간 경기를 치르는 프로야구의 페넌트레이스와 비슷하다.

하루하루의 승부야 운에 좌우될 수 있지만, 장기적인 성적을 좌우하는 것은 실력이다. 잘 풀리면 한 경기에 안타를 서너 개 칠 수도 있고, 몇 경기 동안 무안타에 그치는 슬럼프를 경험하기도 하겠지만 3할 타자가 되기 위해서는 자신만의 루틴이 필요하다. 투자의 세계에서도 한두 번은 요행이 통할 수도 있다. 그렇지만 운, 특히 투자 초기에 경험한 행운이 오히려 더 큰 실패의 원인이 되는 경우도 종종 있다.

자산 가격은 늘 사이클이 있기 마련이다. 강세장에 운 좋게 편승해 돈을 번 이후 자신의 실력을 과신해 투자 규모를 늘리다가 낭패를 보는 경우를 자주 봤다. 리스크 전문가 나심 탈레브는 "행운에 속지 말라"고 말한다. 3할 타자가 되기 위해 야구선수가 평소에 땀을 흘리듯이 투자자도 부단히 학습해야 한다. 무엇보다도 제대로 아는 것이 중요하다.

가치투자자의 아버지로 불리는 벤저민 그레이엄Benjamin Graham은 투자자로서 '앎'에 대해 파고든 인물이다. 벤저민 그레이엄은 전설적 투자자인 워런 버핏의 스승이기도 하다. 그레이엄은 버핏을 실제로 가르쳤고, 그레이엄의 회사에 버핏이 취직을 하기도 했으니 둘은 실제 사제지간이었다. 그레이엄은 투자자이자 컬럼비아 대학에서 학생들을 가르친 교수이기도 했다. 버핏은 컬럼비아 대학 경영대학원에서 그레이엄의 수업을 들었고, 그레이엄이 운영하는 투자회사인 그레이엄-뉴먼Graham-Newman에서 잠시 애널리스트로 일한 바 있다.

벤저민 그레이엄은 《벤저민 그레이엄의 증권분석》과 《현명한 투자자》라는 기념비적인 저작을 남겼다. 이 두 책은 전 세계 가치투자자들의 교과서로 평가받고 있다. 그레이엄은 기업이 보유하고 있는 순자산(=기업이 보유하고 있는 자산에서 채권자들의 몫인 부채를 차감한 값, 기업의 부 중 주주들에게 귀속되는 부분)과 주식시장에서 평가받는 기업의 가치(=시가총액)를 비교해 주식의 저평가 여부를 가늠하곤 했다.

'PBR(주가순자산비율) = 주가 / 주당순자산'이 그레이엄이 사용한 가치평가 방법론이다. 그레이엄은 기업이 당장 손에 쥐고 있는 가치(순자산) 대비 주가가 많이 낮으면 투자 리스크를 크게 줄일 수 있다고 봤다. 그레이엄은 순자산과 주가의 차이를 안전마진safety margin이라고 표현했는데, 안전마진이 크면 클수록 좋은 투자 대상이라고 평가했다.

상당한 규모의 안전마진이 확보된 저PBR 주식은 오랫동안 가치투자의 좋은 투자 대상이었다. 주가가 순자산가치 대비 크게 낮은 종목, 그레이엄의 표현대로라면 안전마진이 큰 종목들은 시장에서 오랫동안 소외된 종목들로 볼 수 있다. 모두가 관심을 갖지 않고 있는 소외주를 역발상으로 매수해 시장이 그 가치를 알아줄 때까지 장기 보유하는 투자 행태가 가치투자의 일반적인 행태였다. 이런 투자를 통해 명성과 부를 쌓은 투자자들도 많이 있었다.

그렇지만 요즘은 벤저민 그레이엄에 대한 시장의 평가가 예전 같지 않다. 2008년 글로벌 금융위기 이후 이어지고 있는 장기 강세장에서 FAANGFacebook·Amazon·Apple·Netflix·Google으로 대표되는 성장주들의 주가는 천정부지로 치솟았지만, 가치주로 통칭되는 저평가 주식들의 성과는 매우 부진했기 때문이다. 심지어 '가치투자는 죽었다'는 이야기도 심심찮게 나오고 있다.

그레이엄식의 가치투자를 비판하는 주장의 논거는 다음과 같다. 비판론자들은 그레이엄의 논리로는 최근 나타나고 있는 경제와 산업의 구조적 변화를 제대로 읽기 어렵다고 주장한다. 이들은 대표적으로 '무형 자산'의 중요성을 강조한다. 구글Google과 아마존 등 소위 플랫폼 기업이 가진 경쟁력은 그레이엄이 중시한 회계적으로 측정 가능한 자산이 아니라 숫자로 표현하기 힘든 무형 자산에 있다고 주장한다.

무형 자산의 대표적인 예는 가입자 수다. 구글이 가진 경쟁력은 많은 사용자가 구글을 사용하는 가운데서 얻게 된 데이터다. 미국의 검색시장에서 구글의 점유율은 90%를 넘는데, 많은 사람이 구글을 사용하면서 쌓인 데이터가 다시 구글의 검색 기능을 개선시키는 효과가 있다. 압도적 다수의 이용자가 플랫폼의 기능을 자기 강화적으로 개선시키는 '네트워크 효과'가 작동하고 있다는 것이 이들의 주장이다.

타당한 주장이지만 그레이엄이 진정으로 말하고자 했던 바는 여전히 새겨들을 가치가 있다. 그레이엄이 일관되게 주장했던 것은 투자 대상에 대한 '앎의 깊이'였다. 그는 주식시장을 '미스터 마켓Mr. market'이라고 표현했다. 미스터 마켓에서 형성되는 주가는 늘 조울증 환자처럼 불규칙적으로 오르거나, 떨어지곤 한다. 그러므로 단기적인 주가 등락은 올바른 투자에 있어 오히려 소음에 불과하고, 투자 대상의 본질적인 가치에 대한 인식이 가장 중요하다고 주장했다.

그레이엄은 자신이 확실하게 알 수 있는 영역으로 장부상의 자산가치를 강조했지만, 탐구의 대상을 유형 자산에만 한정하는 것은 그레이엄에 대한 협소한 이해다. 그레이엄이 투자자로 활동했던 1930~1960년대에는 유형 자산이 가진 중요성이 요즘보다 훨씬 더 중요했을 뿐이다. 《벤저민 그레이엄의 증권분석》과 《현명한 투자자》에서 그레이엄은 주식뿐만 아니라 채권, 우선주, 주식연계증권 등에 대한 다방면의 통찰을 통해 가장 중요한 투자원칙을 찾고자 했다. 그레이엄에게서 진정으로 배워야 할 점은 분석의 대상이 무형 자산인가, 유형 자산인가는 아니다. 본질은 '얼마나 깊이 알고 있는가'다.

그렇다면 개인 투자자들은 어디까지 알아야 할까? 최대한 많이, 제대로 알수록 유리하고 할 수 있다. 충분히 공부할 시간이 없다면 펀드 등의 간접 투자를 통해 전문가들에게 맡기는 것도 한 방법이다.

분석을 업으로 하는 애널리스트만큼 알아야 할까? 꼭 그럴 필요는 없다고 생각하지만 애널리스트들이 무슨 말을 하는지, 애널리스트들의 다양한 의견을 제대로 평가할 수 있을 정도의 선구안은 필요하다. 타인이 수행한 분석의 틀을 빌리더라도 최종적인 선택은 투자자 스스로가 해야 한다.

밸류에이션 지표
주식의 적정 가치를 가늠하다

주식의 적정 가치를 가늠하는 방법론을 통칭해 밸류에이션_{valuation}이라고 부른다. PER과 PBR, PSR, EV/EBIDTA 등과 같은 상대 비교 방법론들이 흔히 쓰이고 기업이 향후에 벌어들일 현금흐름에 대한 예측을 기반으로 한 할인된 현금흐름_{DCF} 모델도 사용된다. 최근에는 높은 성장성을 가진 산업에 속한 기업들에 대해서는 단기간의 실적 전망이 아닌 '꿈'에 기반해 적정 주가를 산정해야 한다는 PDR이라는 방법론도 제시되고 있다. 각각의 방법론들을 살펴보자.

① PER

PER_{Price to Earnings Ratio}(주가수익비율)은 주가_{Price}를 기업이 벌어들일(또는 벌어들인) 주당순이익_{EPS : Earnings Per Share}으로 나눠서 계산한다. 주가가 주식 한 주에 귀속되는 이익의 몇 배에 해당하는가를 가늠해 적정 주가를 산출하는 방법이다. 기업의 시가총액을 당기순이익으로 나눠도 비슷한 값이 도출된다. '비슷한 값'이라고 표현한 것은 주당순이익은 기업의 당기순이익을 발행주식수로 나눠서 계산되는데, 전체 발행주식수에서 기업이 보유하고 있는 자사주를 차감한 주식수로 주당순이익을 측정하기 때문이다.

자사주는 기업의 돈으로 매수한 자기회사의 주식이다. 법적 실체를 가진 기업(법인)이 자기주식을 매수하는 행위는 상법상의 '자본충실의 원칙'에 어긋나기 때문에 매우 예외적으로 허용돼야 한다. 최근에는 주주환원이라는 명목으로 별다른 제약 없이 행해지지만 자사주는 의결권도, 배당을 받을 권리도 없다. 자사주에 대한 '예외성'을 강조한 법의 정신이 이어지고 있는 셈이다.

자사주는 투자자들이 시장에서 사고파는 보통의 주식(보통주 : common stock)이 가지고 있는 권리를 행사하지 못하니 주당순이익을 계산할 때는 자사주를 빼고 계산하는 것이 옳다. 그렇지만 시장에서는 PER을 추산하는 데 시가총액과 당기순이익을 비교하는 경우도 많다. 일부 기업을 제외할 경우 자사주를 의미 있을 정도의 수량으로 보유하고 있는 기업은 많지 않기 때문이다.

PER은 주식 투자 초보자들이 가장 쉽게 접하는 밸류에이션 방법론이다. 기업의 수익성과 주가를 직관적으로 비교할 수 있는 것이 장점이다. 쉽고 단순하기에 오히려 훌륭하다고 평가할 수 있다. 한국 주식시장에서 PER이라는 개념이 본격적인 투자 판단의 잣대로 사용되기 시작했던 시기는 1992년부터였다. 1992년은 한국 주식시장을 외국인 투자가들에게 개방했던 원년이었다.

주식시장 대외 개방 이전 한국증시에서는 밸류에이션이 필요 없었다. 주가가 무리 지어 움직이는 동반 상승, 동반 하락이 보편적인 모습이었다. 건설주가 오르면 건설업종에 속한 모든 종목이 상승하고, 증권주가 오르면 상장 증권주가 모두 상승하는 모습이 반복적으로 나타났다. 1980년대 후반 분당·일산이 만들어진 200만호 주택건설 시기에 건설주가 상승하면서 도료와 안료를 생산하는 화학업체 건설화학도 회사명에 '건설'이 들어가 있다는 이유로 동반 상승했다는 웃지 못할 해프닝이 전해질 정도니 딱히 개별기업의 적정가치를 분석하는 밸류에이션이 필요하지 않았다.

외국인 투자자들이 한국증시에 뛰어들면서 시장은 확 바뀌었다. 외국인 투자자들은 기업이익 대비 주가가 저평가된 종목들을 집중 매수했다. 한국이동통신(현 SK텔레콤)·태광산업·대한화섬 등 PER이 낮은 종목들을 매집했다. 외국인의 공격적인 매수로 태광산업은 주식시장 대외 개방 직후 12배, SK텔레콤은 10배, 대한화섬은 8배가 급등했다. 주식 투자 교과서에나 나왔던 저PER주의 위력을 한국인들은 실전에서 배웠고, '저PER주 혁명'은 주식시장 대외개방 직후의 한국증시를 상징하는 표현이 됐다.

PER은 그 개념이 단순하다는 미덕이 있어 널리 사용되고 있다. PER 계산에서 P(가격)는 논란이 있을 수 없다. 늘 '현재의 주가'가 들어가기 때문이다. 반면 E(이익)에는 다양한 값이 들어간다. 투자자들의 관심은 과거가 아니라 미래에 있기 때문에 대부분은 예상 실적이 들어간다. 2021년 2월 현재 시점을 기준으로 확정실적은 2019년 실적뿐이다. 2020년 4분기 실적이 발표되지 않아 아직 2020년 실적의 확정치가 나오지 않았기 때문이다.

2019년 실적 기준 PER(주가는 2021년 2월 현재 주가, 실적은 2019년 EPS)은 흘러간 유행가 같아서 잘 쓰이지 않는다. 그럼 2020년 예상 실적 기준 PER은 어떨까. 이 역시 만족스럽지 않다. 투자자들의 관심은 앞으로의 실적에 있다.

2020년은 아직 확정치가 나오지는 않았지만 3분기까지의 실적은 이미 발표됐다. 정확한 값은 아니지만 2020년 연간 실적에 대해서는 3분기까지의 결과를 기반으로 투자자들이 어느 정도 가늠하고 있기 때문에 2020년의 순이익을 기준으로 PER을 산정하는 것도 투자의 미래 지향적 속성에 맞지 않는다.

그래서 만들어진 개념이 12개월 예상 PER(향후 12개월 주가수익비율)이라는 개념이다. 역시 주가는 현재 주가가 들어가고, EPS는 12개월 예상치가 사용된다. 12개월 예상 EPS는 어떻게 계산할까. 2021년 2월 기준으로는 2021년 2월~2022년 1월이 해당된다. 문제는 애널리스트들이 기업실적을 월별로 추정하지 않는다는 점이다. 그래서 2021년 2월에 계산된 12개월 예상 EPS는 2021년 연간 예상 EPS에 11/12의 가중치, 2022년 연간 예상 EPS에 1/12의 가중치를 둬서 계산된다.

주식시장에서 흔히 쓰이는 12개월 예상 PER의 활용에는 다소 주의가 필요하다. 시간이 흐를수록 12개월 예상 EPS가 상승하면서 12개월 예상 PER은 하락하는 경향이 있기 때문이다. 12개월 예상 EPS에는 2개 회계연도의 실적이 들어가는데, 대부분의 경우 이듬해의 실적은 직전년도보다 개선된 것으로 추정치가 나온다. 기업실적에 영향을 주는 매크로 변수인 GDP 성장률이 역성장하는 경우는 거의 없고, 실적 추정을 하는 다수의 애널리스트가 가지고 있는 낙관적 편향 positive bias 때문이라고 생각한다.

2021년 2월 현재 2020년과 2021년 예상 실적을 비교해 보면 당기순이익이 늘어날 것으로 예상되는 상장 기업 수가 541개지만, 감소할 것으로 예상되는 기업의 수는 71개에 불과하다. 2020년 코로나19로 인해 기업실적이 악화된 데 따른 기저효과가 작용하기도 했다. 코로나19 때문이 아니더라도 매년 애널리스트 추정치가 있는 기업의 80% 이상이 그해보다 이듬해의 이익이 증가하는 것으로 나온다. 12개월 예상 EPS는 시간이 지날수록 다음 해 실적의 가중치가 높아진다.

예를 들어 2021년 2월 현재 삼성전자의 2021년과 2022년 예상EPS는 각각 5,400원과 6,300원이다. 이 추정치의 변화가 없더라도 시간이 갈수록 2022년 실적의 반영 비율이 높아지면서 12개월 예상 EPS가 증가하는 효과가 있다. EPS가 커지면서 PER도 낮아져 실적 추정치 변화가 없더라도 상승여력이 있는 것처럼 보일 수 있다는 점은 주의해야 한다.

② PBR

PER이 기업의 수익가치 대비 적정 주가를 가늠하는 방법론이라면 PBRPrice to Book value Ratio(주가순자산비율)은 자산가치에 주목하는 개념이다. PBR은 재무상태표에 나오는 순자산가치와 주가를 비교해서 산출한다. 재무상태표는 과거에는 대차대조표로 불리기도 했는데 기업이 가지고 있는 자산 중 주주들에게 귀속되는 몫이 순자산가치다.

풀어서 설명하면 자산은 기업이 비즈니스에 사용하는 구체적인 도구로 볼 수 있다. 현금과 토지, 기계장치 등이 자산을 구성하는 항목들이다. 부채와 자본은 자산의 원천이다. 즉 비즈니스를 위한 도구인 자산을 마련하는 데 있어 외부에서 차입해 온 부분은 부채로 표시되고, 주주들의 돈으로 충당한 부분은 자기자본으로 표시된다.

즉 '자산＝부채＋자기자본'인데, 위 항등식의 항목 중 자기자본에 해당되는 부분이 PBR 계산에 사용되는 순자산이다. 기업이 가지고 있는 총량적 부(=자산)에서 채권자들에게 빌려온 부분을 차감하고, 주주들에게 귀속되는 몫이 자기자본 또는 순자산이다. 자기자본을 전체(자기주식을 제외한) 발행주식수로 나눈 값이 BPS_{Book value Per Share}고, 주가를 BPS로 나누면 PBR이 산출된다.

한편 PER이 미래지향적 개념이라면 PBR은 과거지향적 성격이 강하다. 앞서 PER 산정에 사용되는 당기순이익에는 예상 실적이 들어가는 경우가 많다는 점을 언급했다. 당기순이익은 기업이 의무적으로 발표하는 재무제표 중 손익계산서에 나오는 항목이다. 매년 손익계산서는 과거의 영향을 받지 않는다.

2020년 영업활동의 성과는 2019년과 독립적이고, 2021년의 영업활동은 2020년과 무관하다. 그래서 2021년 또는 2022년과 같은 미래 사업연도의 예상 실적을 추론해 PER 계산에 사용하는 당기순이익으로 사용하곤 한다. 손익계산서는 과거와 무관하게 한 해 동안의 실적만을 기록하는 플로우 개념의 재무제표다.

반면 PBR 산정에 사용되는 순자산은 재무상태표에 나오는데, 재무상태표는 그 자체가 과거지향적이다. 기업이 설립된 이후 매년 수

행해 온 기업 활동의 축적된 결과가 기록돼 있는 게 재무상태표다. 예를 들어 삼성전자가 2019년 3분기 말에 보유하고 있는 현금은 26조 원이다. 이 26조 원은 2019 회계연도에 3분기까지 영업해서 새로 만들어진 돈이 아니다. 삼성전자 설립 이후 계속해서 축적해 놓은 현금이 26조 원인 것이다.

재무상태표는 특정한 기간이 아닌 특정 시점에 쌓여있는 기업의 부를 보여주는데, 그 값은 회사 설립 이후 계속 축적돼 온 결과물이다. 그래서 재무상태표를 기반으로 산정되는 PBR은 과거지향적 개념인 것이다.

벤저민 그레이엄이 강조했던 PBR에 대한 냉소가 성장주 투자자들 사이에서 나온다는 점을 앞에서 언급했다. 당연한 일이다. PBR은 기본적으로 과거를 보는 개념인데, 성장 가치는 앞으로 도래할 시간에서 나오기 때문이다. PBR은 성장 가치가 높은 종목들에 대한 밸류에이션 방법론으로는 한계가 있다. 특히 기업에 부를 축적해 놓을 물리적 시간이 부족한 스타트업들에 대해서는 더 그렇다.

한국 증시에서 PBR이 본격적으로 부각되기 시작했던 시기는 1993~1994년 즈음이었다. 당시는 김영삼 대통령 재임기였는데 세계화라는 국정 목표가 있었고, 그 일환으로서 전방위적인 규제 완화가 시행됐다. 세계화를 이루기 위해서는 불합리한 규제를 없애 글로벌 스탠더드에 부합하는 사회적 규칙을 만들어야 한다는 명분이었다.

당시 금융시장에서 이슈가 됐던 규제 완화 관련 내용은 '증권거래법 200조'의 폐지였다. '증권거래법 200조'에는 기존 대주주를 보호하기 위해 적대적 M&A를 막는 조항이 들어가 있었다.

M&A 관점에서 기업을 볼 때 당장 눈에 들어오는 건 자산가치다. 특히 기업이 보유한 자산에서 채권자들에게 돌려줄 몫을 빼고 주주들에 귀속되는 순자산가치 대비 주가가 크게 낮은 저PBR 주식들이 각광을 받을 수 있다. 성창기업·경방·방림·롯데칠성·만호제강 등저PBR 주식들이 증권거래법 200조 폐지 논의 과정에서 급등했다. 특히 자산주 시세를 주도했던 성창기업은 1993년 10~11월의 거래일인 36일 중 35일을 상한가로 마감하는 기염을 토했다.

PER은 기업의 미래 실적에 대한 전망에 기반하기 때문에 예측 오차가 발생할 수 있다. 실적 추정 자체가 정확하지 않으면 그에 기반한 PER은 의미가 없어질 수도 있다. 반면 PBR은 예측 오차가 적다. 순자산가치는 과거지향적 개념이라 확실성이 높기 때문이다. 순자산가치는 미래지향적으로 추정하는 항목이 아니라 과거의 기업 활동의 결과로 이미 재무상태표에 기록돼 있는 확정된 가치에 가깝다.

글로벌 금융위기 이후의 성장주 강세 국면에서 무형 자산이 강조된 빅테크 기업 주가가 크게 상승했다. 이들의 강세에는 미래 성장성에 대한 기대가 반영되어 있다 치더라도 저PBR 주식들이 지속적으로 시장 대비 부진을 면치 못했던 현상은 어떻게 설명할 수 있을까? 왜 주가는 당장 눈에 보이는 순자산가치와 큰 괴리를 나타내면서 장기간의 부진에서 벗어나지 못했을까?

성장 잠재력에 대한 우려가 크면 PBR이 낮더라도 주가가 부진할수 있다. PBR은 주주들에게 귀속되는 자기자본(순자산) 대비 주가를 비교해서 산출된다. 자기자본의 효율적 운용 여부를 판단하는 기준으로 ROE~Return On Equity~(자기자본이익률)가 있다.

ROE는 당기순이익을 자기자본으로 나눈 값이다. 당기순이익은 손익계산서상의 매출에서 매출원가와 채권자들에게 돌아갈 이자, 정부에 내는 세금 등을 모두 제하고 주주들에게 귀속되는 이익을 뜻한다. 자기자본은 재무상태표상의 주주들에게 귀속되는 몫으로 ROE는 자기자본의 수익성을 보여주는 지표다.

낮은 ROE는 자기자본 활용을 통한 기업가치의 증식이 여의치 않다는 점을 보여준다. ROE가 낮은 기업은 자기자본의 효율성이 낮기 때문에 자기자본 대비 주가의 낮은 평가Disount가 굳어질 수 있다.

예를 들어 ROE가 3%인 기업이 있다고 가정해보자. 사업을 하면서 자기자본에서 창출하는 수익률이 연 3%인 셈이다. 만일 이런 낮은 수익성이 장기화된다면 굳이 사업을 할 필요가 있을까. 금리보다는 높지만 통상적인 잣대라면 리스크를 지고 사업을 할 정도의 수익률은 아니라고 볼 수 있다.

자기자본의 효율성이 극히 떨어지기 때문에 이 경우에는 자기자본에 붙는 프리미엄이 낮게 형성될 수밖에 없다. 저PBR이 굳어질 수도 있는 것이다. 참고로 2020년 코스피 상장사의 평균 ROE는 6.1%였다.

낮은 ROE와 저PBR의 상관성은 간단한 등식으로도 설명된다. ROE = PBR/PER = (시가총액/자기자본)/(시가총액/당기순이익) = 당기순이익/자기자본의 등식이 성립한다. 가장 앞의 등식 ROE = PBR/PER을 변형하면 PBR = PER×ROE가 도출된다. PBR이 높아지려면 ROE가 상승해야 한다. ROE가 낮은 종목은 저PBR이 굳어질 수 있어 PBR로 종목을 선별할 때는 ROE도 함께 검토해야 한다.

③ PSR

PER과 PBR처럼 자주 쓰이지는 않지만, 성장주의 적정 주가를 가늠하는 데 종종 PSR_{Price to Sales Ratio}(주가매출액비율)이 사용된다. PSR은 주가를 주당매출액_{SPS : Sales Per Share}으로 나누거나, 간편식으로 시가총액을 매출액으로 나눠서 계산된다. PSR은 완성된 개념이 아니다. 기업활동의 목적은 순이익이지, 매출이 아니기 때문이다.

매출은 손익계산서의 출발점이지만 주주의 이해관계만을 반영하지는 않는다. 매출에서 여러 가지 항목의 비용을 빼야 주주들에게 귀속되는 당기순이익이 나온다. 임금·원재료비·임대료 등은 생산요소를 제공한 경제주체에 돌아가는 몫이다. 이자 비용은 자본을 빌려준 경제주체가 가져갈 몫, 세금은 정부가 거둬가는 몫이다. 이런 모든 항목은 주주 입장에서는 비용이다. 매출에는 주주몫뿐만 아니라 노동자와 원재료 공급자, 채권자, 정부의 이해관계가 모두 녹아들어 있다.

주가는 주주가치의 그림자인데, 주주에게 전적으로 귀속되지 않는 매출을 기반으로 밸류에이션을 하므로 PSR에는 논리적 결함이 있다. PER에 사용되는 주당순이익은 주주들에게 전적으로 귀속되는 이익이고, PBR에 사용되는 주당순자산은 주주들에게 전적으로 귀속되는 자산이다. PSR은 PER과 PBR보다 논리적 완결성은 떨어진다고 볼 수 있다. 그런데도 PSR이 사용되는 것은 성장산업의 신생 기업들의 밸류에이션을 위한 마땅한 방법론이 없기 때문이다.

쿠팡을 예로 들어보자. 쿠팡은 온라인 유통업체로 무섭게 성장하고 있지만, 설립 이후 지속적인 적자를 기록하고 있다. 코로나19로 인해 반짝 이익을 내고 있지만, 향후 2~3년내 구조적인 흑자를 낼 가능성도 높지 않다. 따라서 당기순이익을 기반으로 산정되는 PER을 적용하기는 어렵다.

펀딩받은 자금을 계속 소진하면서 적자를 내고 있어 기업에 쌓아 놓은 자산의 규모도 보잘 것 없는 수준이다. 따라서 자산가치를 기반으로 하는 PBR의 적용도 어렵다. 쿠팡이 적자를 내고 있고 재무상태표에 잡히는 순자산의 규모도 미미하지만, 쿠팡의 기업가치가 전혀 없다고 말하는 사람은 거의 없을 것이다.

이런 경우 매출액으로 밸류에이션을 할 수 있다고 본다. 전제는 사업모델이 좋아야 한다는 것이다. 쿠팡의 경쟁력은 어디에서 나올까? 그들이 가지고 있는 훌륭한 배송망과 가입자 수 등일 텐데, 이들은 회계적으로 측정하기 어려운 자산이다. 그나마 매출이 쿠팡의 경쟁력을 가장 잘 보여주는 재무적 항목이 될 수 있다. 당장은 적자가 나더라도 압도적인 시장 점유율을 기반으로 언젠가는 흑자가 될 것이라는 기대를 가질 수 있다.

미국 아마존의 사례도 PSR의 유용성을 보여주고 있다. 아마존은 1995년 설립 이후 8년 연속 적자를 냈다. 2003년부터 흑자로 돌아섰지만, 시장에서 형성되는 높은 주가를 설명하기에는 턱없이 적은 이익이었다. 주식시장 시가총액 세계 4위로 성장해 공룡이 된 2021년 2월 시점에서도 전통적 밸류에이션 방법론으로는 아마존의 주가를 정당화하기 어렵다.

아마존의 2021년 예상 실적 기준 PER은 99배, PBR은 20배(이상 2021년 2월 1일 주가)에 달하고 있다. 너무 비싸다. 버블이라고 볼 수도 있지만, 적자를 기록해도 끝내 해당 산업에서 승자가 되곤 했던 아마존의 역사를 보면 현재의 수익가치와 자산가치만으로 아마존을 평가하는 건 타당하지 않다고 볼 수도 있다. 오히려 매출 증가 속도가 아마존의 성장 잠재력을 가늠하는 기준이 될 수 있다.

PSR이라는 개념이 본격적으로 사용되기 시작했던 것은 1990년대 후반 닷컴 버블 때였다. 당시에는 새롭다 못해 신기한 비즈니스 모델을 가진 종목들이 우후죽순처럼 등장했다. 인터넷 광고를 보면 현금으로 보상하는 사업 모델을 가진 '골드뱅크', 무료 인터넷 국제전화 서비스를 들고나온 '새롬기술' 등의 기업가치는 천정 모르고 치솟았다.

인터넷 시대의 총아가 될 것이라는 기대를 온몸으로 받았지만, 이들 기업의 영업실적은 적자였다. 많은 투자자가 당장의 실적보다는 이들의 비즈니스 모델을 높이 평가했고, 비즈니스 모델의 성장성을 가늠하는 잣대는 매출의 발생 여부였다.

닷컴 버블 시대의 PSR 적용은 비극으로 끝났다. 투자자들이 훌륭하다고 평가했던 비즈니스 모델에는 허점이 많았고, 장기적인 성장으로 이어지지도 않았다. 성장이 정체된 정도가 아니라 많은 기업이 파산했다. 당시의 PSR은 터무니없는 버블을 정당화하기 위한 도구에 지나지 않았다는 비판을 받을 소지가 있다고 본다. PER과 PBR 등 전통적 밸류에이션 방법론보다 PSR은 완성도가 떨어지기 때문에 남용해서는 안 된다.

예외적으로 PSR을 사용할 때는 비즈니스 모델에 대한 깊은 이해가 꼭 필요하다. 모든 기업 가치평가에는 기업이 영속적으로 생존할 것이라는 전제가 들어있다. 당장은 적자지만 언젠가는 압도적인 시장 지배를 통해 흑자로 전환될 것이라는 기대가 있어야 PSR 적용이 정당화될 수 있다.

④ EV / EBITDA

EV~Enterprise Value~(기업가치)/EBITDA~Earnings Before Interest, Tax, Depreciation&Amortization~(세전 이익)는 기업가치를 에비타로 나눈 값이다. 에비타는 '세전 이익'으로 흔히 표현되지만, 이 경우 손익계산서상의 세전 이익과 구별되지 않기 때문에 영어 발음 그대로 에비타라고 표현했다. 언뜻 보기에도 PER과 PBR, PSR보다 복잡해 보인다. 이 방법론의 특징은 현금흐름을 중시한다는 데 있고, 기업의 인수합병~M&A~ 시에 많이 사용된다.

EV/EBITDA의 분자인 EV, 즉 기업가치는 주식시장에서 평가받는 시가총액과 순차입금의 합이다. 순차입금은 기업이 외부에서 자금을 빌린 차입금에서 보유 중인 현금과 예금을 차감한 값이다. EV는 상장회사를 100% 인수하는 데 들어가는 기본적인 비용의 개념이다. 주식을 100% 인수하면 소유권을 완전히 소유하게 되는데, 이는 시가총액으로 표시할 수 있다. 지분을 완전히 인수해 새로운 주인이 되면 기존에 채권자들에게 차입한 돈을 갚아야 할 의무도 함께 가지게 된다.

차입금은 이자를 지급하는 부채다. 채권자들에게 빌린 차입금에서 기업이 보유하고 있는 현금과 예금을 차감하면 기업 인수자가 채권자들에게 실질적으로 갚아야 할 금액이 나온다. 지분을 100%(시가총액) 인수하는 데 드는 비용에 채권자들에게 실질적으로 갚아야 할 비용 (순차입금)이 더해진 EV는 기업 외부인이 기존 주주와 채권자로부터 기업을 완전히 인수하는 데 들어가는 총량적인 비용을 나타낸다.

EV/EBITDA의 분모인 에비타에 대해 살펴보자. EBITDA는 Earnings Before Interest, Tax, Depreciation&Amoritization의 약 자로, 이자 비용과 세금, 감가상각 차감 전 이익이다. 복잡하지만 EBITDA는 영업이익에 감가상각비를 더한 값으로 이해하면 큰 무리 가 없다. 일단 '이자 비용과 세금' 차감 전이기 때문에 EBITDA에는 이자와 세금을 비용으로 고려하지 않겠다는 뜻을 내포하고 있다.

이자를 비용으로 보지 않는 건 어느 정도 타당하다. EV 안에 순차 입금이 들어가 있기 때문이다. EV는 기업 외부자가 채권자와 주주로 부터 기업을 100% 인수하는 데 들어가는 비용이라는 점을 앞서 언 급했다. 인수자는 순차입금만큼을 채권자에게 이미 지불했기 때문에 이자 비용은 고려할 필요가 없다.

영업이익에서 당기순이익으로 넘어가는 과정에서 차감되는 이자 와 세금은 일종의 분배 개념이다. 채권자와 정부에 귀속되는 몫이기 때문이다. 그래서 이자 비용을 빼면서 관습적으로 정부의 몫인 세금 도 제외한다. EBITDA에서 DA(감가상각)가 빠진 EBIT는 영업이익 으로 봐도 무방하다. 감가상각을 고려하지 않은 EBIT_{Earnings Before Interest, Tax}는 통상 영업이익으로 번역된다.

EBITDA에서 핵심은 감가상각비다. 감가상각비는 손익계산서에 나오는 여러 비용 항목들과 구별되는 매우 독특한 성격을 가지고 있다. 급여나 보험료, 임차료 등은 실제로 돈이 지출되는 계정과목이지만, 감가상각비는 유일하게 실제로 돈이 나가지 않고 장부상으로만 공제되는 항목이다. 기업이 상품과 제품을 생산하기 위해 취득하는 기계나 장비는 시간이 지나면서 마모 등으로 인해 가치가 떨어지는데, 이 가치의 감소분을 기간마다 비용으로 적절히 나누는 것이 감가상각비다. 결론적으로 EBITDA는 영업이익에 감가상각비를 더해 준 값이다. 현금흐름이 가미된 기업의 실질적 영업가치를 가늠해 보는 개념이다.

한국에서 EV/EBITDA라는 개념이 본격적으로 사용되기 시작했던 시기는 IMF 외환위기 직후였던 2000년 즈음부터였다. 외환위기의 여파가 남아 있어 많은 기업이 부도 리스크에 노출됐고, 기업의 인수합병도 활발히 이뤄지던 때였다. 부도 리스크를 피하기 위해서는 현금 흐름이 중요하다. 당장 손에 쥔 현금이 없으면 흑자 기업도 도산할 수 있기 때문이다.

또한 EV는 외부자가 기업의 소유권을 완전히 인수하는 데 들어가는 비용의 개념이기 때문에 기업의 인수합병을 도모할 때 중요성이 부각될 수 있다. 기업의 장부상 순자산가치와 주가를 비교한 PBR도 인수합병을 할 때 중요한 참고 지표가 될 수 있다. IMF 외환위기 직후는 대우그룹의 분식회계가 드러나면서 재무제표의 신뢰도에 대한 우려가 컸던 시기였다.

장부상에 있는 가치가 기업의 실질을 제대로 반영하고 있지 못하다는 불신감이 컸다. 이 때문에 기업이 제시한 장부가치에 대한 완전한 신뢰가 전제가 된 PBR보다 EV/EBITDA가 더 각광을 받았다고 볼 수도 있다. EV/EBITDA를 구성하는 어떤 항목도 기업이 자의적으로 손 댈 수 있는 여지는 크지 않기 때문이다.

⑤ PDR

2020년부터 우리 증시에서 새로이 회자되는 개념이다. 무려 주가의 '꿈' 비율이다. 아직까지 엄밀하게 가다듬어지지는 않았지만 새로운 밸류에이션 지표로 활용하려는 노력이 곳곳에서 나타나고 있다. 사실 PDR_{Price to Dream Ratio}(주가꿈비율)이라는 단어가 쓰이기 시작한 데는 필자도 어느 정도 기여했다.

팬데믹 직후 주가가 가파르게 상승하던 2020년 6월 필자는 오랜 지인이었던 한 경제신문의 증권부장과 통화했다. 미국에서는 구글과 아마존, 한국에서는 네이버와 카카오 등과 같이 전통적 밸류에이션의 잣대로 평가하기에는 너무도 비싼 종목들이 거침없이 오르고 있던 때였다. 필자는 "투자자들은 당장의 수익으로 추정하기 힘든 꿈을 사고 있는 것 같습니다"라고 이야기했다.

다음날 그 경제신문은 PDR이라는 말을 만들어 1면에 실었다. PDR이라는 단어에 대한 세세한 설명은 없었지만, 성장에 대한 기대가 주식 투자에 중요한 속성 중 하나라는 점을 말해주기에는 충분한 기사였다.

기사가 나온 후 한 달쯤 지나자 한국투자증권 리서치센터에서 PDR을 개념화한 분석보고서를 내놓았다. PDR의 분자인 주가(P)는 시장에서 결정되는 값이니 문제가 없었고, 꿈(D)을 어떻게 계측할 것인지가 관건이었다. 이들은 PDR을 다음과 같이 정의했다.

PDR = 시가총액/(해당 기업이 포함된 전체 시장 규모 × 점유율)

　특정 기업이 속한 산업의 성장성이 크면 그 시장에서의 점유율이 주가를 결정하는 핵심 요인이 될 수 있다는 논리가 담긴 식이다. 물론 성장 산업의 규모를 측정하는 건 어려운 일이다고, 그 산업에서의 점유율을 제대로 예측하기도 쉽지 않다. 잘못하면 닷컴 버블 국면에서 천정부지로 치솟은 주가를 정당화하기 위한 논리로 활용됐던 PSR과 같은 운명을 맞이할 수도 있다.

　그럼에도 성장산업에 속한 주식의 밸류에이션 방법을 구체적으로 고민한 노력은 박수를 받아 마땅하다. '꿈'에 대한 개념을 좀 더 정교하게 가다듬고, 건설적으로 변형하는 일은 증권사 리서치센터를 비롯한 투자 전문가 집단에 주어진 과제라고 생각한다.

차트 분석

AI에게 일자리를 빼앗기다?

앞서 살펴본 PER, PBR, PSR, EV/EBITDA는 물론 PDR까지도 기업의 실적 또는 활동과 주가를 매칭하는 개념이다. 이런 분석을 통칭해 기본적 분석fundamental analysis이라고 부른다. 기본적 분석의 철학은 주가는 기업 활동의 산물이라는 데 있다.

이와는 다른 철학을 가진 분석 방법론이 있다. 주가의 움직임 자체에 답이 있다는 기술적 분석technical analysis이 그것이다. 기술적 분석은 차트 분석이라고 부르기도 한다. 기술적 분석은 주가와 거래량의 관찰만으로 미래의 주가 흐름을 예측할 수 있다고 본다. 주가 흐름은 반복되거나, 비슷한 패턴을 가진다는 것이 기술적 분석의 철학으로 엘리어트 파동 이론, 피보나치 수열, 적삼병, 흑삼병, 골든크로스, 데드크로스 등은 모두 기술적 분석에서 쓰이는 용어들이다.

호재든 악재든 주가에 영향을 주는 모든 요인은 결국 주가와 거래량으로 나타나기 마련이다. 과거의 주가 흐름을 잘 관찰하면 미래를 조망할 수 있다고 기술적 분석가들은 주장한다. 과거의 패턴을 통해 미래를 전망하는 방법론은 기술적 분석에만 해당하는 것은 아니다. 횡축이 시간(t)으로 그려지는 모든 차트는 과거의 패턴을 참고하기 위해 그려진다. 미래가 과거와 전혀 무관한 무작위의 결과라면 굳이 시간을 축으로 한 차트를 그릴 필요가 없다. 영속기업을 가정한 장기 현금흐름할인모형(DCF모형)에도 일정 기간 이후에는 일정한 성장률로 이익이 증가한다고 가정한다. 패턴이 없다면 인간은 미래를 전망할 수 없다.

그런데도 예전보다는 기술적 분석에 대한 투자자들의 관심은 약해진 것 같다. AI에 기반한 투자 확대가 큰 영향을 준 게 아닌가 싶다. 과거에는 투자자들이 차트를 보면서 직관적으로 추세를 가늠했다. 과거의 패턴을 찾아내는 건 알고리즘이 사람보다 훨씬 잘할 수 있는 영역이다. 이제는 알고리즘 기반의 트레이딩이 늘어나면서 전통적인 기술적 매매 신호에 따라서는 초과 수익을 얻기 힘든 세상이 돼버렸다. 기술적 분석의 중요성은 앞으로도 계속 약화될 가능성이 높다.

인덱스 투자

투자시장은
겸손을 잃은 사람에게 냉혹하다

투자는 꾸준한 학습과 고도의 집중력이 필요한 분야라는 점을 다시 강조하고 싶다. 앞서 논의한 다양한 밸류에이션 방법론들은 물론 요즘은 인기가 시들한 기술적 분석까지도 기본적으론 투자자들이 학습해야 할 영역이다. 그렇지만 꼭 많은 준비가 된 사람만 투자의 세계에 뛰어들 수 있는 건 아니다. 오히려 자신의 부족함을 솔직하게 인정하면 다른 투자의 기회가 생길 수 있다. 그 방법을 이번 수업을 통해 알아보자.

시장 자체에 투자하라

한국 주식시장을 대표하는 지수는 코스피다. 코스피는 상장된 모든 종목의 주가 등락을 포괄하는 종합적인 지표다. 인덱스 펀드나 시장 대표지수 추종 ETF 등을 매수하면 시장에 투자하는 셈이다.

시장에 대해서는 여러 견해를 가질 수 있다. 애널리스트 입장에서

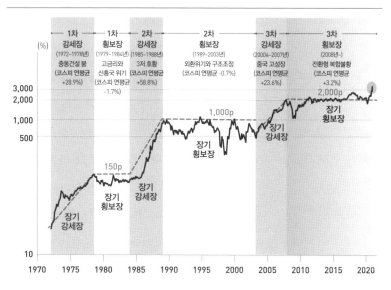

코스피의 장기 트렌드(1972년~)

| 1차 강세장 (1972-1978년) 중동건설 붐 (코스피 연평균 +28.9%) | 1차 횡보장 (1979-1984년) 고금리와 신흥국 위기 (코스피 연평균 -1.7%) | 2차 강세장 (1985-1988년) 3저 호황 (코스피 연평균 +58.8%) | 2차 횡보장 (1989-2003년) 외환위기와 구조조정 (코스피 연평균 -0.7%) | 3차 강세장 (2004-2007년) 중국 고성장 (코스피 연평균 +23.6%) | 3차 횡보장 (2008년~) 전환형 복합불황 (코스피 연평균 +3.2%) |

자료: 신영증권 리서치센터

도 때로는 낙관적인 전망을 하기도 하고, 때로는 비관적인 전망을 하기도 한다. 시장은 늘 순환적인 강세장과 약세장을 넘나들기 때문이다. 그렇지만 어떤 경우든 장기 비관론에 서는 건 좋은 선택이 아니라고 본다. 궁극적으로는 낙관론을 견지하는 편이 낫다. 실제로 주가지수가 그렇게 움직여 왔기 때문이다.

'장기적'으로 '주가지수'는 하락이 아닌 상승의 역사를 만들어왔다. 코스피의 장기 트렌드는 우상향이다. 국가 부도 사태로 부를 수 있는 IMF 외환위기, 대공황 이후 가장 심각한 경기후퇴로 이어졌던 2007~2008년 글로벌금융위기, 사상 초유의 위기였던 2020년 팬데믹 국면을 거치면서도 시장은 강한 복원력을 보여줬다.

코스피의 연속적인 궤적도 우상향이지만, 한해 한해 끊어서 본 코스피 등락도 낙관론자의 손을 들어준다. 코스피가 만들어진 1972년 이후 2020년까지 49년 동안 코스피가 상승한 해는 모두 34번이었다. 하락 횟수 15개년과 비교하면 연간 코스피 상승 확률은 하락의 2배 이상이었던 셈이다. 연속 상승과 하락의 기록을 살펴보더라도 3년 연속 코스피가 하락했던 경우는 IMF 외환위기가 있었던 1995~1997년이 유일했다.

반면 1980년대 후반 3저 호황 국면에서의 6년 연속 상승을 비롯해 코스피가 3년 연속 상승했던 경우는 4번이나 된다. 게다가 2000년대 들어서는 코스피가 2년 연속 하락한 경우는 단 한 차례도 없었다.

미국의 경우도 한국과 비슷하게 주가지수가 장기적으로 우상향하는 모습이 관찰되고 있다. 연간 등락률을 살펴봐도 S&P500지수는 1928년 이후 93년 동안 상승 63개년, 하락 30개년으로 상승한 횟수가 두 배 정도 많았다. 1920년대 후반에 나타났던 대공황 시기를 제외하면 S&P500지수가 3년 연속 하락한 경우는 IT 버블이 붕괴됐던 2000~2002년이 유일하다. 2년 연속 하락도 1973~1974년 1차 오일쇼크 때 단 한 번뿐이다.

장기적으로 주가지수가 상승했던 이유는 무엇일까? 장기적으로 주가지수는 명목 성장률에 수렴하는 경향이 있다. 주요국의 장기 연평균 명목성장률과 주가지수 상승률을 정리한 다음 표를 보면 다소 편차가 있지만, 주가지수는 성장률에 수렴해왔음을 알 수 있다.

다만 주가지수의 단기적인 등락은 성장률과 별 상관이 없다. 성장률의 절대 레벨이 낮더라도 성장률이 바닥을 치고 상승하는 시점에

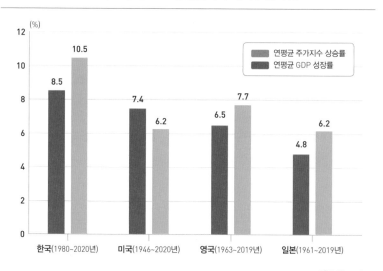

주요국 연평균 GDP 성장률과 주가지수 등락률

(%)

- 연평균 주가지수 상승률
- 연평균 GDP 성장률

	연평균 주가지수 상승률	연평균 GDP 성장률

한국(1980~2020년) 8.5 10.5
미국(1946~2020년) 7.4 6.2
영국(1963~2019년) 6.5 7.7
일본(1961~2019년) 4.8 6.2

자료: Bloomberg

서는 주가지수가 강하게 오르고, 반대로 성장률의 절대 레벨이 높더라도 경기가 고점에서 하락 반전되는 국면에서는 주가가 급하게 조정을 받는다. 전체적으로 이런 과정을 보면 주가지수는 결과적으로 성장률에 수렴해 왔다.

주가지수는 GDP 성장률의 함수인데 GDP는 웬만해서는 후퇴하지 않기 때문에 주가지수는 이를 반영해 상승해 왔다고 볼 수 있다. 1960년대 경제 개발이 본격화된 이후 한국의 GDP 성장률이 역성장했던 경우는 2차 오일쇼크가 있었던 1980년(-1.7%), IMF 외환위기가 있었던 1998년(-5.5%), 코로나19가 엄습했던 2020년(-1.0%) 등 단 세 번밖에 없었다.

한편 미국은 1930년 이후 2020년까지의 91년 동안 GDP가 마이너스 성장을 했던 해는 모두 18번 있었다. 한국보다는 마이너스 성장의 횟수가 많은 편으로 중앙은행의 역할이 정립되기 이전인 1960년대 이전 마이너스 성장을 기록했던 경우가 11번 있었다. 1960년대 이후 60년 동안 마이너스 성장 횟수는 여덟 번에 불과했다. 미국도 1960년대 이후로는 7~8년에 한 번꼴로 마이너스 성장이 드물게 나타났던 셈이다. 장기적으로 경제가 성장한다면 이를 반영하는 주식시장에 대해서도 장기 낙관론을 견지하는 것이 옳다.

물론 주가가 경제 성장을 안정적으로 반영하는 것은 아니다. 주가는 변동성이 큰 지표지만, 경제는 비교적 진폭이 적고 완만하게 움직인다. 주가가 경제 성장을 앞질러 과속하면 버블이 생기고, 투자자들이 과도한 비관론에 휩싸이면 주식시장은 저평가 권역으로 떨어진다. 시장은 버블과 패닉을 오가지만 궁극적으로는 장기 성장률에 수렴한다고 볼 수 있다.

주가가 명목 성장률에 수렴했던 이유는 명목 GDP가 기업이익에 대한 가장 설명력 높은 변수이기 때문이다. GDP가 부가가치의 성격을 가지고 있다는 점에서 보면 GDP와 가장 비슷하게 매칭되는 기업의 재무 항목은 매출이다. 그렇지만 매출 역시 기업이익에 영향을 주는 강력한 변수이기 때문에 대체로 기업이익은 명목 성장률에 수렴하는 증가세를 보이는 경향이 있다.

기업이익에 대해 동일한 밸류에이션이 적용되더라도 이익 증가분만큼은 주가지수가 상승할 여력이 있는 것이다. 한국의 명목 GDP 성장률과 기업이익 증가율은 1990년대 이후 거의 비슷한 궤적을 나타내고 있다. 기업이익의 진폭이 GDP 변화율보다는 훨씬 크지만,

장기적으로는 두 변수가 수렴하고 있다. 미국은 글로벌 금융위기 이후 기업이익 증가 속도가 GDP 성장률을 훨씬 웃돌고 있다. 노동시장 유연화로 대표되는 기업에 우호적인 분배구조, 가치체인의 국제화에 따라 GDP로 포함되지 않는 기업 활동이 늘어났기 때문으로 풀이된다.

장기투자에 낙관론을 견지해야 할 또 다른 이유는 주가지수는 '승자의 기록'에 다름 아니기 때문이다. 개별 종목을 골라 투자하는 경우를 생각해보자. 투자의 성과는 그야말로 천차만별일 것이다. 좋은 선구안으로 종목을 잘 고르면 대박이 날 수도 있지만, 부실 종목을 고르면 쪽박을 찰 수도 있다. 우량주 장기 투자 역시 늘 옳은 선택은 아니다. 당대의 우량주가 미래에도 우량주로 남아 있을 것이란 보장은 없기 때문이다.

1982년 초 미국의 다우지수를 구성했던 30개 종목을 한 주씩 직접 투자했다고 가정해보자. 왜 1982년인가 하면 대공황 이후 주식 투자하기에 가장 좋은 시기였기 때문이다. 1970년대 미국경제는 스태그플레이션을 겪으며 침체에서 벗어나지 못했고, 주식시장 역시 장기 횡보세를 면치 못했다. 주식시장의 장기 횡보세가 이어지면서 미국의 경제잡지 《비즈니스 위크》에서 '주식은 죽었다'라는 기사가 나왔던 때가 1982년이었다.

다우지수는 1982년 800p대에서 바닥을 친 이후 20여 년간 장기 상승하면서 15,000p까지 올라갔다. 왜 다우지수를 구성하는 30개 종목인가 하면 다우지수는 미국에 상장돼 거래되는 6,000여 개 종목 중 가장 좋은 기업 30개를 추려서 만들어지기 때문이다. 다우지수를 구성하는 30대 종목에 투자한다는 것은 미국에서 가장 우량한 블루칩 중의 블루칩을 매수하는 것으로 봐도 무방하다.

대공황 이후 주식 투자하기에 가장 좋았던 시기에 가장 우량한 종목 30개에 투자한 결과는 어땠을까. 일단 1982년에 다우지수에 속해 있었던 30개 종목 중 2021년 2월 현재까지 남아 있는 종목은 8개에 불과하다. 40여 년 전의 우량주 30개 기업 중 22개는 우량주 대열에서 탈락했던 셈이다. 또한 1982년 다우지수 구성 30대 종목으로 만든 지수를 현재까지 연장하면 21,250p인데, 이는 공식적으로 발표되는 다우지수 30,200p 대비 30% 정도 낮다.

다우지수가 장기적으로 상승하는 건 당연한 일이라고 볼 수도 있다. 다우지수를 구성하는 30대 종목은 고정된 게 아니라 늘 바뀐다. 실적이 악화되면서 우량주 대열에서 이탈한 종목은 다우지수 구성 종목에서 빠지고, 새롭게 부각되는 종목을 바꿔 넣으니 다우지수는 장기적으로 보면 상승할 확률이 높은 것이다.

2008년 글로벌 금융위기 직후 세계 최대의 보험회사 AIG는 다우지수에 있었는데 당시 AIG는 CDSCredit Default Swap(신용부도스왑)라는 파생상품을 잘못 팔아 파산 위기에 몰렸다. AIG의 사정이 어려워지자 다우지수를 발표하는 통신사 다우존스Dow Jones는 AIG를 다우지수 구성 종목에서 빼고, 매우 안정적인 영업을 하는 제과회사 크래프트 푸드Kraft food를 대신 편입시켰다. 경기침체 장기화에 대한 우려가 컸던 글로벌 금융위기 직후의 기준으로 경기방어적 업종에 속하는 크래프트 푸드는 유망 종목이었다. 크래프드 푸드 역시 미국 경기가 정상적인 회복 궤도에 올랐던 2013년에 성장성이 부각됐던 유나이티드 헬스

케어_{United Healthcare}와 교체됐다.

다우지수는 영업환경이 악화된 종목을 배제하고, 전망이 밝은 종목을 신규 편입시켜왔기 때문에 명실상부한 '승자의 기록'이라 부를 수 있다. 한국의 코스피는 어떨까? 코스피는 다우지수처럼 좋은 종목을 따로 골라서 산정되는 지수는 아니다. 상장된 800개 종목의 주가 등락을 시가총액 가중치로 반영한다. 그렇지만 코스피에도 상장폐지 제도가 있다. 좋은 종목을 골라 지수를 만드는 것은 아니지만, 나쁜 종목은 끊임없이 배제한다. 이런 점에서 보면 코스피 역시 당대의 생존자들로 구성된다고 평가할 수 있다.

자신감이 생기면 개별투자를 시작하라

개별 종목 투자는 투자자들의 능력과 운에 따라 성과의 편차가 크다. 부실한 종목을 매수하면 부도를 맞아 재산 가치가 제로가 될 수도 있다. 실제로 최근 10년간 부도 발생 및 감사의견 거절 등의 사유로 상장 폐지된 종목 수는 279개에 달한다. 종목을 잘 고르면 대박을 낼 수도 있지만 지뢰들도 도처에 깔려 있다. 투자 대상에 대한 면밀한 검토와 학습이 필요한 이유가 여기에 있다.

시장에 투자하면 개별 종목 투자와 같은 대박을 기대하기는 어렵지만, 그래도 장기적으로는 높은 승률을 유지할 확률이 높다. 시장 대표 지수를 추종하는 ETF와 인덱스 펀드 등에 투자하면 된다. 스스로 열심히 학습하고, 심리적인 자기 통제력을 가진 투자자라면 직접 투자해도 좋다.

문제는 준비가 안 된 투자자들이 직접 투자에 뛰어드는 것이다.

본인의 능력에 대한 과대평가는 투자에 독이다. 오히려 스스로 부족함을 인정하는 투자자가 장기적으로는 더 나은 성과를 기록할 가능성이 높다. 시장에 투자하면 되기 때문이다.

개별 종목을 통한 투자는 액티브active 투자, 주가지수 등 시장을 추종하는 투자는 패시브passive 투자로 불린다. 패시브 투자의 길을 열었던 이는 세계 최대의 인덱스 펀드 운용사인 뱅가드 그룹Vanguard Group의 설립자인 존 보글John C. Bogle이다. 존 보글은 1975년에 세계 최초의 인덱스펀드인 뱅가드 500 ETFVanguard500 Index Fund를 출시했다.

패시브 투자의 아버지로 불리는 존 보글은 인덱스 펀드가 경제의 항구적 성장에 수혜를 볼 수 있는 투자 방법이라고 역설했다. 또한 액티브 펀드에 부과되는 과도한 운용 수수료가 투자의 장기 성과를 저해하는 핵심 요인이라고 강조했다. 장기적으로 시장을 이기는 운용역은 매우 드문데 액티브 펀드는 너무 많은 수수료를 물린다는 게 보글의 주장이었다.

한편 최근 많이 출시되고 있는 테마·섹터 ETF는 액티브 투자일까, 패시브 투자일까? 필자는 테마·섹터 ETF는 시장을 매수한다는 패시브 투자 철학에 맞지 않는다고 생각한다. 패시브 투자의 본질은 스스로 부족함을 인정하는 투자자가 장기 낙관론을 바탕으로 승자의 발자취인 시장에 투자하는 데 있다. 테마·섹터 ETF를 선택하기 위해서는 많은 판단을 내려야 한다. 테마·섹터 ETF 투자는 액티브 투자의 변종으로 보는 게 합당하다.

행동경제학

과도한 쏠림은 투자의 적

자신의 처지에 맞게 투자하면서 사는 건 좋은 일이다. 투자 대상을 깊이 알 수 있는 형편이 못되면 시장에 투자하면 된다. 가끔 본인이 잘 아는 분야에서 기회가 생길 때 직접 투자를 병행하면 수익률을 높일 수 있다. 말로 설명하면 쉬운데, 행동으로 옮기기는 쉽지 않다. 인간의 행동은 100%의 합리성으로 설명할 수 없기 때문이다. 오히려 비합리적인 행동이 집단적으로 나타나는 경우를 종종 볼 수 있다.

근대 경제학의 기본 전제는 '합리적 인간'이다. 인간은 '효용 극대화를 위해 합리적으로 행동한다'는 전제로 논리를 전개한다. 이러한 전통적 경제 모델이 인간 행동의 많은 부분을 설명하기는 하지만, 반기를 든 사람들이 있었다.

2002년 노벨 경제학상을 받은 대니얼 카너먼Daniel Kahneman과 그의 단짝 친구인 아모스 트버스키Amos Tversky를 대표로 한 많은 행동경제학자와 심리학자는 기존 경제학의 가정에 강한 의문을 제기한다. 이들은

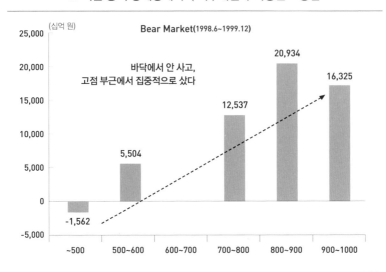

IT 버블 붕괴 강세장에서의 지수대별 주식형펀드 증감

자료: 신영증권 리서치센터

인간이 늘 합리적으로 행동하는 것은 아니라고 주장한다. 최선의 선택을 하기 보다는 생각하는 수고를 덜기 위해 다른 이들의 생각을 모방하는 경우가 많다는 사실을 여러 실험을 통해 보여줬다.

행동경제학은 합리적 행동 주체로서의 인간을 강조하는 기존 패러다임이 가진 약점을 지적한다. 대니얼 카너먼이 쓴《생각에 관한 생각》은 행동경제학의 기본 논리들을 집대성한 고전이다. 실제로 투자자들의 행태를 보면 여러 측면에서 비합리성을 볼 수 있다.

한국 가계에는 비싸게 사고, 싸게 파는 주식 투자 패턴이 있었다. 강세장의 초기 국면(약세장의 막바지 국면)은 주식을 매수해야 하는 시기다. 그렇지만 그동안 한국 가계는 이 국면에서는 주식 투자에 소극적인 태도를 나타냈다. 오히려 약세장에 지쳐 주식을 나쁜 가격에 매

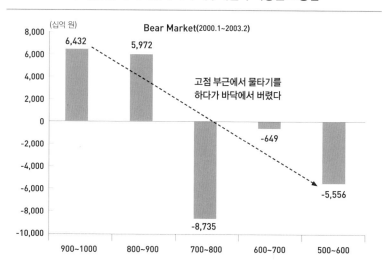

IT 버블 붕괴 약세장에서의 지수대별 주식형펀드 증감

(십억 원)

Bear Market(2000.1~2003.2)

고점 부근에서 물타기를
하다가 바닥에서 버렸다

자료: 신영증권 리서치센터

도하는 경우가 많았다. 강세장이 전개되면 중기 고점 부근에서 주식에 대한 비중을 늘린다. 코스피의 순환적 강세장에서 늘 상투는 한국 가계가 만들었다.

코스피가 고점을 치고 하락세로 반전되는 초기 국면에서는 계속 주식 투자를 늘린다. 소위 '물타기'가 이뤄지는 것이다. 이후 약세가 진행되면 비관론에 경도된다. 고점에서 크게 하락(코스피의 순환적 약세장은 모두 50% 이상의 조정을 기록)한 국면에서 주식을 팔거나, 주식에 대한 외면(비자발적 장기 투자로 전환)으로 일관한다. 바닥에서 주식을 팔지 않더라도 이후 강세장으로 반전되는 초기 국면에서 주식을 매도한다. 최고 바닥은 아니었지만, 사이클의 낮은 레벨에서 주식을 팔았다는 점에서 역시 좋은 선택이 아니었다.

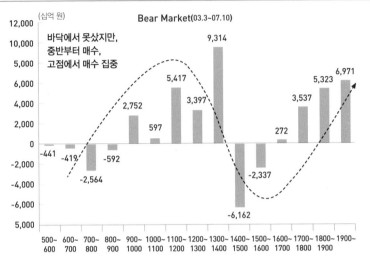

중국 고성장 강세장에서의 지수대별 주식형 펀드 증감

자료: 투자신탁협회, 자산운용협회, 신영증권 리서치센터

국내 주식 투자뿐만이 아니다. 2007년 중국 펀드 붐은 당시 투자 대상이었던 홍콩H 지수가 바닥에서 10배 이상 상승한 상황에서 나타났다. 아직 상처가 치유되지 않은 2012~2013년 브라질 국채 투자도 마찬가지였다. 테슬라Tesla와 같은 빅테크 기업들에 자금이 쏠리고 있는 최근의 해외주식 투자도 마찬가지다. 저점 대비 10배가 넘게 오른 상황에서 투자가 본격화됐다.

왜 주가가 상승하면 더 끌릴까? '누구도 미래를 알 수 없다'는 명백한 진리가 이런 편향을 만든다. 미래는 단지 예측될 뿐이다. 또한 그 예측은 확실하지 않다. 앞서 한국 가계의 '저가 매도-고가 매수'의 반복을 비판한 것도 실은 사후적 관점에서의 평가에 불과하다. 과거로 돌아가 보면 당시의 불확실성과 절박함이 있었을 것이다.

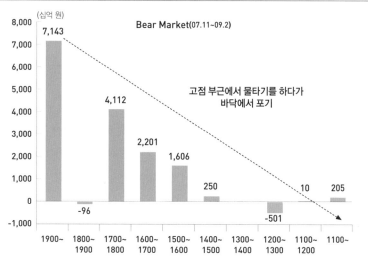

글로벌복합위기 약세장에서의 지수대별 주식형 펀드 증감

Bear Market(07.11~09.2)

고점 부근에서 물타기를 하다가
바닥에서 포기

자료: 투자신탁협회, 자산운용협회, 신영증권 리서치센터

2008년 금융위기 국면에서 코스피의 저점은 1,000p 부근에서 형성됐지만, 바닥은 지나고 나서야 알 수 있었다. 당시 코스피가 500p(1989~2004년 장기 박스권 장세의 저점)까지 밀릴 수 있다는 주장도 있었다. 시간이 지나 결과를 알고 있으니 당시가 절호의 주식 매수 기회였다고 쉽게 말할 수 있는 것이다.

미래에 대한 예측에 가장 큰 영향을 주는 요인은 지금 당장 눈에 보이는 현실이다. 어떤 영역이든 미래에 대한 전망은 어렵다. 그렇기에 전망하는 사람이 경험하고 있는 현재나 가까운 과거가 미래에도 지속될 것이라고 믿는 인지적 편향이 존재한다. 전망이라는 행위에는 최근래의 경험이 가장 큰 가중치로 영향을 미친다.

특히 자산 가격은 어느 정도 연속성을 가지고 움직이는 경향(추세)

이 있다 보니, 금융시장에 대한 전망은 대체로 시세 추종적인 경우가 많다. 강세장에서는 낙관적인 전망이 많고, 약세장에서는 비관적인 전망이 많아지는 것은 이 때문이다. 투자는 쌀 때 사서 비쌀 때 팔아야 한다. 하지만 시장의 추세를 따르다 보면 쌀 때는 겁이 많아지고, 비쌀 때는 과도한 낙관론에 사로잡히는 경우가 많다.

이는 전문가 영역에서도 마찬가지다. 족집게처럼 자산 가격의 움직임을 늘 잘 맞추는 전문가는 없다고 생각한다. 강세장에서의 족집게는 약세장에서는 신통력을 잃는 경우가 다반사고, 반대의 경우 역시 흔하다. 전문가 무용론을 주장하는 것은 아니나 전문가 집단 역시 확률과 가능성이라는 차원에서 조언해줄 뿐이라는 점을 말하고 싶은 것이다.

투자는 불확실성에 대한 베팅이라 늘 자신이 투자에서 기대하는 수익률과 위험을 저울질해야 한다. 그렇지만 강세장이 진행되면 손실을 두려워하는 마음보다 기회를 놓치는 것에 대한 두려움이 투자자들을 압도하게 되고 이때 과도한 쏠림이 나타난다. 통찰력 있는 금융사학자 찰스 킨들버거Charles P. Kindleberger는 "친구가 부자 되는 것을 지켜보고 있는 것보다 더 사람의 판단력을 흐리게 하는 일은 없다"라고 말했다. 전망의 쏠림이 있을 때는 늘 경계해야 한다.

자산 증식을 위해 주식 투자는 좋은 선택이지만, 과도하게 높은 프리미엄을 주고 주식을 사는 행위는 경계해야 한다. 특히 성장주에 대한 투자는 매우 신중해야 한다. 투자의 대상이 위대한 기업이 될 수도 있지만, 주가가 그 기대감을 얼마나 반영하고 있느냐는 전혀 다른 문제다. 좋은 기업이 좋은 주식이 되기 위한 충분조건을 갖추고

코스피 지수대별 투자자금 유입

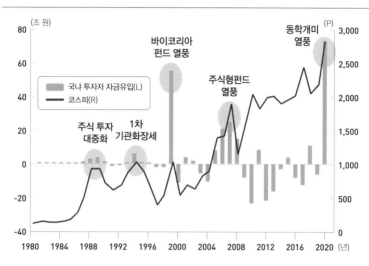

※주: 주식형펀드와 주식직접 투자자금 유입 합계

자료: 한국거래소,금융투자협회

있는 것은 아니다.

모든 것을 아는 사람은 없고 또 주식 투자가 모든 것을 알아야 이기는 게임도 아니다. 자신의 앎의 한계를 인정하고, 그 한계 안에서 포지션을 잡아 나가는 것이 중요하다. 분산투자를 강조하고, 분할매수를 이야기하는 것은 '모른다'는 철학이 반영된 것이다. 투자의 세계가 확실한 영역이라면 좋은 자산을 좋은 가격에 한꺼번에 사지, 왜 분산하는가. 성장에 대한 솔깃한 스토리에 탐닉하기보다는 과도하게 높은 가격을 지불하는 것은 아닌지 의심해야 한다. 특정 섹터에 대한 쏠림이 있다면 분산하려고 노력하는 게 필요한 국면이라고 본다. 아무리 높은 가격을 지불해도 좋을 정도로 완벽한 자산은 세상에 없다.

군중심리가 만드는 버블
금융 투기의 희비극

2021년 1월 7일 전기차 업체 테슬라 CEO인 일론 머스크Elon Musk는 자신의 트위터에 '시그널을 사용하라'는 메시지를 올렸다. 개인 프라이버시가 잘 보호되는 메신저 앱인 시그널 사용을 권유하는 내용이었다. 머스크의 트윗이 나온 이후 시그널 어드밴스Signal Advance라는 회사의 주가가 급등했다.

시그널 어드밴스는 헬스케어 장비를 만드는 회사로 메신저 앱 시그널과는 아무런 관계가 없는 회사였다. 시그널 어드밴스는 적자가 계속 누적되면서 완전자본잠식에 빠진 부실기업이었다. 또한 이 회사는 뉴욕증권거래소나 나스닥시장에 상장되지 않은 장외거래 기업이기도 했다. 보통의 투자자라면 이런 회사가 존재한다는 사실도 몰랐을 것이다.

장외가로 0.60달러에 거래되던 시그널 어드밴스 주가는 머스크의 트윗 이후 급등하며 3거래일 만에 38.70달러까지 뛰었다. 무려

6,350%의 상승률이었다. 주가는 이후 하락세로 반전 2월 5일 현재 3.90달러에 거래되고 있다. 고점 대비 하락률은 무려 89.2%다. 합리성이라는 잣대로는 도저히 이해하기 힘든 사건이다.

비슷한 시기에 게임스톱Game Stop이라는 회사의 주가도 급등락을 경험했다. 게임스톱은 오프라인에서 각종 게임을 판매하는 게임 전문 유통회사다. 온라인 게임이 대세가 된 요즘 세상에서 오프라인 매장에서 게임을 파는 업체가 돈을 벌기는 어렵다. 낮은 수익성으로 고전하던 게임스톱은 2020년에 적자로 돌아서게 된다.

이런 상황에서 라이언 코언Ryan Cohen이라는 주주행동주의 투자자가 게임스톱의 지분 9.8%를 인수하면서 이사회에 이름을 올렸다. 코언은 온라인 비즈니스 확대를 통해 사업의 활로를 찾아보겠다는 의지를 밝혔다. 시장도 이를 긍정적으로 평가해 게임스톱의 주가는 2020년 말 18.8달러에서 2021년 1월 22일 42.5달러까지 급등했다.

이때 게임스톱의 주가 상승이 과도하다고 본 헤지펀드들이 주가 하락에 베팅해 이익을 도모하는 '공매도'에 나섰다. 공매도에 참여한 일부 헤지펀드는 게임스톱에 공매도 포지션을 잡았다는 사실을 공개적으로 밝히기도 했는데 이런 태도가 화근이 됐다. 미국의 개인 투자가들이 공매도 세력에 맞서 그야말로 떨쳐 일어났다.

미국 개인 투자가들의 온라인 커뮤니티인 월스트릿베츠WallstreetBets를 중심으로 게임스톱 주식을 매수하자는 여론이 형성됐다. 게임스톱 주가는 헤지펀드가 공매도 포지션을 잡았다는 보도 직후 4거래일 만에 347.5달러까지 급등했다. 공매도 포지션을 잡았던 헤지펀드의 손실은 220억 달러까지 확대된 것으로 전해졌다.

헤지펀드에 대항한 개인 투자가들의 승리라는 평가가 나오기도 했지만, 개인 투자가들의 기쁨은 오래가지 않았다. 1월 27일 347.5달러로 사상 최고가를 기록했던 게임스톱 주가는 이후 급락세로 반전해 2월 2일 현재 90달러까지 하락했다. 저점 대비 1,748% 오르고, 고점 대비 74% 하락하는 롤러코스터가 불과 한 달 사이에 벌어졌다. 많은 한국의 개인 투자가들도 게임스톱에서 벌어진 희비극에 동참했다는 소식이 전해지기도 했다.

'거대 헤지펀드를 능가하는 개인 투자가의 힘', '집단지성의 위력' 등은 게임스톱의 주가가 급등하는 과정에서 나왔던 말들이다. 나름대로 의미를 부여할 수도 있지만 게임스톱의 본질적 가치에 대한 논의는 빠져있다. 공매도한 헤지펀드야 나름의 가치평가 기준에 따른 판단이 있었다고 볼 수 있지만, 게임스톱 대전에 참여한 미국 개인 투자가들에게는 조금의 합리성도 찾기 힘들었다. 무리 지어 움직이는 극단적 군중심리와 탐욕에 절망적인 몸부림이 아니고서는 도저히 이런 행동을 설명하기 힘들다.

투자와 투기를 명확히 구분하기는 어렵다. 모든 투자에는 두 가지 속성이 어느 정도는 함께 있다고 보지만 그래도 양자의 차이는 있다. 투자 대상의 가치에 대한 판단이 있어야 그 행동을 투자로 부를 수 있다. 물론 가치 평가는 매우 주관적이고, 그 판단이 틀릴 위험은 있다.

앞서 학습의 중요성을 여러 차례 강조했는데 결과를 떠나 깊은 숙고의 과정을 거친 후의 행동이라면 그 행위를 투자로 부를 수 있다. 반면 가치에 대한 판단이 배제되고, 단지 내가 산 시세보다 높은 가격에 매수해 줄 투자자를 기대하면서 맹목적으로 하는 행위는 투기로 불려 마땅하다.

시그널 어드밴스와 게임스톱에서 벌어진 코미디와 같은 일들은 전형적인 투기다. 투기라는 게임의 규칙은 폭탄 돌리기식의 매수세가 이어지다가 가장 나중에 합류한 '바보'가 쪽박을 차게 되는 데 있다. '합리적 인간'이라는 잣대로는 도저히 이해될 수 없지만, 주식시장에서는 이런 일이 종종 벌어진다. 시그널이나 게임스톱 주식을 매수한 투자자들도 이런 행동이 투기라는 사실을 모르진 않았을 것이다. 단지 내가 마지막 바보는 아닐 것이라는 헛된 희망을 가졌을 따름이다.

역사 속에서 투기적 열풍의 사례는 매우 많이 나타났다. 행동경제학자들이 논의한 것처럼 인간 자체가 완전한 존재가 아니기에 벌어지는 일이다. 글로벌 금융위기 직전이었던 2007년 7월 씨티그룹Citigroup의 CEO 척 프린스Chuck Prince는 말했다. "음악이 멈추면 복잡한 일이 벌어질 수도 있지만, 음악이 연주되는 한 우리는 일어나 춤을 춰야만 한다. 우리는 아직도 춤을 추고 있다." 금융시장에서 나타나는 투기적 행동을 제대로 표현한 말이다.

상식을 가진 사람은 자신이 행동이 투기인지, 투자인지 가늠할 수 있을 것이다. 그러나 투기가 벌어지고 있다는 점을 인지했더라도 투기의 끝이 어디일지는 알 수 없다. 주변 사람들이 큰돈을 벌었다는 소식은 투자자들의 조급한 마음을 자극한다.

왁자지껄한 음악이 흐르고 많은 사람이 무대에 나가 춤을 추고 있는 상황에서 나만 빠지는 건 매우 힘든 일이다. 평정심의 유지는 대

금융투기의 역사적 사례들

	버블 국면 상승률 / 버블 붕괴 국면 하락률	주요 내용
1637년 네덜란드 튤립 투기	튤립 구근 +109,990%/-99%	• 16세기 말 터키를 원산지로 하는 튤립이 전해진 후 네덜란드에 튤립 종자 투기 열풍이 붐. • 튤립 종자에 대한 투기 거품이 꺼지면서 많은 사람이 파산.
1720년 영국 South Sea 버블	South Sea사 주가 +1,809%/-87%	• 특별한 영업 기반이 없는 South Sea사의 주가가 폭등. • 영국 왕실까지 투기 열풍에 가세했고, 이 시기 영국에서는 '톱밥으로 선반 만들기', '소금물을 먹을 수 있는 물로 바꾸기' 등 허황된 사업목표를 가진 사기성 짙은 회사들의 주가도 급등했던 투기 시대.
1927~1929년 미국 월스트리트 투기	다우지수 +149%/-89%	• 대공황 직전 미국에서 나타난 주식 투기 열풍. • 당시 투기 열풍을 주도했던 것은 신용거래의 급증과 공동투자의 확산. • 1921년 10억 달러였던 신용거래 규모가 1929년 90억 달러로 급증. 공동투자는 거액투자자의 자금을 모아서 운용하는 사설 펀드의 형태였는데, 이를 통한 시세 조정 행위가 빈번하게 나타남.
1960~1962년 신주, 성장주 열풍	분턴일렉트릭 주가 +345%/-93%	• 미국은 1960년대 본격적인 우주 시대에 돌입했는데, 이런 시대적 배경과 관련해 새로이 상장되는 성장성 주식들이 강세를 보임. • 특히 이 시기는 기업들이 사명을 [-trons], [-onics] 등 성장성을 상징하는 접미사가 들어간 이름으로 변경하는 개명 열풍이 불어닥친 시기이기도 했음.
1970~1973년 기관 투자가 주도의 니프티 피프티 The Nifty Fifty	IBM 주가 +129%/-62%	• 1960년대의 투기 열풍이 지나가고 1970년대에는 기관투자가 위주의 우량주 투자 붐이 일기 시작. • 특히 기관 투자가들이 선호했던 50여 개 종목들은 향후 지속적인 고수익 기조 유지에 대한 기대감으로 큰 폭의 상승세를 나타냄. • 미국 뉴욕증시에서 나타난 우량종목 중심의 주가상승 현상에서 나온 니프티50 종목군은 한 번 사면 평생 팔지 않아도 될 'one decision stock'으로 불림. • 이 시기는 블루칩이 영원히 고수익기조를 누릴 것이라는 낙관적 사고가 시장을 지배하는 시기였음. 기관투자가들은 어떤 기업도 PER 80배와 90배를 정당화시킬 수 있을 정도의 빠른 성장을 기대하기는 어렵다는 상식을 무시했음.

1997~1999년 닷컴 버블	나스닥 지수 +320%/-77%	• 1990년대는 미국 기술주들이 주도한 생산성 혁명이 나타나던 시기. • PC와 인터넷 보급의 확대로 닷컴 기업들이 무한한 성장을 할 것이라는 기대가 투자자들을 사로잡음. • 기업들이 사명을 '-.com'으로 바꾸는 개명 열풍이 불어닥친 시기이기도 했음. • 미국 증시 역사상 가장 강력한 강세장이 진행됐고, 미국 증시의 밸류에이션도 사상 최고치까지 치솟았음.

부분의 사람이 갖기 힘든 덕목이지만 성공하는 투자자가 되기 위한 중요한 자질이다. 군중의 집단행동에 좌우되기보다 제 머리로 생각해야 한다. 장기적인 낙관론을 견지하되 시장이 너무 뜨거울 때는 비판적 회의주의를, 시장이 너무 차가울 때는 낙관적 회의주의를 견지할 필요가 있다. 투자기회는 버스와 같아서 계속 본다는 것을 믿어야 한다. 물론 말처럼 쉽지 않은 일이겠지만 말이다.

동학개미에서, 서학개미, AI개미로

✉ 김학균 저는 1997년부터 증권회사에서 애널리스트로 일하고 있습니다. 시장에서 일하면서 여러 차례 대세 상승 장세를 경험해 봤는데, 강세장은 늘 짜릿합니다. IMF 외환위기 직후의 강세장에서는 코스피가 280p에서 1,000p까지 치솟았습니다. 적립식 펀드가 인기를 끌었던 2003~2007년의 강세장에서는 코스피가 500p에서 2,000p까지 오르기도 했습니다.

강세장에서는 주식 투자에 대한 관심이 높아지고, 주식시장으로도 신규 투자자금이 들어오기 마련이죠. 작년 팬데믹 국면에서 경험하고 있는 강세장은 신규 자금의 유입 강도라는 점에서는 과거와 '비교 불가'일 정도로 어마어마합니다.

2020년 1월 20일 코로나19 발병 이후 주식시장으로 들어온 신규 자금은 113조 원에 달합니다. 모두 직접 투자를 위해 증권사 계좌로 들어온 돈입니다. 과거 바이 코리아 펀드 붐(1999년), 인사이트 펀드 붐(2007년)이 일던 시기에도 한국인들은 주식 투자에 몰입했습니다.

당시에는 월간 5~6조 원 정도가 주식시장으로 들어오면 종합일간지나 공중파 방송 등에서 '한국인들이 주식에 미쳤다'라는 논조의 보도가 줄을 이어 나왔습니다. 당시에도 월 5~6조 원이 꾸준히 주식시장으로 유입된 것이 아니라 투자 붐의 정점에서 그 정도의 자금이 짧게 들어왔다는 이야기입니다.

코로나19 발병 이후에는 월평균 8조 5,000억의 자금이 주식시장으로 신규 유입됐습니다. 2021년 1월에는 24조 4,000억의 직접 투자자금이 주식시장으로 들어오기도 했습니다. 요즘의 투자 열기가 얼마나 뜨거운지 가늠할 수 있지요. 원장님은 언제 주식 투자를 처음 시작하셨나요?

✉ 신현준 저는 1985년도 가을, 대학 2학년 때 처음 주식 투자를 시작했습니다. 당시 한국증시는 외국인 투자 개방 확대라는 호재로 인해 대세 상승의 흐름을 앞두고 있었죠. 경영학과로 진학했지만 사실 주식 투자에 대해 아는 것이 거의 없었습니다. 이때 아버지가 공부 차원에서 투자해 볼 것을 권유했습니다.

아르바이트로 모은 돈 200만 원을 전액 투자했고 큰 노력 없이 2년 만에 800만 원을 만들었습니다(300% 수익률). 준비 없이 투자의 세계에 들어가서 대박을 터트리게 되니까 주식 투자가 쉬워보였어요. 그 이후 반복되는 시장의 부침과 금융위기의 공포를 경험하면서 제대로 공부하는 것이 중요하다는 것을 알았습니다.

아마 최근 들어 주식 투자를 시작한 많은 동학개미들도 비슷한 상황이 아닐까 생각합니다. 코로나19가 처음 발생했을 때만 해도 글로벌 주식시장 전망이 그리 밝지 못했어요. 예상되는 실물 경제 충격이 너무 컸기 때문입니다. 그러나 막대한 규모의 재정, 금융 지원정책이 펼쳐지면서 예상보다 빠른 반등과 함께 유동성 파티를 이어가고 있습니다.

우리나라는 코로나19 대응에 앞서 있는 데다가 막대한 규모의 뉴 머니가 들어오니까 코로나 2차 확산에도 별다른 조정 장세 없이 계속 강세를 보여 왔습니다. 선진국들이 초겨울 코로나 2차 확산에서 조정을 겪고 반등한 것과는 다른 흐름이었죠. 시장 하락에 베팅한 사람을 제외하면 상당히 많은 투자자가 수익을 냈을 것입니다.

앞으로 유동성 파티가 끝나고 채무가 확대된 기업들의 실상이 드러나면서 본격적인 조정이 찾아올 것입니다. 그때 상투를 잡은 투자자들은 시장의 비정함을 깨닫고 뒤늦게 후회하는 것이죠. 계속 반복되는 어리석음에 빠지지 않으려면 자신을 현명하게 만드는 수밖에 없습니다.

김센터장이 신규 투자자금에 대해 얘기했는데, 작년 이후 주식시장에 새로 유입되는 자금의 원천에 대해서는 어떤 분석을 하고 있나요?

🔲 김학균 요즘 주식시장으로 유입되는 자금의 성격은 크게 세 가지로 추론할 수 있습니다. 첫 번째는 절대 저금리를 이기지 못한 자금이 투자시장으로 이동하는 머니무브 money move의 성격이 있습니다. 작년 9월 말 기준 한국 가계가 보유하고 있는 현금과 예금 규모는 1,900조 원이었고, 주식과 펀드는 852조 원이었습니다. 은행에 예금해봐야 쥐꼬리만 한 이자(1년 만기 정기예금의 경우 이자소득세를 빼면 0.5%대)밖에 받지 못하니 위험 자산으로 머니무브가 나타나고 있는 것 같습니다.

두 번째는 부동산시장에서의 진입장벽입니다. 이제 수도권의 주택은 노동의 대가인 월급만을 모아 구입하기에는 가격이 너무 올라버렸습니다. 사실 주식 투자야 안 하고 살 수도 있지만, 주택은 의식주를 구성하는 기본 항목입니다. 요즘 2030세대 중에서는 주식 투자를 통해 돈을 모아 주택 구입의 시드머니로 활용하겠다는 이들이 제법 있다고 합니다.

세 번째로 오르는 주가를 보며 상대적 박탈감을 이기지 못해 들어오는 자금 규모도 상당할 것 같습니다. 미국의 경제사학자인 찰스 킨들버거는 "친구가 부자 되는 것을 지켜보는 것보다 나 자신의 분별력을 더 흐리게 하는 건 없다"라고 말했는데요. 팬데믹 국면에서의 주가 급등은 주식 투자를 안 하고 있는 이들의 조바심을 자극하고 있습니다.

세 가지 성격의 자금 중 상대적 박탈감으로 들어온 자금은 주식이 주식 시황과 연동되어 투자의 열기가 식을 수도 있다고 봅니다. 반면 절대 저금리와 부동산시장의 진입 장벽 때문에 주식시장으로 들어온 자금은 일시적인 측면보다 구조적 성격이 강하다고 봐야 할 것 같습니다. 이런 면에서 최근의 주식 투자 열기가 쉽게 식을 것 같지는 않습니다.

🔲 신현준 상당히 인사이트가 있는 분석이네요. 특히 주택 등 자산 시장 폭등과 추가적인 강력한 규제가 풍부한 유동성과 결합하여 주식시장에 대한 관심을 증가시킨 것으로 보입니다. 여기에 추가할 수 있는 설명은 세대별로 위험투자를 바라보는 시각이 바뀌고 있다는 것이죠.

사실 우리나라 베이비부머의 은퇴 후 준비과정에서 아쉬운 점 중 하나는 주식시장을 너무 멀리했다는 것입니다. 경제와 산업의 발전은 필연적으로 성장성 높은 기업들을 다수 배출합니다. 경제주체들이 이들 성공의 과실을 충분히 공유하지 못하고 코리아디스카운트*를 심화시킨 것은 안타까운 일이죠.

코리아디스카운트
기업 가치에 비해 한국 기업들의 주식가격이 저평가되어 있는 현상.

우리나라 자본주의 시장경제 출발 이후 주식시장 파동이 여러 차례 있었고, 무모한 주식 투자로 본인뿐 아니라 친지들의 재산까지 날린 사람이 많다 보니 주식과 같은 위험 투자 자체에 대한 혐오가 컸습니다. 또 한편으로는 이들이 직장생활을 시작했을 때는 20% 넘는 이자를 받을 수 있었기 때문에 굳이 주식 투자를 선택하지 않아도 됐다는 측면도 있겠죠.

이와는 달리 요새 2030이나 4050세대가 위험 투자를 바라보는 시각이 많이 달라진 것 같습니다. 저금리 고착화, 주택 등 자산 가격의 급상승 과정에서 '뒤떨어지는 것에 대한 두려움FOMO'이 큰 동인이라 할 수 있겠죠. 또 코로나19로 언택트 선호가 많이 늘어났는데 스마트폰을 기반으로 편리하게 거래할 수 있고, 최신 정보를 효율적으로 유통할 수 있는 플랫폼들이 많이 늘어난 것도 배경입니다.

우리나라의 경우 동학개미운동이 일어나기 전 몇 년간 가상통화에 대한 투자 경험을 통해 투자자들이 위험을 대하는 태도가 더 공격적으로 변한 것 같습니다. 선배 세대의 실수를 반복하지 않으면서 자본주의의 핵심인 기업 투자를 통해 부를 축적한다는 차원에서는 바람직하다고 봅니다. 다소 우려스러운 부분은 투기적인 성격이 강하고 게임의 규칙이 단순한 가상통화 투자에서의 성공 노하우나 경험이 주식 투자의 성공으로 이어지기 어렵다는 점입니다. 체계적으로 기초를 배워 나가는 것이 필요하다고 봅니다.

김학균 공감가는 말입니다. 한국 가계가 주식 투자를 늘리는 건 아무튼 장기적으론 바람직하다고 생각합니다. 한국 가계소득은 장기적으로 정체되고 있는데, 소득 정체를 설명할 수 있는 요인은 크게 두 가지입니다. 일단 자영업자들의 소득이 거의 늘지 않고 있습니다. 한국은행 통계에 따르면 자영업 소득은 2010~2019년 10년 동안 연율 0.1% 늘어나는 데 그쳤습니다. 역시 한국은행의 통계인데 우리나라의 자영업 5년 생존율은 30.3%이고, 특히 음식·숙박업은 20.3%에 불과합니다. 자영업자 10개 중 7개가 5년 안에 망하고 있습니다.

자영업에 들어가는 경제적 자원을 한국의 우량기업들에 투자하는 쪽으로 돌려보면 어떨까요? 상장사 중에서도 어려운 기업들이 많지만 그래도 확률적으로는 자영업에서 창출되는 수익률보다 주식 투자 수익률이 높지 않을까 싶습니다.

가계소득 정체의 두 번째 원인은 이자소득의 감소입니다. 2010~2019년 가계의 이자소득은 연평균 4.0% 감소했습니다. 금리가 계속 떨어졌기에 이자소득이 줄어든 것입니다. 한국의 가계부채가 빠르게 증가했기 때문에 금리 하락이 가계에 유리할 것 같지만 꼭 그렇지는 않습니다. 일부 가계의 부채 증가 속도가 빠르기는 하지만, 가계 전체적으로 보면 부채보다 금융자산이 훨씬 많기 때문입니다. 2020년 말 현재 가계 금융부채는 2,051조 원이지만, 가계 금융자산은 4,539조 원에 달합니다. 가계 전체적으로는 금리가 오르는 게 유리합니다.

기업의 이해관계는 정반대입니다. 가계가 돈을 빌려주는 순대여자라면 기업은 전체적으로 돈을 빌리는 순차입자입니다. 전 세계 중앙은행들이 펴고 있는 인위적 저금리 정책은 가계의 부를 기업으로 이전시키는 역할을 하고 있다고 볼 수 있습니다.

주식을 산다는 건 내 돈을 능력 있는 다른 이들에게 맡기는 행위입니다. 투자한 회사와 동업하게 되는 것과도 같습니다. 좋은 기업의 주식을 사면 스스로 사업을 벌이지 않더라도 한국에서 가장 똑똑한 사람들이 나를 위해 일할 수 있게 만들 수 있습니다. 또한 주식을 사는 건 기업과 이해관계를 같이 한다는 의미입니다. 인위적 저금리로 가계의 부가 기업으로 이전되는 상황에서는 나름 합리적 선택이라고 볼 수 있습니다.

▣ 신현준 IT로 대표되는 3차 산업 물결은 이젠 성장의 한계에 도달하고 있습니다. 빅데이터와 AI, 사물인터넷과 5G 통신, 로봇과 자율주행으로 대표되는 새로운 4차 산업 물결은 아직 가능성을 살펴보는 단계입니다.

2008년 이후 경기침체와 위기의 상시화로 이를 벗어나기 위한 저금리, 제로금리도 굳어지고 있습니다. 대부분 경제의 자연이자율은 2~3% 사이인데, 이보다 이자율이 낮다면 빌리는 것이 이익이라는 결론에 도달하는 거죠. 또 경기가 좋지 않다 보니 불확실한 실물에 투자하는 것보다는 확대된 유동성의 수혜를 즐길 수 있는 자산 시장에 몰두하게 됩니다.

다수 개인과 연기금이 주식에 장기 투자할 경우 어렵지 않게 우상향의 주가지수 그래프를 만들 수 있고, 기업의 성과를 공유할 수 있다는 측면에서 바람직합니다. 시장이 장기적으로 건강하게 유지되면서 우상향의 그래프를 그릴 때, 다수가 이기는 결과를 얻을 수 있습니다. 미국 401k 연금과 주식시장의 선순환 구조는 모두가 부러워하는 성공사례라고 할 수 있겠죠.

이런 맥락에서 많은 재테크 전문가들은 불필요한 지출을 줄여 종잣돈을 만들고 우량 주식을 꾸준히 사 모으라고 주장합니다. 실제로 1970년대 후반에 삼성전자 주식을 사서 계속 보유하고 있었으면 강남 아파트를 산 것보다 32배 더 많은 투자수익률을 올릴 수 있었지요. 물론 아파트 등 주택은 투자에 앞서 삶에 필수적인 주거의 장소라는 점에서 40년 이상 장기 보유한 사람이 많습니다. 반면 주식을 그렇게 오래 보유한 사람은 많지 않을 겁니다.

주식 투자의 경우에는 주택 투자와 달리 원금을 100% 잃을 수 있다는 점에 주의해야 합니다. 현재 우량 주식이라고 해도 앞으로의 항해 중에 어떤 풍파가 기다리고 있을지 모르니까요. '매입 후 장기보유 전략'은 많은 경우 좋은 성과를 주지만 기업이 환경변화에 적응하지 못하거나 경영진의 전략적 실수에 따라 도산하는 경우가 있습니다. 이 때문에 모니터링을 소홀히 하지 않아야 합니다.

김학균 흥미로운 사실은 요즘 한국인들이 주식과 사랑에 빠졌지만, 전문가에게 자신의 자금을 맡기는 간접 투자는 철저히 외면하고 있다는 점입니다. 직접 투자를 위해 증권사 계좌로 113조 원이 들어오는 동안 국내 주식형 펀드에서는 15조 원이 빠져나갔습니다. 아무래도 요즘 개인 투자가들이 똑똑해졌다는 점이 주된 이유인 것 같습니다. '스마트 개미'라고도 하지요. 유튜브를 비롯한 각종 매체에서 투자에 대한 정보가 흘러넘치고 있어 개인 투자가와 기관 투자가 간의 정보 비대칭성이 많이 약화되기도 했습니다.

그래도 한편으로는 아쉬움이 있습니다. 주식 투자는 고도의 집중력과 학습이 요구되는 분야입니다. 투자해서 돈을 버는 건 매우 중요한 일이지만, 우리가 모두 그것만 고민하고 살 수는 없으니까요. 간접 투자는 개인 투자가들이 해야 할 고민을 전문가 집단이 대신해주는 측면이 있거든요. 개인 투자가들의 주식형 펀드 외면은 전문가 집단에 대한 불신이 기저에 깔려 있다는 점도 물론 고려해야 되겠지요.

신현준 우리나라 주식에 있어서 직접 투자와 간접 투자에 대한 선호는 시기별로 엇갈려 왔다고 보이는데요. 합리적 이유보다는 한쪽에 대한 좋지 않은 경험을 겪은 후 다른 쪽의 선택을 했다고 생각합니다. 간접 투자의 경우에도 투자자가 액티브 펀드나 헤지펀드보다 성과 차이가 거의 없으면서 운용비용이 저렴한 ETF(상장지수펀드)를 선호하고 있습니다.

아마 모든 투자자들은 같은 생각을 하고 있겠죠. '내가 지불하는 수수료만큼 전문적인 서비스(성과)를 얻을 수 있는 것인가?' 그동안 펀드 운용 및 판매 수수료가 많이 인하되어 왔지만, 지불하는 수수료만큼 성과가 나지 않는 경우가 많았습니다. 운용업계가 고객의 마음을 잡고 지속적으로 성장하려면 고객의 돈을 본인의 돈같이 잘 굴려주는 노포 장인의 마인드와 실력이 꼭 필요합니다.

개인 투자자들이 스마트해지고는 있지만 정보나 투입 노력 측면에서 충분하지 않은 것이 사실입니다. 과거에도 직접 투자에 나섰다가 쓰디쓴 경험을 한 사례가 많습니다. 준비되지 않은 상태에서 크게 잃고 나면 주식시장에 대한 믿음을 잃고 시장을 떠나게 됩니다. 시간이 지난 후 간접 투자 형태로 다시 들어오게 되는 거죠.

⬚ 김학균 주식 투자 인구가 늘어나고 있는 건 환영할 만한 일입니다. 다만 과도한 쏠림에 대해서는 걱정스러운 마음이 들기도 합니다. 과거에도 한국인들이 주식 투자에 몰입했던 경우가 없었던 것은 아니지만, 최근 강세장 이전까지 집단적 성공의 경험은 거의 없었다고 볼 수 있습니다.

주식 투자는 길게 보면 승률이 높지만, 주가가 급등한 상황에서 포지션을 과도하게 잡으면 어려움을 겪을 수도 있습니다. 경제는 완만하게 성장하지만, 주가는 경제보다 훨씬 변동성이 큽니다. 주가가 경제 성장 속도를 과도하게 뛰어넘는 경우가 버블이고, 과도한 우려로 주가가 급락하면 역버블의 상황이 만들어집니다.

경제보다 주가의 변동성이 큰 것은 주식 투자의 주체인 인간이 '탐욕과 공포'에 휘둘리는 존재이기 때문입니다. 이번 기회를 놓치면 안 된다는 조급함이 버블을 만듭니다. 또한 사자마자 올라야 한다는 과도한 욕심은 주가 조정 국면에서 나쁜 가격에 주식을 파는 행위로 귀결되고는 합니다.

특히 2020년 4분기부터는 유입되는 개인 투자가들의 자금이 자기 강화적으로 주가를 끌어올리고 있습니다. 돈이 많이 들어오다 보니 주가를 높게 끌어올리면서 주식을 사게 되는 것이지요. 개인 투자가들은 분산보다 집중적인 투자를 하는 경우가 많습니다. 삼성전자와 현대차 같은 무거운 종목들도 개인 투자가들이 집중 매수하는 날에는 가벼운 중소형주처럼 상승하기도 합니다.

물론 잘 모르는 종목에 대한 분산투자보다 익숙한 종목에 대한 집중투자가 나쁘다고 볼 근거는 없습니다만, 그래도 쏠림이 있을 때는 호흡조절이 필요한 게 아닌가 싶습니다. 종목을 분산하기 힘들다면 투자의 시기라도 분산하는 게 좋다는 생각입니다.

특히 주가가 전반적으로 많이 오른 현시점에서 신규 투자를 고려하고 있다면 투자 자금을 나누어서 주식을 사는 적립식 투자를 권하고 싶습니다. 투자에 있어 가장 큰 적은 늘 조바심이었다는 점을 잊지마세요.

📧 신현준 오랜 세월 투자의 세계를 관찰하고 실제 플레이도 해보면서 깊이 공감하는 몇 가지 생각들이 있습니다. 남이 몰려가는 곳에 같이 가서 제대로 이익을 볼 수는 없다는 것, 투자 대안의 가치를 남보다 먼저 알아보고 내재적 가치에 비해 싼 가격에 사는 것이 무엇보다 중요하다는 것, 그리고 투자 기회는 버스와 같아서 계속 찾아온다는 것 등입니다.

인간은 이성적인 존재로 보이지만, 실제 행위는 감정과 기분에 좌우되는 경우가 많습니다. 사전에 치밀하게 정해둔 원칙에 따라 투자 의사결정을 함으로써 인간적 오류를 최소화하라. 헤지펀드계의 거장 레이 달리오가 《원칙》이라는 책을 통해 얘기하려고 했던 중요한 메시지 중의 하나입니다.

사실 인간의 장구한 역사에서 보면 쏠림이 없었던 시기는 없었고, 그렇기 때문에 돈을 벌 기회가 생긴다고 역발상 할 필요가 있습니다. 실제로 모두가 합리적으로 플레이하는 상황에서는 좋은 투자 기회가 많지 않을테니까요. 자신이 쏠림의 희생양이 될 것인지 이익을 보는 사람이 될 것인지가 중요합니다.

마켓 타이밍이 매우 어렵다는 측면에서 시기적으로 분산하여 적립식으로 투자하는 것은 상당히 일리가 있다고 생각합니다. 그러나 시장의 큰 흐름을 읽어서 대세 상승기에 적립식으로 들어가야지 대세 하락기에 들어가서는 적립식 투자도 손실을 볼 뿐입니다. 또 각자의 투자자금 규모와 경험·실력 등에 따라 대세 상승기의 초입에 한 번에 들어

레이 달리오, 《원칙》 친필 사인본

갈지 적립식으로 나누어서 들어갈지 선택할 사항입니다. 적립식 투자는 하락기에 투자 손실을 줄일 수 있으나 상승기에 이익도 줄이는 측면이 있으니까요.

투자의 세계에 발을 들이려는 사람들은 '투자를 하지 않는 것도 투자'라는 말을 이해해야 조급함에 빠지지 않을 수 있습니다. 큰 경기침체의 초입과 같이 현금 보유를 제외한 대부분의 투자 대안들이 매력적이지 않을 때가 있습니다. 이때는 현금을 가지고 기다리는 것이 큰 투자 기회를 잡을 수 있어 좋은 투자인 것입니다.

이와 함께 투자를 통해 돈을 벌 수 있는 다양한 방안도 모색해야 합니다. 주식시장만 바라보고 있으면 주식에 투자하고, 플레이하는 쪽으로 편향이 생깁니다. 주식시장이 너무 올라 매입 타이밍이 좋지 않으면 채권, 파생, 외환, 부동산 등 다른 시장에서 기회를 찾을 수 있어야죠. 다행히 국내외에 대체투자시장이 발달하고 있어 쉬지 않고 전천후 플레이가 가능합니다.

☒ 김학균 한국인들의 투자는 한국 자산에만 국한되지 않습니다. 동학개미는 2020년 팬데믹 국면에서 주식시장에 뛰어들었지만, 서학개미는 이미 2017년부터 해외 주식을 사기 시작했습니다. 2017년 이후 한국 개인 투자가들의 해외주식 매수 규모는 198억 달러(약 21조 7,000억 원, 원/달러환율 1,100원 기준)에 달하고 있습니다. 이 중 88%인 174억 달러(19조 2,000억 원)는 미국 주식에 투자됐습니다.

해외주식으로 투자를 분산하는 것은 매우 바람직한 현상입니다. 코스피가 강세를 나타내고 있지만, 시가총액 기준 글로벌 증시에서 한국 증시가 차지하는 비중은 1.2%(2020년 9월 말 기준)에 그치고 있습니다. 코스피 전 상장 종목의 시가총액을 합쳐도 애플 한 종목의 시가총액에도 미치지 못하고 있는 게 현실입니다.

특히 미국 기업들은 자사주 매입과 배당금 지급 등의 주주 환원에 유독 열정을 쏟고 있습니다. 미국 주식의 비중을 늘리는 것은 좋은 선택입니다. 미국을 대표하는 S&P500 구성 종목들은 2014~2017년에 자신들이 벌어들인 당기순이익보다 더 큰 금액을 배당과 자사주매입에 사용했습니다. 주주자본주의 과잉이라고 볼 수도 있겠지만 어쨌든 투자자 입장에서는 부러운 일입니다.

신현준 투자자들은 통상 편향이 강하기 때문에 본인이 잘 안다고 생각하는 국내에 더 많이 투자하는 경향이 있습니다. 그러나 전천후 플레이와 수익률 제고를 위해서는 해외투자를 적극적으로 활용해야 합니다. 이런 맥락에서 지금과 같은 추세는 당연하고 바람직하죠. 포트폴리오 내에서 국내 주식과 함께 미국 등 선진국의 높은 혁신 역량과 중국, 베트남, 인도 등 이머징 국가의 고성장을 적절히 활용한다면 지속적으로 높은 성과를 낼 수 있다고 생각합니다.

특히 미국 주식에 달러 베이스로 환헤지 없이 투자할 경우 국내 투자와 자연스럽게 보완되면서 포트폴리오 성과를 올릴 수 있죠. 누가 뭐래도 미국은 아직 세계 최강이고 성장 잠재력도 높은 젊은 경제입니다. 한국 시장이 크게 흔들릴 때 미국 경제는 정상 운영되면서 달러가 원화 대비 강세를 보입니다. 주가나 환율 양쪽으로 수익을 올릴 수 있습니다. 이와 달리 이머징 투자를 할 때는 고정환율제 국가가 아니라면 환율 변동위험을 적절히 헤지를 하는 것이 장기 성과에 좋습니다.

미국에서 주주 환원이 주가에 긍정적인 영향을 준 것은 사실이고 부러울 따름입니다. 그러나 그만큼 미래 성장을 위해 투자할 곳이 마땅치 않은 현실을 보여주기도 합니다. 실적에 큰 개선 없이 배당, 자사주 매입 등을 통한 주가부양은 과도한 것이 아니냐 하는 우려도 만만찮게 있습니다.

김학균 맞습니다. 우리에게도 잘 알려진 항공기 제조업체 보잉이 주주환원 과잉으로 어려움을 겪었던 대표적인 사례입니다. 보잉은 1988년부터 2018년까지 연속 흑자를 기록해 온 우량기업이었습니다. 그러만 2019년에 보잉이 생산하는 주력기종인 737맥스가 잇따라 추락하면서 실적이 악화됐습니다. 2020년 코로나19 국면에서 거의 부도 위기에 내몰렸습니다.

코로나19라는 대악재가 터지기는 했지만 그래도 20년 넘게 흑자를 지속해 온 우량기업이 곧바로 디폴트 리스크에 노출된 건 이상한 일입니다. 그 이유는 장기간 흑자를 기록해 왔지만, 회사에 쌓여있는 자금은 거의 없었기 때문입니다. 돈을 버는 족족 주주들에게 배당금을 지급하거나 자사주를 매입하다 보니 어려운 상황에서 버틸 수 있는 여유자금이 없었던 것이지요. 보잉은 미국 정부가 지원해줘서 살아남을 수 있었습니다.

한편 한국인들의 미국 주식 투자가 테슬라를 비롯한 일부 성장주들에 집중돼 있다는 점은 걱정스럽습니다. 성장주들은 늘 투자자들을 매혹시키곤 합니다. 성장주에 대한 열광은 이들 종목군에 대한 높은 밸류에이션으로 나타납니다.

물론 미국 기술주를 비롯한 주요 성장주들의 주가가 버블인지 아닌지에 대해서는 명확한 답이 없습니다. 설사 버블이라고 하더라도 그 버블이 언제 터질지는 누구도 알 수 없습니다. 테슬라가 위대한 기업이 될 수도 있다고 생각하지만, 주가가 그 기대감을 얼마나 반영하고 있느냐는 전혀 다른 문제입니다. 좋은 기업이 좋은 주식인 것은 아니니까요.

미국만 하더라도 배당을 하는 기업들이 많습니다. 앞서 미국 상장기업들이 주주 환원에 신경을 쓴다고 말씀드렸지요. 미국에서는 50년 이상 배당을 늘린 종목들을 '배당왕'이라고 하는데, 이에 해당하는 종목이 29개나 있습니다. 50년 이상 빠지지 않고 배당을 준 것만 해도 대단한데 50년 동안 매해 배당을 늘려왔다는 건 참으로 경이로운 일입니다.

우리가 잘 아는 소비재 기업인 P&G는 무려 64년 연속, 3M은 32년 연속 배당을 늘려왔습니다. 성장주는 올라갈 때는 매우 짜릿하지만, 조정을 받을 때는 급격하게 떨어지는 경우가 많습니다. 당장 손에 잡히는 실적이 아닌 미래의 꿈으로 무장한 종목들의 주가 변동성은 클 수밖에 없습니다. 미국 주식에 투자하더라도 주가 변동성이 상대적으로 낮고, 배당 메리트도 있는 배당주들과 성장주들의 밸런스를 잘 잡을 필요가 있습니다.

📼 신현준 과거 대규모 고객 자금을 운용하는 기관 투자자로 일했을 때, 테슬라와 같

은 주식은 요주의 대상이었고 투자하지 않았습니다. 신용등급이 BB 정도로 투기등급이고, 투자업계에서 요구하는 투명성을 갖추지 않았으며, 실적에 기초한 주가가 아니라 꿈에 기초한 주가의 움직임을 보였기 때문이죠.

미국 주식 중 당시 주로 투자한 것은 FAANG과 같이 혁신 역량이 뛰어나면서 매출, 이익 등 실적이 뒷받침되는 기업들이었습니다. 물론 개인 투자자들의 경우 포트폴리오의 일부를 꿈에 투자하여 일론 머스크와 함께 꿈의 여정을 떠나는 것이 나쁘지만은 않다고 생각합니다.

2021년 들어 미국시장에서도 새삼 현재 주식시장이 버블이냐 아니냐의 논쟁이 있습니다. 우리가 버블을 측정하려는 노력을 다각도로 해왔지만, 사실 모든 버블이 터지기 전에는 버블이었음을 알기 어렵죠. 그렇지만 자산시장에서 유동성 파티가 끝나고 나서도 살아남을 힘은 탄탄한 혁신역량이나 시장 장악력에 기초한 지속적 성과라는 사실을 잊지 마세요!

새로운 4차 산업 물결에서 빅데이터, 5G 통신, 로봇, 자율주행 등과 함께 인공지능이 중심적인 역할을 할 것이라고들 합니다. AI는 인간의 지적 능력을 양적, 질적으로 확장시켜 더 나은 의사결정을 지원할 수 있도록 진화할 것으로 기대됩니다. 우리나라 투자자들도 앞으로는 동학과 서학이라는 편협한 범주를 넘어 글로벌 투자시장을 넓게 바라보면 좋겠습니다. 올바른 지식과 실력을 갖추어 현명한 투자 의사결정을 이어가는 인공지능 슈퍼개미가 되어봅시다!

경제적 독립을 넘어 자유에 이르는 투자 포트폴리오

전략적 투자로
부의 고지에 오르자

자녀와 함께 하는
경제 독립 프로젝트

앞서 LESSON 2와 3에서는 부자가 되기 위해 꼭 필요한 금융(투자) 지식과 현명한 투자자의 자질에 대해 공부했다. 이 장에서는 실전으로 나아가 겨울방학을 맞은 대학생 딸과 함께 경제 독립 프로젝트를 진행했다. 금융전문가이면서 또한 부모이기에 곧 사회로 나갈 우리 아이들이 미래 투자자로서 어떤 소양을 갖춰야 할지 생각해보는 시간을 마련하면 좋을 것 같아서 투자자 아빠들의 소망을 담은 편지를 마지막에 덧붙였다.

자녀가 있는 사람이라면 이 장을 읽고 함께 토론해보면 좋을 것이고, 미혼이라면 자신의 상황에 적용해서 미래를 설계해보면 좋겠다.

이야기에 앞서 먼저 아이들에 대해 간단하게 소개하자면 첫째이자 딸 A는 수학을 좋아하고 또 잘하는 편이라 공대에 진학했다. A는 로스쿨에 진학해 특허전문변호사가 되려는 계획을 갖고 있다. 그러나 투자는 한 번도 공부해본 적이 없기 때문에 가능한 한 쉽게 이해

할 수 있도록 대화를 통해 기초적인 개념을 설명하며 진행해야 했다
(A의 닉네임은 리즈다).

독자에게 인생 투자 전략의 다양한 가능성을 보여주기 위해 (필요
한 경우에는) 가상의 둘째 아들 B를 만들어 설명하려고 한다. B는 고
등학교 2학년이고, 앞으로 경영학을 전공한 후 국내외 금융업계에 취
직하려는 계획을 갖고 있다. B는 아직 어리지만 경영대학원에서 진
학해 재무론을 배우려 할 정도로 야무져서 투자 세계에 대해 더 깊이
있게 공부하고 싶어 한다(B의 닉네임은 현우라고 부르겠다).

경제 독립 프로젝트 들어가기

평화로운 어느 주말 오후, 서재에서 테이블을 사이에 두고 딸 리
즈와 마주 앉았다.

"자, 그럼 먼저 경제적 독립과 경제적 자유에 대해 이야기해볼까?"

"네? 경제적 독립과 경제적 자유는 같은 말 아닌가요?"

리즈가 의아하다는 눈빛으로 되물었다.

"그렇게 생각하는 사람이 많은데 사실 의미가 조금 달라. 경제적
독립이란 스스로 의식주를 해결하고 필요한 생활비를 벌어서 쓰는
상태를 말하고, 경제적 자유는 한 단계 더 나아가 돈에 구애받지 않
고 추구하는 삶을 살아갈 수 있는 위치에 오르는 거야. 물론 사치를
한다는 의미는 아니고."

"구체적으로 무엇을 의미하는 거예요?"

"리즈가 아직 학생이라 학비와 생활비를 우리에게 도움받고 있지
만 졸업하고 직장에 들어가면 경제적 독립을 이뤄야지. 리즈가 살 집

30대 후반, 늦어도 40대 초반에 조기 은퇴하겠다는 목표로 20대부터 소비를 극단적으로 줄이며 은퇴 자금을 마련하는 이들을 가리킨다. 이는 2008년 금융위기 이후 미국의 고학력 계층을 중심으로 확산, 조기 은퇴를 목표로 수입의 70~80%가 넘는 액수를 저축한다.

의 보증금과 월세, 식비, 옷 등의 비용뿐 아니라 사고나 취미생활에 쓰는 돈을 직접 마련하고 운용하는 거야. 저축과 투자를 통해 전세금이나 주택 구입자금을 마련하고, 좋은 파트너를 만나 결혼하면 함께 준비할 수도 있지. 물론 개인 씀씀이나 사정에 따라 경제적 독립을 위한 돈의 양은 달라질 거야. 이를 위해 괜찮은 직업을 얻고 저축과 투자 습관도 키워야 해.

경제적 자유는 개인의 삶의 철학과도 연결되는 좀 더 고차원적인 개념이라 생각하면 돼. 자연인이나 파이어족*과 같이 소비를 극단적으로 줄여 경제적 자유를 얻는 사람들도 있지. 일반적으로는 직업이나 사업을 통해 번 돈으로 저축과 투자를 해서 부를 이루지. 돈이 나 대신 일하게 함으로써 좋아하지 않는 일을 하지 않아도 되고 돈 걱정 없는 상태를 의미해. 보통의 젊은이라면 경제적 독립을 이룬 후 경제적 자유를 얻으려 하겠지."

"아빠 주변에는 경제적 자유를 얻은 사람이 많나요? 어떤 모습이에요?"

리즈가 눈을 반짝이며 물었다.

"많지. 은퇴한 사람 중에는 리즈도 아는 제프 아저씨가 있어. 투자은행(IB)에서 30년간 일하고 마지막엔 한 회사의 대표도 했지. 충분한 저축을 한 뒤 50대 초반에 일찍 은퇴했단다. 현재 서울에 널찍한 아파트에서 세 식구와 살고 있고, 대부분의 자금을 상장 인프라펀드, PEF, 바이오벤처, 물류시설 등 대체투자를 통해 알차게 운용하면서 생활에 필요한 소득을 충분히 벌고 있어.

제프가 지금 상황에서 가장 좋다고 여기는 부분은 조직에서 어쩔 수 없이 해야 했던 부담스러운 일을 하지 않아도 되는 점이지. 제프는 스포츠 분야에 활동적인 성향인데 돈의 제약도 없어지니까 등산, 하이킹, 골프 등 다양한 취미생활을 병행하면서 평화로운 인생을 즐기고 있지."

"오, 그럼 어떻게 하면 경제적 독립과 자유를 빨리 이룰 수 있을까요?"

"리즈, 인생에서 무엇을 하든 지름길은 없단다. 비교적 성공 가능성이 높은 길이 있고 그 길을 가는 중에 행운과 불운이 교차할 뿐이야. 큰 재산을 상속받은 경우가 아니라면 자신의 능력 개발에 투자해 잘할 수 있는 일을 하거나 사업을 하는 것이 중요하지. 남들이 많이 선택하는 잘 닦여진 길일 필요는 없고 오히려 사람들이 몰리지 않을수록 좋은 기회가 많이 생길 거야.

리즈가 하려는 변호사 같은 전문직이나 안정적인 소득 흐름을 주는 직업을 선택하는 것이 경제적 독립을 이루는 데 가장 중요한 디딤돌 역할을 해. 물론 사업으로 짧은 기간에 큰돈을 버는 경우도 해당되고."

"그렇군요. 저는 이미 진로를 정했으니 그다음엔 뭘 해야 해요?"

"다음으로 중요한 것이 불필요한 지출을 과감하게 줄여 재무 상태를 건강하게 하고 투자를 위한 종잣돈을 마련하는 일이야. 우리나라 사람들은 과외비, 학원비 지출이 너무 많아서 대폭 줄여야 해. 직업상 필요한 경우가 아니라면 과시성·사치성 소비에 해당하는 고급 자동차나 패션용품 등의 구입을 자제하는 것도 필요하지. 소득이 충분하지 않은 시절에 이런 식의 소비에 빠지는 사람들은 대부분 경제적 독립을 이루지 못하고 평생을 누군가에게 의존해 살게 된단다."

"네, 말씀 새겨들을게요. 그럼 경제적 자유를 얻기 위해서는 얼마나 준비해야 하나요?"

어느덧 리즈의 표정이 진지해졌다.

"음, 제일 먼저 할 일은 언제 은퇴할지를 계획해보는 거야. 직장인들은 통상 60세 전후로 은퇴하게 되는데, 노후에 살 집과 은퇴 후 기대수명(대략 30년 정도)까지 쓸 돈을 준비하는 것이 핵심이란다. 본인의 라이프 스타일에 맞춰 은퇴 후 지출소요를 계산해보면 되지. 60세 은퇴를 가정한다면 대략적으로 매달 250만 원씩 30년간 생활비 약 9억 원, 의료비(수술비) 1억 원, 자녀 결혼 비용 1억 원, 취미생활 등 기타 경비로 1억 원, 긴급자금 1억 원의 목돈 수요를 생각해볼 수 있겠지.

"헉, 그렇게나 많이 필요한가요?"

"물론 여기서 30년에 걸쳐 매달 250만 원의 생활비를 단순 합계한 것이 9억이니까 할인율 3%로 은퇴 시점의 돈의 가치로 환산하면 이 금액의 절반 정도만 준비하면 될 거야. 은퇴 시기를 75세로 늦추게 되면 은퇴 후 기간이 15년으로 줄어 생활비가 4억 5,000만 원, 목돈 수요도 3억 원 정도로 줄어들게 되지. "오래 일하는 것이 최선의 은퇴 대비"라는 말이 그래서 나오는 거야.

리즈가 일을 시작하게 되면 국민연금에 의무적으로 가입하게 되고 65세부터는 200만 원 내외의 연금을 받을 수 있으니까 라이프 스타일에 따라 생활비가 250~500만원 들테니 매월 50~300만 원의 추가 생활비와 3~4억 원의 목돈 수요 부족분을 어떻게 마련하느냐가 관건이란다. 이 과정에서 30~40대에는 노후까지 살 주택을 구입할 것인지 아니면 평생 전세나 월세로 살 수 있는 자금을 준비할지 선택해야 한단다."

"기본적인 생활비만 생각해도 꽤 많은 돈이 나갈 텐데 어떻게 그렇게 많은 돈을 준비할 수 있을까요?"

리즈의 낙담한 표정을 보니 나도 마음이 조금 무거워지는 기분이 들었다.

"부자가 되는 과정은 그리 단순하지는 않아. 열심히 일해서 번 돈으로 종잣돈을 만들고 불리는 과정을 눈사람을 만드는 일이라고 생각하면 아마 이해하기 쉬울 거야. 처음에는 잘 커지지 않는 것처럼 보여도 투자의 기본에 따라 이기는 투자를 이어가다 보면 앞에서 공부한 복리의 마법이 작용하기 시작하면서 어느새 큰 눈사람을 만들 수 있단다. 중요한 것은 꾸준함과 인내심이지."

"요새 뉴스를 보면 집값이 너무 오르던데 빨리 집을 사야 할까요? 아니면 전세나 월세로 살아도 충분한 건가요?"

리즈가 화가 난 듯이 따져 물었다.

"미국이나 EU와 같은 나라들은 젊었을 때는 월세로 시작했다가 안정적인 직장을 얻고 난 뒤 모기지론*을 통해 집을 장만하는 것이 일반적이야. 우리나라는 주택금융이 발달하지 않았던 시대의 유산으로 전세라는 특이한 제도가 있지. 집

> **모기지론**
> 주택 매매 계약 시 집값의 일부(통상 5~10%)를 내고 나머지 원금과 이자는 장기(예를 들어 30년, 40년)에 걸쳐 매월 나누어 납부하는 주택금융 형태를 말한다.

값의 40~90%를 집주인에게 예치하면 집주인은 이 돈을 집을 살 때 빌린 채무의 상환이나 기타 가계지출 수요에 활용하고 이자 상당액을 월세 수입 삼아 집을 빌려주고 있어.

사회초년생이라면 처음에는 월세로 시작할 수밖에 없겠지만 저축을 늘리고 전세나 주택구입자금을 장기 저리로 빌려주는 제도를 활용해 원하는 곳에 보금자리를 마련해야겠지. 지금 시점에 가장 좋은 내 집 마련은 분양받는 방법인데, 청약저축이나 예금에 가입하고 일정기간 유지해 청약자격을 얻으면 신청할 수 있어. 다만 무주택 기간, 자녀 수, 나이 등 여러 가점 항목들을 갖춰야 해서 당첨되는 것이 여간 어려운 것이 아니란다."

"저는 작더라도 제 집이 있었으면 좋겠어요. 직장 생활을 하면서 차근차근 돈도 모으고 결혼 후에는 남편과 합쳐 꿈을 이루고 싶어요."

리즈의 꿈은 아마도 대부분의 청년들이 바라는 꿈일 것이다.

아직 내 집 마련을 하지 못한 사람들에게는 '집을 꼭 사야 할까?' 라는 근본적인 물음이 따라다닐 것이다. 지난 20세기 선진국의 상황을 보면 집은 꼭 사야 하는 것은 아니었다. 원하는 곳에 적절한 비용으로 주거를 구할 수 있었기 때문이다. 그러나 2000년대 들어 주택 공급이 수요를 따르지 못하고 2008년 글로벌 금융위기 이후 제로금리가 장기화되면서 집값이 크게 오르는 등 자산 가격 인플레이션이 일어나면서 월세도 같이 높아지고 있다. 이런 상황은 주택 소유에 대한 욕구를 크게 자극해 과잉 유동성 상황에서 집값을 더 올리는 부작용을 낳고 있다.

우리나라는 산업화, 도시화 과정이 인구 증가와 맞물려 주택 부족 문제를 야기했다. 그래서 각 정부는 강남 개발, 수도권 신도시 1, 2, 3기 등을 중심으로 대규모 주택 개발을 해왔다. 1990~2018년까지 30년 동안 지어진 집이 1,587만 호로, 2018년 기준 총 주택수 2,031만 호의 78%에 달할 정도다. 이와 함께 2인 이하 가구 비중이 56%(1인 가구 30%)에 이르는 등 가구 분화와 핵가족화가 가속화되어 왔고, 높아진 소득과 생활수준에 따른 현대식 새 아파트 수요가 폭발하고 있다. 반면 원하는 지역에 원하는 형태의 주택과 신규 주택의 공급은 이를 따르지 못해 가격이 크게 상승했다.

그래서 주택 구입은 사실상 사회초년생들이 넘기엔 너무 높은 벽이 되었다. 주택전문가들에 따르면 향후 집값이 1~2년 더 강보합세를 보인 후 조정을 받을 것으로 전망한다. 2030~2035년쯤 되어야 수급이 역전되어 집값이 본격 안정화 될 수 있다고 말하고 있다. 그러나 그때 가서도 사람들의 인기가 많은 주거지역의 집값이 안정될지는 불분명하다. 이런 상황들을 고려해 보건대 나의 생각은 이렇다.

아직 집이 없는 사람이라면 청약제도를 이용하여 신도시 같이 상대적으로 조금 저렴한 지역에 신규주택을 분양받는 것을 최우선으로 준비해야 한다. 청약이 여의치 않은 경우에는 전세, 월세를 얻거나 부모님 집에서 함께 살면서 부동산의 대폭 조정 시기까지 버티는 수밖에 없다. 지금과 같이 높은 집값을 대부분 융자를 받아 지불하고 나면 빚에 눌려 아무것도 할 수 없는 상황이 될 것이다.

그럼에도 세상살이에는 솟아날 구멍이 있는 법이다. 내가 보는 희망적인 부분 중 하나는 우리나라 인구구조의 변화에 따른 가능성이다. 할아버지, 할머니 때는 형제들이 많았고 모두가 도시 지역에 집 한 채씩을 마련하느라 애를 썼다. 그러나 나와 비슷한 베이비붐 세대는 그만큼 형제가 많지는 않았지만 부모님 세대가 장수하면서 집을 물려받기가 어려웠고 대부분 스스로 집을 마련해야 했다. 지금의 2030세대를 생각해보면 앞선 조부모 세대가 수명을 다하면서 앞으로 10~20년 사이에 상당히 많은 양의 주택이 상속 또는 증여될 것이라 생각한다.

또 다른 가능성으로 지난 역사를 보면 경제에는 위기가 주기적으로 찾아온다는 데 있다. 위기가 오면 주택 가격이 30% 내외 하락하는데, 불필요한 지출을 줄이고 현금 유동성을 가지고 있으면 이때가 내 집 마련의 좋은 기회가 된다. 문제는 어떻게 해도 내 집 마련이 어려운 사람들인데, 이는 정부가 주도하는 공공주택을 통해 해결해야 할 부분이다.

라이프 사이클
투자 전략

사람의 모습과 성격이 다 다르듯이 각자의 인생철학, 생애주기, 위험 선호에 따라 투자 전략과 대상이 변해야 한다. 이번에는 리즈와 투자 전략에 대해 이야기를 나눴다.

"사람은 저마다 삶의 목적과 방식이 다를 텐데 모든 사람의 투자 전략이 같을 수 있나요?"

이제는 리즈가 제법 예리한 질문을 한다.

"네가 말한 대로 사람들은 모두 다르고 타고난 본성과 함께 살아온 궤적과 경험에 따라 인생과 돈을 바라보는 관점은 물론 삶의 목표까지 천차만별이지. 어떤 사람은 작은 집을 장만해서 가족들과 소박한 생활을 꿈꾸고, 어떤 사람은 종교적 또는 철학적인 이유로 돈에 대한 욕심을 자제하기도 하지. 이런 사람들은 위험성이 큰 투자보다는 저축이나 안전한 투자를 이어가면서 아파트 청약을 통해 집을 장만하고 여러 세금혜택을 충분히 활용하여 노후 대비를 하는 것이 좋을 거야."

"저는 조금은 넉넉한 생활을 하고 싶어요!"

"그렇지, 어떤 사람들은 금전적으로 풍족한 인생을 꿈꾸지. 위험을 감수하더라도 큰돈을 벌어 남들이 부러워할 만한 집과 차를 사고 풍요로운 소비 생활을 원하지. 이런 사람들은 투자시장에 대한 충분한 학습을 통해 계산된 고위험을 감수하는 투자를 이어가면서 자기만의 차별화된 성공 스토리를 써야 한단다. 이들은 종종 전문가보다 투자시장의 흐름을 잘 읽어 내기도 하지. 대부분의 사람들은 이 둘을 잇는 스펙트럼 상의 어디쯤에 위치할 거야. 어떤 인생을 살 것인지는 자신이 선택할 사항이고, 이에 따라 투자 전략이 달라져야 하는 것은 당연한 일이지.

문제는 풍족한 인생을 꿈꾸면서 투자 공부를 게을리 하거나 소박한 인생을 꿈꾸면서 주변의 감언이설로 감당할 수 없이 위험한 투자에 나서는 경우지. 수수료를 받고 자문해주거나 자금을 운용해주는 전문가들은 투자라는 여정의 안내자(가이드)일 뿐 최종 의사결정은 본인이 해야 한단다. 본인이 제대로 된 학습과 분석을 통해서 제시된 투자 대안 중 이길 확률이 높고 본인의 인생계획에 맞는 방안을 고를 수 있고, 높은 성과를 내기 위해 미리 잘 계산된 위험을 감수할 수 있어야 해. 이런 선순환이 이뤄지지 않는다면 결국 실패만 초래될 뿐이지."

"준비된 자에게 기회가 온다는 말은 진리인가 봐요."

"그렇지, 여기서 반드시 알아야 할 것은 투자 전략이 생애주기life cycle

의 어디쯤에 와 있느냐에 따라서도 크게 달라진다는 거야. 2030세대는 종잣돈 마련에서 시작해 전세나 내 집 마련을 위한 '경제적 독립 전략'이 필요하고, 4050세대는 은퇴 후를 대비해 '경제적 자유 전략'이 필요하단다. 투자 대상도 20대에는 예금, 적금, 청약예금 등 안전한 수단을 활용하는 것이 바람직하고, 30~40대에는 투자시장 공부를 충분히 한 후 주식, 부동산 같은 고위험 고수익 자산 투자를 늘려가는 것이 바람직해.

50대 이후가 되면 은퇴 계획과 위험 선호에 따라서 투자 배분이 달라져야 해. 평생 회사원으로 일하다가 50대 후반에 은퇴할 계획이고 위험을 좋아하지 않는다면 대부분의 재산을 배당이나 이자와 같은 소득을 지급하는 저위험 또는 중위험 자산으로 옮기고, 고위험 투자는 20~30% 이하로 가져가는 것이 바람직해. 반면 70대까지 높은 수준의 안정적인 소득 흐름을 주는 전문직에서 일할 계획이고 위험이 두렵지 않다면 잘 준비해서 고위험 투자를 이어가는 것도 무방하지."

"아휴, 앞으로 취업할 일만 생각해도 벅찬데 이후에도 할 일이 태산이네요."

"하하, 세상에 공짜 점심은 없단다. 특히 주변의 무책임한 유혹이나 조언들, 예를 들면 어떤 특정 주식이나 펀드, 부동산을 사면 대박이 난다는 말은 단호히 물리쳐야 한단다. 이 경우에는 다 신기루일 뿐이니까."

라이프 타임에 따른 재무계획 세우기

이번 대화에는 현우도 참석해서 나는 둘에게 공통 질문을 했다.

"리즈와 현우가 추구하는 라이프 스타일과 은퇴 후 목표로 하는 생활수준은 어느 정도야?"

리즈가 먼저 대답했다.

"전 30세부터 변호사로 일하면서 여가 시간은 남편과 같이 여행하거나 운동하는 등 취미생활을 즐기고 싶어요. 남편도 전문직이면 좋겠어요. 35세쯤에 결혼하여 당분간 전세로 지내다가 40세 정도에 내 집을 마련할 거예요. 은퇴 후에는 부부 합산 라이프 타임 평균 월 소득인 1,500만 원의 80%인 1,200만 원을 준비해 생활비와 취미활동비로 사용했으면 해요. 그중 절반인 600만 원을 제 능력으로 준비하는 게 좋을 것 같아요. 하하, 제가 욕심이 좀 많죠?"

누나의 대답이 끝나자마자 현우가 말했다.

"전 대학졸업 후 24세쯤 금융회사에 취업하고 사내 연수 프로그램을 활용해 MBA에도 진학하고 싶어요. 취미생활로 시간될 때마다 여행하고 투자 세계의 이모저모를 알아보려고 해요. 결혼은 하지 않으려고요. 40세 정도에 작은 아파트를 장만하고, 65세 은퇴 후에는 라이프 타임 평균 월 소득 600만 원의 80%인 480만 원을 준비하는 것이 좋을 것 같아요."

"음, 리즈는 아직 남자친구가 없고 언제 결혼할지도 정해지지 않아 정확한 계산이 어렵지만 리즈를 중심으로 대략적인 은퇴 나이 계산과 라이프 사이클에 따른 투자 전략을 마련해보자."

본인 이야기를 하니 리즈의 눈이 반짝거린다.

"우선 변호사 같이 전문직은 일반 직장인보다 은퇴가 늦기 때문에 은퇴 나이를 70세, 기대수명을 90세로 가정해보자. 40세에 집을 살 수 있도록 30세 취업 후 최초 10년간은 주택마련 전략을 집중적으로 실천해야 하는 한편 노후 자금도 모아야겠지. 은퇴 시점에 월 600만 원씩(1년 7,200만 원) 20년간(240개월) 지출을 계산하면 총 14억 4,400만 원(2068년 현재가치 11억 330만 원), 노후에 필요한 의료비 6,000만 원(예를 들면 2073년, 2078년 각 3,000만 원씩 지출), 비상자금 1억 원을 준비하는 것이 핵심이야.

거기다 그때가 되면 리즈의 아이들은 결혼했을 테니 리즈가 60~70세 사이에 이미 결혼비용을 지출했겠지. 우리가 리즈한테 상속이나 증여를 전혀 하지 않는 경우를 가정해서 라이프 타임 재무계획을 같이 세워보자. 1년 할인율 3%를 가정하는 것을 잊지 말고."

"네, 좋아요!"

"현우는 싱글로 살아간다고 하고 은퇴 목표 연령도 명확하니 상대적으로 수월하게 라이프 사이클 투자 전략을 만들 수 있겠네. 40세에는 집을 마련할 수 있도록 24세 취업 후(2027년) 최초 16년간은 주택마련 전략을 집중적으로 실천해야겠지. 또한 은퇴 시점(2068년)에 월 480만 원씩(1년 5,760만 원), 기대 수명 90세까지 25년간(300개월) 지출 총 14억 4,000만 원(2068년 시점 현재가치), 노후에 필요한 의료비, 간병비 1억 원(2073년, 2078년 각 5,000만 원), 비상자금 1억 원을 준비하는 것이 투자의 핵심이야(여기서도 1년 할인율 3% 가정).

여기서는 독자들에게 나무보다는 숲을 보여주기 위해 현실을 크게 단순화한 것임을 알린다. 실제로는 매년 수입과 지출이 변화할 것이다. 또 본인이 선택하는 직업이나 사업의 특성 또는 상속증여 예상 금액에 따라 은퇴 예상 연령과 평생 소득 흐름에 기초해 각자의 은퇴 계획을 직접 만들어볼 수 있다.

〈리즈가 은퇴를 위해 준비해야 할 자금 요약〉

필요자금＝생활비 11억 330만 원(7,200만 원＋7,200만 원/ $1.03 + 7,200/1.03^2) + \cdots + 7,200$만 원$/1.03^{19} = 7,200$만 원 ＋6,990만 원＋6,787만 원＋…＋4,106만 원)
＋의료비 4,820만 원(＝3,000만 원$/1.03^5$+3,000만 원$/1.03^{10}$)
＋비상자금 1억 원(예금 필요)＝12억 5,150만 원

35세: 결혼시점 전셋값 2억 5,000만 원(5억 원의 1/2은 남편 부담)
40세: 집값 10억 원-5억 원(전세금)＝5억 원 →2억 5,000만 원 (5억 원의 1/2은 남편 부담)
60세~70세: 두 아이 결혼 비용 3,000만 원(6,000만 원의 1/2)

리즈의 희망에 따라 계산해보면 70세 은퇴 시점에 집 한 채가 있고 아이들 결혼시키고 나서 12억 5,150만 원의 은퇴자금이 준비되어 있어야 한다. 이번에는 리즈가 앞으로 벌어들일 평생 소득과 평생 소비 희망액을 같이 계산해보자. 구체적인 금액을 알아야 투자계획을 단단하게 세우고 오래 이어나갈 수 있다.

〈리즈의 평생 소득〉

30~70세까지 연 평균소득 1억－세금, 건강 및 연금보험료
＝7,000만 원(순소득)

라이프 타임 소득액: 40년×7,000만 원＝28억 원

65~90세 국민연금 수령액: 연 2,400만 원×25년＝6억 원

〈리즈의 평생 소비 희망액〉

매년 4,000만 원(결혼 후에는 매년 8,000만 원. 가구 소비의 1/2인
4,000만 원 담당)

리즈가 직장에 들어간 후 결혼 전까지(31~35세) 마련해야 할 전세
금을 계산해보자. 리즈가 매년 3,000만 원을 저축한다면 5년 동안
1.5억 원을 모을 수 있다. 그러나 매년 4,000만 원을 쓰고 3,000만
원을 저축해서는 전세금 2.5억 원 마련이 어렵다. 매년 4,000만 원을
저축해도 5,000만 원이 부족하다.

계획대로 결혼 전세금을 모으기 위해서는 매년 5,000만 원 이상을
저축해야 한다. 월세를 내고나면 이는 만만치 않은 금액이기 때문에
'선택 대안'을 생각해볼 수 있다. 저축액을 5,000만 원으로 늘릴 수
없다면 부족한 금액을 이자가 낮은 전세자금대출로 빌리는 것이다.

수익률과 복리의 마법을 활용한 투자 계획

허리띠를 졸라매고 소비를 최대한 줄여 매년 4,000만 원을 저축하
고 복리의 마법을 부린다면 이렇게 계산해볼 수 있다.

$$4{,}000(1{+}x)^4 + 4{,}000(1{+}x)^3 + 4{,}000(1{+}x)^2 + 4{,}000(1{+}x) + 4{,}000$$
$$= 2억 5{,}000만 원$$

5년간 평균 $x=11.2\%$ 정도 수익률을 올리면 가능한데, 이 또한 투자시장 여건상 현실적으로 매우 어렵다. 결국 4,500만 원은 저축해야 $x=5.3\%$ 정도의 달성 가능한 수익률로 2억 5,000만 원을 얻을 수 있다.

$$4{,}500(1{+}x)^4 + 4{,}500(1{+}x)^3 + 4{,}500(1{+}x)^2 + 4{,}500(1{+}x) + 4{,}500$$
$$= 2억 5{,}000만 원$$

숫자가 너무 많이 나와서 당황한 독자가 있을지 모르겠다. 참고로 Financial 계산기에는 계산식이 들어 있어 변수에 숫자 입력을 통해 쉽게 구할 수 있다. 일반 계산기나 공학 계산기로는 x에 그럴듯한 값을 넣으면서 답을 구하는 시행착오 방식으로 계산해낼 수 있다. 처음은 어렵지만 이것저것 대입해보고 답을 찾다보면 익숙해진다. 자신의 소중한 미래 계획을 위해 직접 계산해보길 추천한다!

이번에는 결혼 후 내 집 마련(36~40세)에 필요한 금액을 알아보자. 전세금 계산식을 동일하게 적용해보면 매년 4,500만 원은 저축해야 5.3% 정도 달성 가능한 합리적인 수익률로 2억 5,000만 원을 얻을 수 있다.

$$4,500(1+x)^4 + 4,500(1+x)^3 + 4,500(1+x)^2 + 4,500(1+x) + 4,500$$
$$= 2억 5,000만 원$$

여기서 리즈는 중요한 선택의 기로에 서 있게 된다. 월세 포함 1년 2,500만 원의 지출로 허리띠를 졸라매서 4,500만 원씩 저축할 것인지 아니면 취미생활을 즐기면서 4,000만 원을 쓰고 3,000만 원만 저축하여 부족분 1억 원은 대출로 충당할 것인지를 결정해야 한다.

사실 이것은 '인생을 어떻게 살아갈 것인가' 하는 근본적인 선택과도 맞닿아 있다. 상당부분을 대출로 충당할 경우 재무목표 달성의 지연이 불가피하지만 젊은 시절에도 어느 정도 취미생활과 소비생활에 돈을 쓸 수 있는 장점이 있다. 이 경우 합리적 판단 기준이 되어야 하는 것은 40세 이후 얼마나 안정적으로 소득 흐름이 형성되느냐에 대한 예상이다.

소득이 안정적인 경우 약간의 빚은 풍요로운 인생을 사는 데 윤활유 역할을 할 수 있다고 생각한다. 리즈가 특허전문변호사가 된다면 소득 흐름이 상당히 안정적일 것이고, 계약직 회사원이 된다면 비교적 소득 흐름이 불규칙하다 예상할 수 있다. 리즈의 라이프 스타일과 미래 소득 흐름으로 보면 전세금 마련을 위해 1억 원, 내 집 마련을 위해 1억 원 해서 총 2억 원 정도의 빚을 지는 것은 앞으로 소득으로 매년 1억 원씩을 버는 것에 비해 그다지 부담스럽지는 않은 정도다.

자, 이제 내 집 마련 이후 은퇴 시점인 70세까지 준비해야 하는 은퇴 자금을 알아보자. 40세에 저축과 복리 투자와 대출 2억 원을 활용해 내 집을 마련했으니 경제적으로 가장 활동적인 이 시기에 착실하게 은퇴 준비를 해야 한다. 앞서 계산을 통해 리즈가 은퇴를 위해 준비해야 할 필요자금으로 총 12억 5,150만 원이 도출됐다. 여기서 연 2,400만 원(월 200만 원)의 국민연금 수령액을 빼면 은퇴 시점에 (순) 필요자금은 총 8억 8,374만 원이다.

4,800만 원＋4,800만 원/1.03＋4800/1.03^2＋---＋4800/1.03^{19}＝ ① 7억 3,554만 원

＋의료비 3,000만 원/1.03^5＋3,000만 원/1.03^{10}＝② 4,820만 원

＋비상자금＝③ 1억 원(예금 필요)

---

①＋②＋③＝8억 8,374만 원

은퇴 이전 큰 지출 수요는 두 아이의 교육비(약 14년간의 공사교육비와 대학원까지 고려한 6년간의 등록금)와 결혼비용(결혼식 및 예물)일 것이다. 교육비와 결혼비용은 리즈가 41세~70세인 30년간 매년 지출 소요를 1,000만 원 늘리는 것으로 가정하자.

연 저축 가능 금액: 7,000만 원(수입) － 5,000만 원(지출) ＝ 2,000만 원

단순계산: 2,000만 원 × 30년 ＝ 6억 원(저축) < 10억 8,374만 원 (＝은퇴 필요자금 8억 8,374만 원 ＋ 대출 상환 2억 원)

*필요액의 1/2로 계산

이 계획대로 한다면 은퇴 시 필요자금 10억 8,374만 원에 비해 크게 부족하다. 5% 수익률을 올린다고 가정하고 30년간 복리의 마법을 활용해보자.

$$2,000만\ 원 \times (1.05)^{29} + 2,000 \times (1.05)^{28} + \cdots + 2,000만\ 원 \times (1.05) + 2,000만\ 원$$

$$= 13억\ 2,878만\ 원(저축) > 10억\ 8,374만\ 원(지출\ 소요)$$

*리즈가 수학적으로 계산한 방식:

$$2,000만\ 원 \times 1.05(1.05^{30}-1)/(1.05-1) = 13억\ 2,878만\ 원$$

이제 2억 원의 빚을 갚고도 70세 은퇴 시기에 필요한 것보다 많은 돈을 준비할 수 있게 된 것을 알 수 있다. 여기까지 이해했다면 운용 수익률이 3%인 경우 저축자금이 9억 5,151만 원이 되고, 7%면 18억 8,922만 원이 되는 것을 확인할 수 있다. 이것도 직접 계산해보기를 권한다!

싱글의 라이프 타임 재무계획 세우기

이번에는 현우의 경우를 보자. 현우는 싱글로 살아갈 생각이고 은퇴 목표 연령도 명확하니 상대적으로 수월하게 라이프 사이클 투자 전략을 만들 수 있다. 32세에 3억 전세를 얻어 분가하고 40세에는 8억짜리 집을 마련할 수 있도록 24세 취업 후(2027년) 최초 16년간 주택마련 전략을 집중적으로 실천해야 한다.

은퇴 시점(2068년)에 월 480만 원씩(1년 5,760만 원), 기대 수명 90세까지 25년간(300개월) 지출 총 14억 4,000만 원(2068년 현재가치), 혼자 사니까 노후에 필요한 의료비, 간병비 포함 1억 원(2073년, 2078년 각 5,000만 원), 비상자금 1억 원을 준비하는 것이 핵심이다(1년 할인율 3% 가정).

앞서 리즈의 사례에서 자세하게 설명했으니 이번에는 간단하게 계산만 나열하겠다.

〈현우가 은퇴를 위해 준비해야 할 자금 요약〉

필요자금 = 월 생활비 10억 3,230만 원(5,760만 원 + 5,760만 원/1.03 + 5,760만 원/1.03^2 + ⋯ + 5,700만 원/1.03^{24} = 5,760만 원 + 5,592만 원 + 5,429만 원 + ⋯ + 2,834만 원)

+ 의료비 8,033만 원(= 5,000만 원/1.03^5 + 5,000만 원/1.03^{10})

+ 비상자금 2억 원(예금 필요) = 13억 1,263만 원

32세 때 분가하기 위한 전셋값 3억 원은 어떻게 마련해야 할까?

〈단순 저축할 경우〉(25~32세)

① 매년 3,000만 원 저축 → 3,000만 원 × 8 = 2억 4,000만 원
   〈 3억 원(전세금)

② 매년 3,500만 원 저축 → 3,500만 원 × 8 = 2억 8,000만 원
   〈 3억 원(전세금)

〈수익률과 복리의 마법을 활용할 경우〉 (25~32세)

매년 3,000만 원 저축, 수익률을 x%라 하면 x=4%를 시행착오적으로 구할 수 있다.

① 3,000만 원$(1+x)^7$+3,000만 원$(1+x)^6$+——+3,000만 원$(1+x)^2$+3,000$(1+x)$+3,000만 원=3억 원(전세금)

또는 3,000×$(1-(1+x)^8)/(1-(1+x))$=3억 원의 방정식을 풀면 구해진다.

매년 3,500만 원 저축, 수익률을 x%라 하면 x=3.9%를 시행착오적으로 구할 수 있다.

② 3,500만 원$(1+x)^7$+3,500만 원$(1+x)^6$+——+3,500만 원$(1+x)^2$+3,500만 원$(1+x)$+3,500만 원=3억 원(전세금)

3,500만 원×$(1-(1+x)^8)/(1-(1+x))$=3억 원의 방정식으로 풀 수도 있다. 현우는 매년 3,000만 원씩 저축하고 4% 수익을 올려 3억 원 전셋값을 마련하면 된다. 40세 내 집을 마련하기 위해서는 5억 원이 필요하다(8억 원-전세보증금3억 원). 현우는 매년 3,000만 원씩 저축하고 4% 수익을 올려 3억 원을 마련한 다음 부족한 돈 2억 원을 융자를 얻어 내 집 마련을 할 수 있다.

그다음 41~65세까지 25년간 준비하여 2억 원의 빚을 갚고 은퇴 시 필요자금인 13억 1,263만 원을 준비하면 된다. 경제적으로 가장 활동적인 시기니 차근차근 준비하면 든든한 노후를 맞이할 수 있을 것이다. 여기에 추가로 금융회사 직원들이 퇴직할 때 통상 1억 5,000만 원의 퇴직금이 지급된다고 가정하자.

위에서 계산한 필요자금 13억 1,263만 원에서 연 2,400만 원(월 200만 원) 국민연금 수령액을 빼면 8억 8,251만 원이다.

3,360만 원+3,360만 원/1.03+3,360만 원/1.03^2+—+3,360만 원/1.03^{24}=① 6억 218만 원

+의료비 5,000만 원/1.03^5+5,000만 원/1.03^{10}=② 8,033만 원

+비상자금=③ 2억 원(예금 필요)

---

①+②+③=8억 8,251만 원

매년 3,000만 원씩 저축하고 4% 수익률을 올린다고 가정, 25년간 복리의 마법을 활용한다면 이렇게 계산할 수 있다.

3,000만 원×$(1.04)^{24}$+3,000만 원×$(1.04)^{23}$+—+3,000만 원×(1.04)+3,000만 원=12억 9,935만 원

*저축(12억 9,935만 원)+퇴직금(1억 5,000만 원)=14억 4,935만 원〉7억 8,251만 원(지출 소요)

*리즈가 수학적으로 계산한 방식:
(3,000만 원×1.04(1.04^{25}-1))/(1.04-1) = 12억 9,935만 원

지출 소요보다 더 많은 돈을 저축할 수 있어 계획보다 더 많은 자금 여유가 생길 수 있다. 우리나라에서 현우와 같이 회사원으로 일하는 경우 회사에서 퇴직연금을 불입하여 주기 때문에 통상 은퇴 시 앞에 계산한 금액보다 더 많은 저축이 가능하다.

은퇴 후 소득 흐름 확보를 위한
3층 연금

이제 막 재테크에 눈뜬 사회초년생들에게 연금에 대해 물어보면 '회사에서 의무적으로 납부하는 4대 보험 중 하나'라고 대답한다. 틀린 답은 아니지만 맞는 답도 아니다. 사실 연금은 정부가 직접 운영하는 국민연금뿐 아니라 퇴직연금, 개인연금이 있다. 연금을 잘 활용하면 은퇴 후 걱정 없이 안정적인 소득흐름을 얻을 수 있고 다양한 세제 혜택도 누릴 수 있다.

"아빠, 국민연금은 대략 알겠는데 퇴직연금과 개인연금은 국민연금과 어떻게 다르고 어떤 역할을 하는 거예요?"

"국민연금은 매월 월급에서 본인 4.5%, 사업주 4.5%를 합해 9%를 의무 적립하고 65세부터 연금을 지급하는 공적 연금제도야. 다만 일정 부분 상한과 하한이 있어서 고소득자라도 납부 금액과 수령 금액이 제한돼. 우리나라는 경제 발전을 늦게 시작했기 때문에 아직 공

은퇴를 준비하는 3층 연금 쌓기

- 3층 — 개인연금 10~20%
- 2층 — 퇴직연금 20~30%
- 1층 — 국민연금 40%

적연금의 소득 대체율(라이프 타임 평균소득 대비 노후 연금수령액의 비율)이 40% 이하로 충분하지 않은 상황이야.

"다른 나라는 어느 정도 수준인데요?"

"통상 선진국은 근로기간 40년간 매년 2%씩을 적립해서 은퇴시점에 생애 평균소득의 80%에 해당하는 재원을 적립하지. 우리나라의 경우 적립액과 수령액이 절반 정도인 상황이야. 부족한 40%를 사업자가 부담하는 퇴직연금과 개인의 연금 상품 저축을 통해 건물 짓듯이 1층을 국민연금으로 채우고, 2층은 퇴직연금으로 20~30%, 3층은 개인연금으로 10~20% 수준에서 쌓아나가는 것이 바람직해."

"참고로 퇴직연금은 사업자가 정해진 금액을 기금에 출연하는 DCDefined Contribution형과 근로자에게 일정한 연금혜택을 약속하는 DBDefined Benefit형으로 나눌 수 있어. DC형은 직원이 직접 운용 지시를 하고 운용 결과가 성공적이든 그렇지 않든 모두 본인이 책임을 져야 해. 미국의 '401k 제도'가 대표적이지. 반면 DB형은 회사가 운용 지시를 포함 연금과 관련한 모든 의사결정을 하되 운용 실적이 좋지 않을 경우 연금 혜택 부족분을 채워줘야 해.

우리나라에서 퇴직연금은 제도 취지와 달리 대부분 단기로 운용되고 있어. 퇴사할 때 개인이 연금보다 일시금을 선택하는 경우가 많은 거지. 그러나 고령화가 진전되고 연금 시장_{annuity market}의 인프라가 개선되면서 선진국과 같이 장기로 운용되고 연금 형태의 지급이 늘어날 것으로 예상된단다.

"퇴사는 아직 먼 이야기지만 퇴직연금을 연금으로 적립할지 아니면 일시금으로 바로 받을지 잘 선택해야겠네요."

"그리고 개인연금은 본인의 여건에 맞는 연금 상품에 가입해서 은퇴 후 필요한 소득을 연금 형태로 받는 방식이야. 은행, 보험, 증권사에서 판매하고 수수료가 발생하는데 만기까지 보유한다는 전제로 가입 금액의 16.5%까지 세액공제를 받을 수 있어. 리즈의 꿈처럼 변호사가 되어 일을 하다보면 개인사업자로 일할 가능성이 많아서 퇴직연금이 해당되지 않을 수 있어. 이런 경우에는 개인연금을 40%로 가입해서 국민연금과 합해 생애 평균소득의 80%를 연금으로 받는 방법을 택할 수 있어.

물론 투자에 자신이 있고 수수료 부담을 줄이면서 자산운용의 탄력성을 가지려면 개인연금에 가입하지 않고 본인 스스로가 인프라펀드나 배당주 펀드, 채권 펀드 등에 투자해 소득 흐름을 만드는 방법이 있어. 이 경우 세제 혜택은 받을 수 없다는 점을 명심해두렴."

5.3% 수익률을 달성하기 위한 투자 포트폴리오

"저의 경우 라이프 타임 은퇴 계획이 원활하게 돌아가기 위해서는 저축 자금을 매년 5.3% 이상 수익률로 복리로 운용해야 한다는 것은 이해되었어요. 근데 수익률을 높여서 7%로 운용하면 더 좋은 것 아닌가요? 어떻게 투자 포트폴리오를 구축해야 5.3% 수익목표를 달성할 수 있나요? 예금 이자율은 1%도 안 되는데…."

리즈는 빨리 알고 싶은 마음에 눈이 반짝인다.

"물론 7%로 복리 운용할 수 있다면 더 빨리 부와 경제적 자유를 이룰 수 있지. 그렇지만 현실적으로 이 정도 수익률로 매년 운용하기 위해서는 대단한 운과 탁월한 실력이 있어야 해. 다만 지금처럼 저금리, 저성장이 고착화된 시대에는 거의 불가능한단다. 5.3%가 합리적으로 목표로 삼을 수 있는 가장 높은 수익률이라 할 수 있지.

수익률 목표를 달성하기 위한 투자 포트폴리오 구성을 위해서는 먼저 자신의 투자 위험에 대한 성향과 자세를 알아야 해. 5.3% 수익을 매년 올리기 위해서는 주식, 부동산 및 대체투자 위주로 구성된 포트폴리오(예를 들어 주식 50%, 부동산 30%, 구조화상품 10%, 국채 10%)를 짜야 하는데, 리즈가 상당한 원금 손실(투자 위험)까지 감수한다면 가능하겠지만 그렇지 않다면 선택하기 어렵겠지."

"원금 손실까지 난다면 선뜻 투자하기 어려울 것 같은데 어떻게 하는 것이 더 좋은 건가요?"

"리즈가 전문 직업을 갖는다면 나이가 아주 많을 때까지 안정적인 근로소득, 사업소득을 올릴 수 있어. 최초 종잣돈은 예금, 적금으로 만들어야겠지만 이후에는 계산된 고위험을 감수하면서 고수익을 추구하는 것이 합리적이란다.

물론 주식, 구조화 상품 등 고위험 고수익 투자를 위험을 감수하면서 직접 하기 위해서는 금융의 기초부터 주식 등 투자시장에 대한 이해까지 탄탄한 공부가 필요하단다. 그래서 이 책의 앞 장에 자본주의 시스템과 투자 전에 알아야 할 최소한의 금융 지식을 담은 거지.

전문가에게 맡겨서 투자하는 방법도 있는데, 2%p 내외의 비용이 발생하는 것은 물론 이 경우에도 괜찮은 전문가를 선정하는 판단과 전문가의 설명을 이해할 수 있을 정도의 공부는 필요하지. 참고로 전문가에 맡겨 간접 투자하는 방법은 신탁(금전신탁, 부동산 신탁), 공모펀드, 사모펀드, PEF, 벤처투자조합이 있어.

그런데 만약 투자에 관심과 소질이 없고 고위험을 감수하기 싫다면 5% 달성은 현실적으로 불가능하니까 2~3%로 목표 수익률을 낮춰야 해. 이 경우 선택할 수 있는 대안은 은퇴 후 라이프 스타일에서 골프, 스킨스쿠버, 해외여행과 같이 돈이 많이 들어가는 취미활동을 줄여 필요자금을 대폭 낮추거나, 일하는 시기에 더 열심히 해서 더 많은 돈을 벌거나, 지출을 대폭 줄여 저축을 두 배 가량 늘리는 수밖에 없단다."

"저로서는 어느 것도 받아들이기가 쉽지 않네요. 하하하."

"재무적인 관점에서 인생 플랜을 수립하고 집행하는 데 있어 공짜로 얻는 것은 없는 것이고, 얻는 것이 있으면 잃는 것이 있다는 것을 잘 이해해야 한단다."

투자의 시작, 은퇴 나이 계산하기

"그럼 은퇴는 반드시 70세에 해야 하나요? 전 60세부터는 인생을 여유 있게 즐기고 싶은데."

리즈가 시무룩한 표정으로 묻는다.

"꼭 그렇지는 않아. 70세라는 것은 리즈가 하려는 변호사의 일반적인 은퇴 나이에 맞춰 편의상 정했을 뿐이고, 실제 은퇴 나이는 리즈의 라이프 스타일에 따라 은퇴 준비에 따라 스스로 결정해야 한단다. 앞에서 라이프 타임 재무계획을 세워봤잖아. 은퇴 시기가 빨라지면 은퇴 후 지출 수요도 따라서 늘어나게 되겠지만 금전적으로 경제적 자유를 얻는 시기도 70세보다는 빨라짐을 알 수 있지.

재무계획을 만들면서 자신에게 중요하다고 가정한 것을 바꿔보면 은퇴 나이를 앞당길 수 있단다. 이를 보면 반대로 소득 감소, 지출 증가, 투자수익률 하락이 은퇴 나이를 늦추게 된다는 것을 알 수 있겠지?"

평균 소득 ↑	은퇴 나이 앞당겨짐
평균 지출 ↓	은퇴 나이 앞당겨짐
평균 수익률 ↑	은퇴 나이 앞당겨짐

"아, 조금 일찍 은퇴하고 싶은데 쉽지 않네요."

"소득, 지출, 투자수익률과 은퇴 연령과의 관계를 미국의 사례로도 확인해 볼 수 있단다. 미국에서는 1990년대에 벤처 창업, 주식투자 성공 등으로 큰돈을 일찌감치 벌고 30대에 은퇴하는 것이 유행이

었단다. 이때 이렇게 은퇴했던 많은 사람이 인생에서 돈이 전부가 아니라 일한다는 행위 자체에 큰 의미가 있음을 깨닫고 다시 사업이나 직장으로 복귀했지.

2008년 글로벌 금융위기 때는 주가 폭락과 투자자산의 가치 하락으로 401k 퇴직연금 저축액의 30% 이상이 날라 갔고 어쩔 수 없이 은퇴 나이를 늘리는 것이 추세가 되었어. 2008년 위기 이후 괜찮은 일자리를 얻는 것이 힘들어지자 젊은 시절에 지출을 극단적으로 줄이고 40대 초에 은퇴해서 소박하게 살려는 파이어족이 뉴욕 등 대도시를 중심으로 유행하고 있다는 것을 너도 뉴스로 봐서 알고 있겠지?

장기 수익률과 관련해서 빼놓을 수 없는 사람은 단연 워런 버핏이야. 버핏은 지난 60년간 연 평균 20%의 수익률을 냈다고 하는데, 누구라도 이 정도 수익률로 복리 투자할 수 있다면 40세가 되기 전에 은퇴 후 필요한 자금을 전부 마련할 수 있을 거야."

리즈에게 은퇴나이를 계산해서 현실적인 재테크 설계와 공부가 필요하다는 것을 강조해서 말했지만 그보다 더 중요한 것은 '금전적 준비'가 전부는 아니라는 점이다. 앞서 얘기한 대로 개인의 인생 철학과 라이프 스타일, 일을 대하는 자세 등에 따라 투자 전략과 은퇴 나이는 크게 달라진다.

A라는 지인의 경우 금전적으로는 60세에 은퇴 준비가 끝날 것 같은데 건강이 허락한다면 본인이 평생 몸담았던 투자 분야에서 창업해서 70세까지 CEO로 일하려는 계획을 갖고 있다. 이후에는 비상임

고문이나 이사회 의장을 맡아 더 많은 사람들에게 지혜를 빌려주는 일을 하고 싶어 한다. A의 이야기처럼 본인이 잘할 수 있는 일을 즐겁게 지속함으로써 삶의 의미를 찾는다면 돈에서 나아가 더욱 풍성하게 살 수 있다.

최근에는 한 번뿐인 인생을 일하는 데만 쓸 수는 없다고 생각하는 젊은 사람들이 많다. 충분한 학습과 경험에 기초한 현명한 투자를 통해 지속적으로 높은 수익을 올리거나 지출을 줄여 일찌감치 재무적으로 은퇴 준비를 마치고 스포츠, 예술, 저술, 봉사 등 원래 직업과 다른 진짜 하고 싶은 활동을 하면서 여생을 보내는 것도 좋은 방법이라고 생각한다. 어느 방식이든 자신을 위해 더 나은 삶의 의미를 찾아가는 과정이 중요하다.

밀레니얼 세대의
난생처음 투자

성공적인 투자를 위해서는 생애주기life cycle에 따른 계획과 실천이 바탕이 되어야 한다. 그래서 이번에는 좀 더 구체적으로 들어가 세대별로 필요한 실전 투자에 대해 이야기해보자.

"저는 1990년대 말에 태어났으니 1980년대 초에서 2000년대 초에 태어난 밀레니얼 세대의 끝자락에 있네요. 밀레니얼 세대는 종잣돈을 어떻게 마련해야 할까요? 또 처음으로 투자를 한다면 어떻게 해야 할까요?"

실전이라고 하니 리즈의 눈빛이 평소보다 더 반짝인다.

"밀레니얼 세대는 우리 나이로 따지면 2030에 해당하겠네. 리즈와 같이 장래 희망하는 직업을 얻기 위해 학업 중인 학생이라면 아르바이트로 일부 돈을 모을 수는 있겠지만 큰돈을 모으기는 어려울 거야. 자신이 원하는 미래 직업에 투자하는 것이야말로 인생 최고의 투자니까 돈에 신경 쓰지 말고 지금의 역할에 충실하는 게 중요하다고 생각해. 물론 부모인 우리도 가능한 범위에서 충분히 지원해야지."

"네, 지금은 공부가 최우선 일이긴 하죠. 그럼 투자는 언제부터 시작하는 게 좋을까요?"

"리즈가 원하는 취업을 하게 되면 비로소 투자를 위한 종잣돈 마련에 나설 때가 올 거야. 아직 투자시장에 대한 지식이나 경험이 충분하지 않기 때문에 이 시기에 가장 중요한 것은 지출을 합리화하는 것이라 할 수 있어. 부모, 친지의 집에 같이 살거나 공유 주거 형태를 통해 월세 지출을 아끼고 고급 차량, 명품 등 불필요한 지출을 과감하게 줄여 적금, 예금을 통해 몇 천 만 원 수준의 종잣돈을 만들어가는 것이 일반적이야.

그러나 글로벌 금융위기 이후 제로금리와 양적완화로 돈이 많이 풀리면서 지난 10년간 세계적으로 집값이 크게 올랐고 2030세대의 고용 상황이 악화되면서 능동적으로 투자하는 젊은 사람들이 늘고 있어. 절약하고 성실하게 돈을 모으는 전통적인 방식만으로는 금전적으로 뒤쳐질 수 있기 때문에 '두려움FOMO'으로 주식 투자, 비트코인 등 가상자산 투자, 벤처 투자 등 위험성이 높은 투자에 적극 나서고 있는 것이 현실이야."

지출을 줄여 종잣돈을 모으는 팁

투자를 시작하려면 종잣돈이 필요하기 때문에 일상생활에서 지출을 줄여가는 연습이 필요하다. 자신의 소비 습관이 어떤지, 어떤 것을 조정해야 하는지 함께 고민해보자.

종잣돈을 모으기 위해서는 지출액을 먼저 정하는 것보다는 필요한 저축액을 정해놓고 가용지출액을 계산해 현재 소비를 구조조정하는 방식이 바람직하다. 가용지출은 말 그대로 내가 사용할 수 있는 범위의 금액이다.

$$가용지출 = 가처분 소득 - 필요 저축액$$

자신의 씀씀이가 가용지출 수준을 넘지 않는다면 더 많은 돈을 저축할 수 있다는 좋은 신호다. 현재 지출 항목 중 조금 더 줄일 수 있는 것이 있는지를 살펴보자. 씀씀이가 가용지출을 넘을 경우 주요항목을 분석한 후 지출 구조조정 가능성을 적극 검토해보라.

월세	부모, 친척 집 활용, 공유주거 선택
학원비	독학 가능성을 고려하여 실천
외식비, 커피	최소한으로 삭감 조정
옷, 신발 등	가성비 제고를 통해 지출을 줄이되 자신만의 멋 추구

요즘처럼 전월세 가격이 상승하는 시기에는 꼭 필요한 경우가 아니라면 주거 독립을 추천하지 않는다. 매달 월세뿐 아니라 관리비, 생활비 등 많은 돈이 빠져나가기 때문이다. 가능하면 전세금을 마련할 때까지 부모나 친척과 같이 살거나 친구들과 주거를 공유하는 방법을 고려해는 것이 좋겠다.

또한 세대를 불문하고 건강한 저축을 방해하는 가장 큰 지출항목 중의 하나가 사교육비다. 2030세대도 학원비에 너무 많은 돈을 쓰는 경우가 있는데, 우선적으로 책이나 유튜브 등을 통해 혼자 학습할 수 있는지 가능성을 살펴보길 바란다. 독학 습관을 가진다면 돈과 시간을 아낄 수 있을 뿐 아니라 학습 능력도 향상되는 일석 삼조를 꾀할 수 있다(내 말을 믿고 실천해보라)!

옷, 신발, 액세서리 등 패션 아이템은 자신을 표현하는 매우 중요한 필수 지출이다. 그러나 무작정 소비하기보다는 자신만의 멋을 찾는 것이 필요하다. 많은 경험과 연구를 통해 가성비가 좋은 품목을 찾고 똑똑하게 남과 다른 자기만의 멋을 내보자. 멋을 낼 수 있는 능력은 앞으로의 인생을 풍요롭게 하는 데 큰 자산이 된다.

생애 최초 투자로 선택 가능한 옵션

앞에서도 언급했지만 모든 투자에 있어 가장 기본적이면서 중요한 원칙은 '아는 곳에 투자하라'는 것이다. 모르는 곳에 위험을 지고 투자하는 것은 결코 바람직하지 않다. 충분한 학습과 경험을 통해 성공 가능성을 최대한 높인 투자 전략을 세우고 돈을 잃지 않는 것이 중요하다.

① 적금을 들거나 비과세 예금상품에 가입하여 착실히 종잣돈을 마련한다. 목표한 종잣돈이 마련된 후 또는 마련하는 과정에서 청약저축·예금에 가입해 내 집 마련을 위한 주택 청약을 준비한다(청약통장 가입은 빠를수록 좋다). 보험의 경우에도 비슷하게 좋은 비과세 상품들이 있는데, 초기 판매와 관련된 수수료가 높아 중도해지 시 비용부담이 크므로 만

기 또는 장기 가입할 경우 고려 가능하다.

② 학원비, 외식비, 옷값 등을 아껴 우리나라를 대표하는 '우량주 1주 사 모으기'를 통해 주식 투자의 지식과 경험을 축적하는 한편, 장기 전략으로 고수익도 기대해본다. 벤처 지분(주식, 전환사채)이나 가상자산과 같이 소액 투자자 입장에서 충분한 정보를 얻기 어려운 것은 난생 처음 투자로는 하지 않는 것이 정석이다.

③ 예금, 주식 등으로 모은 투자자금으로 주식시장의 대세 상승기 초입에 ETF를 통해 코스피 주가지수나 업종지수에 투자하고 지수가 큰 산을 이루는 시점에 매각해서 2~3년간 50~100% 수익률을 추구해볼 수 있다. 사실 경험이 많지 않은 개인 투자자들에게 이 전략이 주식시장에서 이길 확률이 가장 높은 것이다.

우리나라의 경우 지난 40년간 대세 상승기는 10년에 한 번 정도 왔다. 1980년대 후반 외국인 투자한도 확대 등 주식시장 개방, 1990년대 중반 수출과 투자 확대기, 2000년대 중반 외환위기로부터 본격 회복기, 2010년대 중반 글로벌 금융위기로부터의 본격 회복기를 꼽을 수 있다. 특징적인 것은 이러한 대세 상승기는 주식시장이 경제 금융위기로 인한 공포에 사로잡혀 폭락하고 나서 3~4년 고통스러운 침체장 이후에 경제의 펀더멘탈과 주식시장의 수요공급 조건이 개선되고 대부분 시장 참여자들 사이에 낙관과 기대가 싹트면서 찾아온 다는 것이다.

X세대의 가장 큰 숙제,
내 집 마련

우리는 앞에서 '집을 꼭 사야 할까?'라는 근본적인 질문에 대해 생각해보는 시간을 가졌다. 여기서는 여러 진지한 고민 끝에 집을 살 필요가 있다고 판단했을 때, 어떤 방식으로 내 집 마련을 할 것인가에 대해 같이 알아보기로 하자.

"요즘 뉴스를 보면 부동산 문제가 유난히 많이 다뤄지는 것 같아요. 사람들이 내 집 마련을 하기 어려워졌다고 스트레스를 많이 받고 있다는데."

리즈가 마치 제 문제인 것처럼 미간을 찌푸리며 말했다.

"맞아, 내 집 마련 이슈는 전 세계 40대 초~50대 중반인 x세대에게 가장 큰 숙제이자 머리를 아프게 하는 골칫거리지. 리즈와 내가 경제적 독립과 자유를 위한 프로젝트를 하고 있으니까 상속·증여 등을 통해 집을 얻는 경우를 제외하고 생각해야겠지."

"사실 제가 진짜 궁금한 것은 집값이에요. 계속해서 집값이 오르는 현상이 정상인가요? 다른 나라들은 어떻게 변화해왔는지 알고 싶어요. 또 앞으로 내 집 마련을 위해 저는 어떤 준비를 해야 할지도 궁금해요."

최근 20년간 집값의 변화

우리나라에서 사회초년생들은 대부분 형편에 맞게 전세나 월세를 얻어 집에서 독립했다. 살림 형편이 나아짐에 따라 저축이나 일부 융자를 통해 더 나은 전세로 옮겨가기도 하고 상당한 규모의 융자를 끼고 내 집 마련에 나서기도 했다.

지인 B는 의사인데 1990년대 초 20대 후반에 결혼하면서 서울 변두리의 연립주택 반지하에 2,500만 원짜리 전세를 얻었다. 이후 1990년대 말 지방 도시에 병원을 개업하면서 융자 3,000만 원을 받아 6,000만 원짜리 아파트 전세로 옮겼다. 병원이 잘 운영되어 착실하게 모은 돈으로 은행 융자 2억을 받아 서울에 5억 원짜리 아파트를 구입했다. 이것이 전형적으로 우리가 집을 사는 방식이었다.

미국 등 서구국가의 사회초년생은 대부분 직장에서 멀지 않은 곳에 룸메이트와 집을 쉐어하며 월세로 시작한다. 직장 경력이 길어지고 신용이 쌓이면 저축자금과 모기지론을 활용해 내 집을 마련한다. 우리나라와 달리 계약할 때 집값의 5~10%를 먼저 내고 나머지 원리금은 30~40년에 걸쳐 분할하여 상환한다. 이처럼 방법은 다를지 몰라도 어느 나라든 내 집에 대한 사람들의 열망은 같다.

집값은 주식과 비슷하게 오르고 내리고를 반복하는데, 2000년대

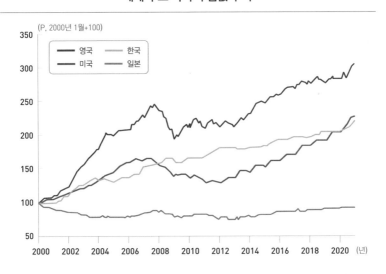

세계 주요 국가의 집값 추이

(P, 2000년 1월+100)

영국　한국
미국　일본

자료 : CEIC

들어 수요가 공급을 능가하면서 전 세계 집값이 상승세를 타게 되었다. 특히 2008년 글로벌 금융위기를 극복하기 위한 제로금리, 양적완화는 집값 상승에 기름을 부어 지역을 가리지 않고 급격한 상승세를 만들었다. 2020년 들어 코로나19로 실물 경제가 어려워지면서 2008년 위기 때 이상의 돈이 풀리고 있고 제로금리도 재연되고 있어 유동성 거품 붕괴나 경제 위기로 대규모 실직 사태가 오기 전에는 상승세가 이어질 전망이다.

2000년대 세계 집값이 올라간 핵심 요인을 분석해보면 이렇다.

① 경제·사회·문화적인 집적의 이익으로 도시화 진전, 주택수가 많은 메가시티를 중심으로 경제활동 활성화, 소득 증가

한국 PIR 추이

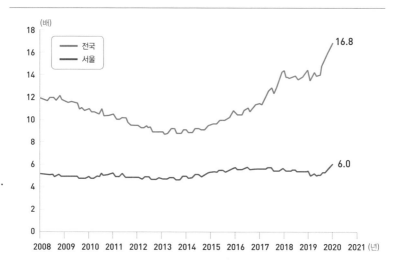

※소득 3분위, 중간가격, 주택가격으로 산정된 PIR

자료: KB부동산

② 메가시티 지역에서 일자리를 얻기 위한 기존 가구의 분화, 미혼 증가 등으로 가구 수가 크게 늘어나 주택 수요 증가

③ '내 집'에 대한 열망의 폭발, 정치적 압력으로 모기지 대출 의 조건 완화

④ 기존 주택의 노후화로 신규 주택에 대한 수요 급증, 공급 증가는 지연

　집값 상승도 문제지만, 소득대비 가격비율PIR: Price Income Ratio(주택가격/ 소득)이 지속 상승하면서 개인의 소득만을 가지고 집을 사기가 어려 워지고 있는 상황이다. 소득과 투자의 상승 작용과 복리의 마법이 꼭 필요한 시점이다.

거기에 서브프라임 사태의 교훈, 2010년대 주택가격의 폭등으로 주택 관련 융자에 대한 정부 규제가 강화되어 대출 받기가 어려워지면서 중산층과 서민들의 내 집 마련이 한층 어려워지고 있다.

가장 현실적인 내 집 마련 전략

주택 가격 상승으로 인한 PIR 악화, 부동산 관련 대출에 대한 강력한 규제로 단순 저축과 융자 활용이라는 전통적 방법으로는 내 집 마련이 매우 어렵다. 현실적으로 모든 가능성을 열어놓고 내 집을 마련할 수 있는 전략을 생각해보자.

지인 C는 회사원으로 금융사 직원인 부인과 맞벌이를 하고 있다. 1995년에 결혼해 내 집 마련을 꿈꾸면서 저축을 하고 있던 중 외환위기가 찾아왔다. 교대역 인근 30평대 아파트 가격이 4억 2,000만 원에서 2억 7,000만 원으로 하락한 것을 알고 1999년에 은행 대출 1억을 받아 30대 중반에 내 집 마련에 성공했다. 이처럼 위기가 오면 현금 유동성을 가진 사람이 '왕 대접'을 받는데 실제로 그 시점에 가보면 여윳돈을 가진 사람이 거의 없다는 점을 알 수 있다.

내 집 마련을 위해서는 '소득과 투자의 상승 작용' 전략을 구사할 수 있는 로드맵을 짜서 실행해야 한다.

① 학창 시절에는 안정적인 소득 흐름을 주는 직업을 가질 수 있도록 전력

② 취업 초기에는 빡센 지출 구조조정을 통해 저축을 늘려 종잣돈을 만들고, 취미생활로 투자 공부 시작(투자 동아리 활동

추천)

③ 종잣돈이 모이면 안정적으로 고수익을 낼 수 있는 투자대안 발굴 및 실행(예를 들면 주식시장 대세 상승기 초입에 시장지수, 업종지수에 투자, 우량주 1주씩 사 모으기, 배당이 높은 상장펀드 매입, 알짜 자산에 투자한 부동산 REITs 매입 등)

④ 추가적인 저축과 회수되는 투자 원리금을 시기별로 엄선한 고수익 투자 방안에 복리 투자

고소득 직업과 경제 위기 활용을 통한 '역발상' 전략도 생각해볼 수 있다.

① 학창 시절에는 안정적인 고소득 흐름high income flow을 주는 직업을 가질 수 있도록 전력

② 취업 초기부터 빡센 지출 구조조정을 통해 저축을 늘려 예금, CD, MMF 등 안정성과 유동성이 높은 금융자산으로 운용

③ 경제 금융위기가 왔을 때 30% 하락한 가격에 내 집 마련(경매도 좋은 방법)

참신한 비즈니스 아이디어가 있다면 창업을 통한 '하이 킥' 전략을 사용할 수 있다.

① 학창 시절에는 창업에 필요한 비즈니스 아이디어와 관련

지식을 얻을 수 있도록 전력

② 창업과 관련된 분야 취업을 통해 3~5년간 충분히 경험을 쌓으면서 초기에는 지출을 줄이고 저축을 늘려 창업을 위한 종잣돈 마련

③ 단독 또는 시너지를 이룰 수 있는 사람과 공동 창업하고 벤처 투융자 자금을 받아 회사 운영 및 확장(3~5년간 인내와 끈기로 버티는 시간 필요)

④ 회사가 성공적으로 성장하여 안착하고 나면 지분 일부 매도, M&A를 통한 매각, 코넥스, 코스닥 상장 등 Exit 방법을 통해 투자 일부 또는 전부 회수하여 원하는 주택 구입

베이비부머 세대의
7080 준비 전략

은퇴 준비에 걱정인 부모들이 많다. 평화로운 말년을 보내려면 그 전에 어떻게 준비해야 하는지 구체적인 계획을 세워보자.

"아빠는 베이비부머 세대죠? 베이비부머 세대는 인구 폭발로 치열한 경쟁을 하면서 살아왔다고 하는데 경제적으로 자유로운 7080을 위해 어떻게 준비하면 좋을까요?"

리즈가 아빠의 앞으로의 계획이 궁금하다는 듯 눈을 동그랗게 뜨며 말했다.

"한국의 베이비부머는 한국전쟁 직후인 1955년부터 1963년 사이에 태어난 사람들을 말해. 아빠는 1965년생이니 이 세대의 끝자락이라고 보면 맞을 거야. 눈부신 경제발전의 후반기를 담당한 주역이었지만, 이미 은퇴 시기를 맞고 있지. 앞에서 경제적 자유를 얻기 위해서는 최소한 원하는 지역에 집 한 채, 본인이 원하는 라이프 스타일을 부담 없이 추구할 수 있는 안정적인 연금과 소득 흐름, 그리고 결혼, 수술 및 비상시에 필요한 목돈이 필요하다는 것을 배웠지."

"네, 부지런히 돈을 모아야 한다는 사실을 깨달았죠!"

"사실 우리나라 베이비부머들은 내 집 마련과 자녀 교육비로 과도한 돈을 써 왔는데, 자녀들이 취업난을 겪으면서 결혼까지 늦어져 노부모 부양 부담과 자녀 부양의 이중 부담까지 지게 되어 은퇴 후 준비를 생각하기 힘든 상황이야."

"그래도 아빠는 전문가니까 방법을 알려 주셔야죠."

"우리나라 베이비부머가 처한 여건이 좋지 않았던 탓도 있지만, 일부 실수를 한 부분도 있지. 후배인 X세대나 밀레니얼 세대가 교훈을 얻을 수 있게 우리 베이비부머들이 은퇴 준비가 잘 안 된 이유를 설명하고, 7080에 경제적 자유를 얻기 위해 만회할 수 있는 전략을 같이 생각해보자"

우리나라 베이비부머의 은퇴 준비가 부족한 이유를 설명하자면 이렇다. 먼저 출발 여건상의 제약 문제를 알아보자.

① 한국전쟁으로 국가의 경제적 기반의 대부분이 무너졌다. 베이비붐으로 아이들 숫자가 크게 늘어나 먹고 살면서 아이 중에 일부를 교육하는 것만도 버거웠던 상황이 왔다.

② 후발 국가로서 경제 발전을 통해 일자리는 많이 늘어났지만, 부모님들이 농지와 주택 등 삶의 터전을 버리고 도시로 이주하면서 가족들과 공유할 자산이 부족했다. 이에 따라

베이비부머가 경제독립을 이루고 난 후에는 대부분 내 집 마련 등 부담이 가중되었다.

그다음 베이비부머의 뼈아픈 실수를 알아보자.

① 경제성장 과정에서 교육의 중요성이 지나치게 강조되어 과도한 사교육비를 지출했다. 급속한 경제발전 과정에서 일자리가 많이 늘어나고 교육을 잘 받은 사람 위주로 성공적인 취업과 승진을 하는 것을 보면서 교육에 과잉투자하게 되었다.

특히 능력을 넘어서는 사교육비 지출로 가정 경제의 건전성이 크게 훼손되었다. 부모 세대가 베이비부머들에 대해 교육 투자 → 고소득 일자리 취업 → 나머지 가족 부양의 선순환 구조를 가졌다면, 베이비부머는 자식 세대인 에코 세대*에 교육 투자 → 자녀들의 실업, 저소득 일자리 취업 → 부양 지속의 악순환에 빠져 있다.

3차 산업 물결의 후기로 접어들면서 괜찮은 일자리 창출이 어려워져 교육에 대한 과잉투자는 보상받지 못하고 있고, 건강한 소비와 은퇴 준비에 사용할 자금은 부족한 상황이다.

② 주식시장에 대한 과도한 불신으로 투자를 멀리해 경제성장의 과실을 충분히 공유하지 못했다.

> **에코세대**Echo Generation
> 베이비붐 세대의 자녀인 1977~1997년에 태어난 세대를 가리킨다.

우리 주식시장은 여러 차례 파동을 겪으면서 피해자들을 양산했고, 이로 인한 불신으로 주식 투자를 도박과 같이 혐오하는 분들이 너무 많았다. 눈부신 경제발전과 기업 성장의 혜택을 같이 누리기 위해서는 기업 소유권이 거래되는 주식시장 참여가 필수적이나, 많은 베이비부머가 그렇게 하지 않았고 결국 외국인과 기관이 좌우하는 시장이 되었다.

베이비부머의 7080 경제적 자유 프로젝트

앞에서 리즈와 같이 해본 '경제적 독립과 자유 프로젝트'에서와 같이 현명한 은퇴 준비를 해 온 베이비부머라면 위에 예시한 뼈아픈 실수를 하지 않았을 것이고 '준비된 계획대로 자금 굴리기'와 '남은 인생 100% 즐기기'의 두 가지 과제만이 남게 될 것이다.

① 은퇴 시점에 필요한 자금을 정확히 마련한 경우에도 은퇴 이후에 할인율 3% 이상의 수익률로 정상적으로 자금이 운영되어야 한다. 그래야만 목표한 라이프 스타일에 부족함이 없다. 이 과제는 매월 일정액을 연금으로 받을 수 있는 상품에 가입하거나, 배당이나 이자를 안정적으로 지급하는 상품과 일부 고위험 고수익 투자의 조합으로 달성 가능하다.

② 은퇴자금이 준비되더라도 추구하는 라이프 스타일에 흥미

를 잃게 되거나 삶의 의미 자체를 잃게 되면 원하는 행복을 얻을 수 없다. 주변을 둘러보면 이런 분들이 적지 않아 안타깝다. 삶에 대한 호기심을 유지하면서 폭넓게 삶의 의미를 만들어가면 어떨까?

이런저런 이유와 큰 실수들로 은퇴 준비가 부족하다면 플랜B를 가동하여 만회해야 한다.

① '최선의 은퇴 준비는 건강과 열정이 유지되는 한 오래 일하는 것'이다. 필자가 보기에 60대 중반이 된 초기 베이비부머의 건강 상태는 30년 전의 50대 중반과 별로 다르지 않다. 50대 후반인 베이비부머는 40대 후반의 건강 상태를 지녔다. 건강과 열정이 허락하는 한 평생 쌓아온 전문성, 네트워크, 경험을 활용하여 새로운 일에 도전해보자. '인턴'이라는 영화에서 로버트 드니로Robert De Niro가 연기하는 단순 사무원 일도 좋다. 경험 많은 전문직 어드바이저, 노련한 투자자, 창업 컨설턴트로 80세까지 일하는 것도 좋을 것이다.

② 본인과 배우자의 경제적 자유를 방해하는 실수들에서 벗어나야 한다. 무엇보다 먼저 자기 자신을 사랑하고, 아이들에게는 고기 낚는 법을 알려주되 재무적으로 건강한 긴장 관계를 유지하자. 아이들 스스로 경제적 독립을 이룰 수 있도

록 인내심을 발휘하고 시간을 주면 어떨까? '쉽게 얻은 것
은 쉽게 잃는 것'이 동서고금의 진리다. 지금이라도 늦지
않았으니 투자 공부를 시작해서 우량주 위주로 투자해 보
자!

③ 건강에 아낌없는 투자를 통해 행복의 기초를 마련하자. 금
전적으로 노후 대비가 다소 부족하더라도 건강하다면 행
복한 노후를 보낼 수 있다. 좋아하는 운동을 무리하지 않는
범위에서 다시 시작하자!

어린 아이들을 위한
투자자 아빠의 편지

|

필자는 결혼을 늦게 하고, 아이도 늦게 가졌다. 직장 생활 26년 차의 50대 초반 나이이지만 2016년생 아들과 딸 쌍둥이의 아빠다. 친구의 자녀들이 대학에 진학한 경우가 꽤 되고, 이미 군대를 다녀온 아이들도 있으니 늦어도 많이 늦은 셈이다. 필자의 아이들은 올해 유치원에 들어갈 꼬맹이들이라 리즈와 현우처럼 아빠와 경제적 독립을 위한 이야기를 나눌 처지가 못 된다.

직장 생활의 후반부에 접어든 아빠가 계획하고 있는 아이들에 대한 장기적 경제 교육 프로젝트로 읽어주셨으면 좋겠다. 쌍둥이 중 5분 오빠인 첫째는 호롱이, 둘째는 초롱이로 부르며 이야기를 풀어보겠다. 호롱이와 초롱이는 쌍둥이가 엄마 배 속에 있을 때 아이들의 할머니가 붙여준 태명이다.

어린 자녀에게 들려주고 싶은 이야기

호롱아, 초롱아.

너희들이 우리 나이로 여섯 살이 돼 유치원에 가게 됐구나. 벌써 이렇게 컸나 싶기도 하고, 너희들이 성인이 될 때까지 아낌없이 보살펴야 한다는 생각에 아빠의 어깨가 무거워지기도 하는구나. 그래도 너희들을 생각하면 늘 힘이 솟는다.

너희들은 아직 돈에 대한 관념이 없을 거야. 진짜 돈은 설날에 할아버지, 할머니 등에게 받은 세뱃돈을 몇 번 만져본 정도지. 장난감에 포함된 가짜 지폐와 주화로 상점 놀이를 하는 걸 봤지만 큰 흥미가 있는 것 같지는 않더구나. 아직 상점에서 돈을 주고 뭔가를 사 본 경험이 없고, 수에 대한 관념도 뚜렷하지 않으니 당연한 일이라고 생각한다.

돈은 누구에게나 중요하단다. 우리가 일상생활을 해나가는 데는 늘 돈이 필요하지. 경제적으로 여유가 있으면 인생에서 선택할 수 있는 옵션이 많아지기 때문이야. 경제적 여유가 있으면 자신이 살아갈 시간을 내가 원하는 방향으로 채울 수 있단다. 예기치 못한 일이 생겼을 때 원하지 않는 일을 하지 않을 자유를 누릴 수도 있단다.

아빠 생각에는 돈의 중요성은 원하지 않는 일을 하지 않을 자유를 누리는 데 더 큰 가중치가 있다고 생각해. 물론 경제적으로 여유가 있으면 할 수 있는 일이 많아지긴 하지. 원하는 공부를 할 수도 있고, 일찍 은퇴할 수도 있어. 또한 소비하는 것도 그 자체가 인생의 중요한 즐거움 중 하나야. 그렇지만 돈 그 자체가 우리 삶의 즐거움을 보장해 주는 건 아니야.

예를 들어 경제적 여유가 있으면 상급 학교 진학이나 해외 유학 등을 고려할 때 선택의 폭이 넓어질 수도 있어. 그렇지만 먼저 공부에 대한 흥미가 있어야 이런 일들이 의미가 있겠지. 돈을 많이 벌어서 조기에 은퇴하는 것도 마찬가지야. 은퇴 이후에는 남은 시간을 뭘로 채워야 할까?

아빠와 절친한 사람 중에 이른 나이에 부를 일궈 직장에서 조기 은퇴한 선배가 있어. 전문 영역에서 성공적인 직장생활을 한 선배지. 벌써 아빠 나이에 은퇴한 선배는 1주일에 골프를 3~4번이나 친데. 몰입할 수 있는 일이 있다는 건 좋은 일이지만, 예전에 바쁜 시간을 쪼개서 골프를 칠 때보다 재미는 덜하다고 하더라.

소비라는 게 많이 한다고 그만큼 즐거움이 늘어나는 건 아니라고 봐. 나중에 호롱이, 초롱이가 학교에 가면 한계효용체감의 법칙 같은 걸 배우면 알게 될 거야. 경제적 성취는 노동에 얽매이지 않을 자유를 주지만, 그 자유에서 얻은 시간을 채울 수 있는 '취향'이 있어야 한다고 봐. 취향을 가지는 건 돈으로 해결할 수 없는 일이지.

아빠는 아직 돈 쓰는 게 시시하게 느껴질 정도의 경제적 여유를 가져보지 못했기 때문에 선배의 마음을 정확히 알 수는 없을 거야. 그렇지만 아빠는 시계나 자동차를 사는 것과 같은 비싼 내구재 소비에 큰 관심이 없어. 독서나 스포츠 중계 시청, 소소한 글쓰기에 즐거움을 느끼기 때문에 씀씀이 자체가 아빠 인생의 가치를 높인다고 생각하지는 않는단다. 호롱이와 초롱이도 즐거움을 느끼고, 보람을 찾을 수 있는 일을 찾는 게 우선이야. 돈은 그런 일을 원활히 하기 위한 도구일 뿐이지.

그런데도 아빠는 돈은 많을수록 좋다고 생각해. 작년에 동화책으로 읽은 욕심 많은 스크루지 영감을 떠올리진 않았으면 좋겠구나. 돈이 주체할 수 없을 정도로 많은 사람은 아빠 주변에 거의 없어. 대부분의 사람이 그저 열심히 일하고, 저축하면서 살아갈 따름이지.

그런 점에서 경제적 여유가 있었으면 좋겠다는 정도의 의미지, 스크루지 영감처럼 수전노로 살고 싶은 건 절대 아니야. 돈은 예기치 않은 일이 닥쳤을 때 자신을 지켜주는 중요한 버팀목이 될 수 있어. 아빠는 이를 '원하지 않는 일을 하지 않을 자유'라고 말했지. 이건 정말 중요한 문제란다.

경제적 여유가 있으면 월급이 적더라도 내가 원하는 직업을 가질 수 있단다. 달리 말하면 내가 원하지 않는 일을 해야 할 책무에서 벗어날 수 있는 거지. 물론 원치 않았던 일을 하면서 그 일이 좋아지는 경우도 있어. 그렇지만 경제적 여유는 태어나서 죽을 때까지의 유한한 시간에선 나의 주도권을 높여 준다는 점에서 살아가는 데 큰 이점이 될 수 있어. 내 인생에선 내가 선택권을 가질 수 있다는 점은 정말 중요하단다. 그 선택의 결과와는 상관없이 말이야.

금융시장에서도 경제적 여유는 정말 중요하단다. 누구나 경제적 여유를 누리기 위해 투자를 하지만, 역설적으로 투자의 세계에서는 여유 있는 사람이 이길 확률이 더 높다고 생각해. 그렇기 때문에 축적해 놓은 자산이 별로 없더라도 여유 있는 사람처럼 행동해야 궁극적으로 금융시장에서 이길 가능성이 높다는 게 아빠의 생각이야.

아빠는 자산 가격의 움직임을 전망하는 애널리스트로 일하면서 직장 생활을 해왔어. 아빠가 하는 일은 '예언'이 아니라 '전망'이야.

미래를 정확히 알 수 있는 사람은 없어. 아빠도 가능성과 확률의 차원에서 앞으로 벌어질 일을 가늠해 볼 따름이야.

금융시장은 온갖 전문가들이 모여서 미래에 벌어질 일들을 확률로 계산하려고 하는 경향이 있어. 수치로 표현하면 근사하게 보이지만, 여기에는 많은 가정이 들어가기 때문에 불확실한 미래를 실제로 계산할 수 있다고 믿으면 안 된다고 생각해. 전망은 미래를 바라보는 생각의 틀을 마련한다는 점에서 의미가 있는 것이지.

아빠는 대학에서 경제학을 전공했단다. 경제학을 공부하다 보면 수학이 굉장히 많이 나와. 아직 숫자도 제대로 헤아리지 못하는 호롱이와 초롱이에게 수학 이야기를 해서 미안하다. 그렇지만 초등학교 때부터는 수학을 배울 거고, 어차피 이 글도 시간이 많이 흐른 다음에야 너희들이 읽을 수 있을 테니 미리 말해준다.

다시 경제학으로 돌아가면 경제학은 수리적 방법으로 여러 사회적 현상들을 설명하곤 해. 어떤 현상을 숫자로 설명하는 일은 근사하게 보인단다. 경제학을 '사회과학의 꽃'이라고 부르는 것도 분석의 방법론이 아주 합리적이기 때문일 거야.

그렇지만 경제학자들이 미래를 잘 전망하는 것은 아니란다. 너희들도 살아가면서 여러 차례의 경제 위기를 경험할 거야. 아빠는 직장에 취직하자마자 IMF 외환위기를 겪었고, 직장 생활 10년 차쯤에는 글로벌 금융위기를 경험하기도 했단다. 살다 보면 10년에 한 번 정도는 심각한 경제 위기가 나타나곤 하는데, 경제학자들이 그 위기를 제대로 경고한 경우는 거의 없었던 것 같아.

위기가 터지고 나면 경제학자들을 비롯한 전문가 무용론이 늘 나오는 것도 이 때문이야. 아빠는 경제학의 수리적 방법론이 잘못됐다고 생각하지는 않아. 다만 많은 가정이 들어간 모형에서 나온 수리적 결론은 미래를 가늠하기 위한 하나의 앵글로 봐야지. 그 자체가 미래를 100% 보여준다고 생각하면 안 된다는 거야.

투자를 하면서 분산투자를 강조하는 것도 기본적으론 '모름'에 대한 가정이 들어있다고 봐야 한단다. 투자의 세계가 '확실성'이 지배하는 곳이라면 굳이 나누어서 투자할 필요는 없는 것이겠지. 아무리 자기 확신이 강하더라도 한 가지 자산에 내가 가진 모든 것을 투자하지 않고, 한꺼번에 사기보다는 나누어 사라는 조언이 있어. 미래를 정확히 알 수 없다는 철학에서 나온 이야기들일 거야.

또한 늘 여유 자금을 가지고 있어야 한다는 조언도 비슷해. 여유 자금이 있으면 내가 소유하고 있는 주식이나 부동산을 굳이 나쁜 가격에 팔지 않아도 되고, 어떤 경우에는 절호의 투자 기회를 잡을 수도 있어. 금융시장도 그렇지만, 우리가 살아가는 세상은 예측할 수 없는 일들이 많단다. 완전히 알 수 없기 때문에 어떤 식으로든 여러 가능성에 대비하면서 사는 게 최선이라고 생각해. 너희들이 나중에 알게 될 보험이라는 금융상품은 이를 제도로 만든 것이란다.

앞으로의 일을 알 수 없기에 미래는 늘 가변적이야. 세상도 변하고 나도 바뀐단다. 현재의 내 삶이 만족스럽더라도 앞으로 더 하고 싶은 일이 생길 수도 있고, 예기치 않은 어려움이 닥칠 수도 있어. 너희들은 코로나19의 확산 때문에 작년에 어린이집을 많이 못 갔는데, 이 몹쓸 전염병 때문에 일자리를 잃은 사람들도 아주 많단다.

경제적 여유는 하고 싶은 일을 할 자유를 주는 동시에 어려운 일이 닥쳤을 때 나를 지켜주는 완충막 역할을 하기도 해. 아빠는 돈이 인생의 전부라는 말에는 전혀 동의하지 않아. 그렇다고 돈에 대해 애써 초연한 척하거나, 돈이 인생에서 중요한 가치가 아니라고 폄하하는 태도를 가진 사람도 좋아하지 않는단다. 대부분의 경우 그건 위선인 경우가 많기 때문이야.

어이쿠, 꼬맹이들에게 너무 많은 이야기를 했다. 그래도 하고 싶은 이야기가 아직 많구나. 아빠는 여기 쓴 글을 너희들에게 여러 번 읽어 줄 거야. 초등학교에 입학하면 너희들이 알 만한 내용을 읽어줄 거고, 중학교 때도, 고등학교 때도 너희들이 소화할 수 있는 내용은 상세하게 일러주려고 한다. 사실 너희들에게 전하고 싶은 말은 아빠 스스로 하는 다짐이기도 해. 세세한 테크닉이야 그때그때 다를 수 있지만, 경제적 자유를 얻기 위한 큰 원칙은 누구에게나 비슷하다고 생각하기 때문이야.

① 본업에 충실해야 한다
노동소득은 아주 중요

무엇보다도 일을 열심히 하는 게 중요하다고 생각한단다. 거기에 더해 아빠는 가능하면 오래 일하고 싶어. 성인이 되면 너희들이 스스로 제 앞가림을 하며 살아야겠지만, 적어도 교육을 받는 동안에는 부모가 뒷받침해줘야 한다고 생각해. 호롱이와 초롱이가 대학에 가는 해는 2035년이야. 그때 아빠는 한국 나이로 66세가 되는구나. 너희들이 대학공부를 마칠 때쯤이면 아빠 나이는 70살 전후가 되겠지. 아마도 그 나이까지 회사에서 월급을 받을 가능성은 매우 낮다고 봐야 할 것 같다.

금융회사의 정년은 60세지만, 그때까지 회사에 다니는 사람은 많지 않아. 더욱이 아빠는 회사의 임원이기 때문에 매년 재계약을 해야 한단다. 보장되는 근무 연수가 없어, 법으로 정해진 정년이 아빠에겐 의미가 없어.

가족보다 많은 시간을 보내는 회사 생활을 꼭 금전적 가치로만 환산할 수는 없어. 다만 경제적 자유를 논하는 게 이 글의 목적이니 아빠 입장에서 오래 일하는 의미를 좁게 해석하려고 한다. 오래 일하면 노동을 통해 최대한 길게 소득을 얻는다는 장점이 있어.

어차피 은퇴 이후에도 이십 년 이상은 노동 소득 없이 살아가야 하므로 아빠는 지금 하는 일을 최대한 오래 하고 싶단다. 너희들을 키우기 위해서는 노동 소득만으로는 부족해. 어떤 식으로든 투자를 하고 살아야 하는데 투자를 잘하기 위해서도 노동을 통한 소득이 있는 게 좋다고 생각해.

앞에서 투자하다 보면 예상하지 못한 일이 생길 수 있다는 점을 늘 고려해야 한다고 이야기했잖아. 만일 내가 투자한 자금이 당장의 생계유지에 필요한 돈이라면 그건 그 자체가 투자하기에 좋은 성격의 돈이 아니야. 시장은 내 마음대로 움직여주지 않아. 좋은 자산을 좋은 가격에 사는 것도 중요하지만, 어떨 때는 나쁜 가격에 자산을 팔지 않는 것도 중요해. 코로나19로 인해 주식시장이 급락했던 2020년 2~3월이 바로 그런 때였어. 주가가 바닥을 모르고 떨어지는 상황에서 주식을 들고 온전한 정신으로 버티는 건 쉬운 일이 아니야. 특히 주식을 매매해서 당장의 생활비를 마련해야 하는 사람이라면 더

욱 견디기 어려웠을 거야.

그렇지만 주식에 투자한 돈 말고도 여유 자금이 있었던 사람은 어땠을까. 주가 폭락이 오히려 기회로 다가왔을 거야. 여윳돈이 없더라도 최소한의 생계비와 상관없는 돈으로 산 주식을 보유하고 있던 사람들도 주가 폭락에 마음은 아팠겠지만 그래도 주식을 팔지 않고 버틸 여력은 있었을 거야. 투자를 통해서 생활비를 벌어야 할 사람과 생활비와 관계없는 여유 자금으로 투자를 하는 사람들의 투자 성과는 크게 차이가 날 수도 있다는 게 아빠의 생각이야.

이런 점에서 보면 노동을 통한 소득이 있는 것이 얼마나 중요한지 알 수 있을 거야. 소득과 소비의 규모에 따라 달라지긴 하겠지만, 노동을 통해 생활비를 벌면 투자한 돈에도 여유가 생겨. 어떤 상황에서라도 당장 급하게 팔아야 할 필요성은 줄여줄 수 있으니까 말이야.

또한 근로 소득은 저축을 통해 투자에 들어가는 종잣돈을 마련할 수도 있어. 단지 은행에 예금하기만 해도 예기치 않은 일이 벌어졌을 때 대처할 수 있는 유연성을 높여줄 수 있지. 아빠가 앞에서 자산이 별로 없는 사람도 여유 있는 사람처럼 행동해야 투자 세계에서의 생존 가능성을 높일 수 있다고 이야기한 것도 이런 맥락이야. 시간을 이겨낼 수 있는 여유 자금이 많을수록 투자에 성공할 확률을 높일 수 있다고 생각해.

경제적 이유 외에도 아빠는 지금 하는 일을 좋아한단다. 세상의 온갖 일들이 주가에 영향을 주기 때문에 다양한 관점에서 시장을 해석하고, 투자자들에게 조언해주는 것은 즐거운 일이란다. 전망이 어긋났을 때는 말도 못 할 스트레스를 받기도 하지만, 자기 생각을 말하면서 일할 수 있는 직업은 흔치 않다고 생각해. 은퇴하는 순간까지 시장을 분석하는 영원한 현역으로 살고 싶어. 직장 생활을 은퇴하더라도 그 동안의 경험을 바탕으로 글을 쓰고, 강의하는 금융작가가 되고 싶은 소망이 있단다.

② 절약해라
저축은 모든 자산 형성의 기본

투자하기 위해서는 종잣돈이 필요해. 그렇기 때문에 모든 투자는 종잣돈을 모으는 데서 시작하는 거야. 어떻게 종잣돈을 마련할 수 있을까? 저축 말고는 답이 없어. 또 어떤 의미에서는 저축한다는 것 자체가 일종의 투자라고 볼 수도 있어. 좀 어렵지? 아빠가 설명해줄게.

소득에서 소비하고 남은 부분을 저축이라고 해. 내가 번 돈에서 쓰고 남은 잔액이 저축이지. 저축貯蓄은 중국 사람들이 만든 한자어인데, 모아서貯 쌓아둔다蓄는 의미를 가지고 있어. 돈이 쌓인다는 의미이니 뭔가 투자에 사용할 수 있는 종잣돈과 비슷한 느낌이 들지 않니? 아빠는 두 가지 점에서 저축이 중요하다고 생각해.

첫째, 저축은 거의 유일하게 내가 컨트롤할 수 있는 부분이야. 저축은 소득에서 소비를 뺀 값이라고 말했잖아. 소득은 내가 통제하기 힘들어. 가능하면 돈을 많이 벌고 싶지만 내 맘대로 되는 건 아니야. 반면 소비는 철저하게 내가 통제할 수 있는 영역이야.

소득이 너무 적어서 필수적인 생활을 하는 데도 빠듯하다면 저축을 할 수는 없을 거야. 그렇지만 기본적인 생활에 필요한 생활비보다 더 많은 돈을 버는 경우 소비는 전적으로 나의 선택이야. 여윳돈으로 옷과 시계와 어떨 때는 값비싼 자동차를 살 수도 있어. 반대로 소비를 줄이고, 은행에 예금하거나 주식을 살 수도 있지. 이런 게 바로 저축이야. 예금을 통해 저축할 수도 있고, 주식 투자를 통해 저축할 수도 있어. 저축하는 순간부터 투자는 시작됐다고 봐야지.

흥미로운 사실은 노동 소득도 내가 통제할 수 없지만, 저축의 결과 역시 내가 통제할 수 없다는 점이야. 가장 확실성이 높은 건 은행 예금이야. 은행이 망하지 않는 한 은행은 예금자에게 약속한 이자를 줘. 설사 은행이 망하더라도 정부가 원리금 5,000만 원까지는 예금자 보호를 통해 보장해 줘. 이런 점에서 예금은 매우 큰 장점이 있지만, 문제는 이자가 너무 낮다는 점이야. 너희들이 커서 이 책을 보면 예금을 통한 자산증식이 쉽지 않다는 점을 알게 될 거야.

주식 투자를 생각해볼까? 탁월한 투자 수익을 얻기 위해서는 남다른 자질이 필요해. 꾸준한 학습과 집중력, 독립적 사고가 필요하고 가끔은 역발상을 하는 용기가 필요하거든. 많은 사람들이 부를 일구기 위해 주식 투자에 뛰어들지만 꾸준히 성과를 내는 투자자는 많지 않아. 투자 자체가 업인 펀드매니저들의 운용 성과를 보면 한두 해 시장 대비 초과수익을 내는 경우는 흔하지만, 그 성공이 3년 차 이상으로 연장되는 경우는 매우 드물어. 4년 연속 시장을 이기는 기관 투자자의 경우는 거의 천연기념물 수준의 확률로 떨어지지.

대부분의 세상일이 그렇듯이 실력뿐만 아니라 운이라는 요인도 투자의 성패를 가르는 중요한 요인이야. 다만 아빠는 시간을 견딜 수 있는 여윳돈으로 투자를 하면 승률을 높일 수 있다고 생각하는데, 이에 대해서는 뒤에서 설명할게.

노동을 통한 소득이건, 투자를 통한 소득이건 기본적으로 내가 통제할 수 없는 불확실성이 존재한다는 점을 살펴봤어. 이젠 알겠지? 소비를 절제함으로써 쌓을 수 있는 저축은 거의 유일하게 내가 선택할 수 있는 영역이라는 것을 말이야. 호롱이와 초롱이, 그리고 아빠, 엄마가 살아가는 세상을 자본주의라고 불러. '자본'이 얼마나 중요하면 자본주의라는 이름이 붙었겠니. 자본은 자기증식을 위해 움직이는 돈이야. 은행 예금도 자본이고 주식에 투자한 돈도 자본이지.

소비하는 순간 그 돈은 자본의 역할을 상실하게 돼. 다른 데 투자할 수 있는 자본과 소비를 통해 얻는 즐거움을 맞바꾸는 것이지. 자본과 소비 사이에서 균형을 잘 잡는 게 필요해. 돈이 자본의 역할을 할 수 있도록 늘 저축하고 투자하는 습관을 들이는 게 절대적으로 중요하다고 봐. 자본주의는 돈을 일하게 함으로써 부를 늘려주는 속성이 있기 때문이야. 내가 삼성전자 주식을 한 주 사면 한국에서 가장 똑똑한 사람들이 모인 집단이 나를 위해 일하는 셈이지. 자본주의는 곧 돈이 돈을 버는 세상을 뜻해.

아빠가 일하는 증권 업계에 존리라는 분이 있어. 이분은 메리츠자산운용 대표로 있는데, 존리 대표님은 자동차 살 돈, 커피 마실 돈을 아껴서 주식에 투자하라고 얘기하셔. 아빠가 말했지? 소비와 투자 사이에 균형을 잘 잡는 게 꼭 필요하다고. 너희들도 좀 더 크면 이에 대해 고민해 봤으면 좋겠구나.

저축의 두 번째 중요성은 저축을 통해 쌓은 여유 자금은 그 자체가 투자의 승률을 높일 수 있다는 점에 있어. 이자를 쥐꼬리만 하게 주는 예금일지라도 말이야. 은행에 예금된 돈은 그 자체로는 자본을 많이 증식시키지는 못해. 이자가 너무 낮으니까 말이야. 그렇지만 이 돈은 언제라도 필요할 때 사용할 수 있는 유동성이 매우 높은 자금이야.

투자의 세계는 늘 불확실하다고 아빠가 이야기했잖아. 여윳돈을 가지고 있으면 예기치 않은 투자 기회를 잡았을 때 큰 힘이 될 수 있단다. 예를 들면 작년 코로나19 초기에 나타났던 자산 가격 폭락 국면이 그랬지. 여윳돈이 있는 사람들은 위기를 오히려 큰 기회로 활용할 수 있었어.

세상은 평온한 것 같지만 늘 3∼4년에 한 번씩은 큰 사건이 생기곤 해. 아빠가 직장생활을 시작한 이후로만 봐도 1997년 IMF 외환위기, 2000년 IT 버블 붕괴, 2003년 카드 버블 붕괴, 2008년 글로벌 금융위기, 2011∼2012년 유로존 재정위기, 2015년 중국경제 위기, 2020년 코로나19 등이 불거졌고, 그때마다 주식시장을 비롯한 금융시장은 크게 요동쳤어. 결과론이지만 그때가 절호의 투자 기회이기도 했었지. 그래서 언제든지 활용할 수 있는 여유 자금은 대단한 가치를 가지고 있다고 봐야 해.

너희들의 이름으로 아빠는 예금 통장을 마련해 뒀단다. 호롱이, 초롱이가 태어난 후 외할머니를 비롯한 여러 가족이 보태준 자금과 너희들이 받은 세뱃돈, 서울시에서 받은 육아보조금 등을 모두 모아 보니 2,000만 원 정도 되는 것 같아. 이 돈은 호롱이와 초롱이 계좌에 나누어서 있단다.

아빠는 너희들이 저축의 중요성을 아는 사람들로 자랐으면 좋겠구나. 언젠가는 받게 될 용돈을 아껴서 너희 이름으로 된 통장에 쌓아나갔으면 좋겠다. 돈을 일하게 만드는 저축은 우리가 가져야 할 미덕이라는 말을 꼭 전하고 싶구나.

③ 시간의 힘을 믿어라
강력한 복리 효과

저축의 중요성에 대해서는 아빠가 충분히 설명했지? 아빠는 이자가 아주 낮은 은행 예금도 중요한 의미를 가진다고 이야기했어. 일단 투자는 빨리 시작하는 게 중요해. 어떤 식으로든 투자를 하면 돈이 돈을 버는 복리 효과를 누릴 수 있기 때문이야. 은행에 예금하면 이자를 받지. 시간이 지나면 원금에 이자가 더해진 금액을 기준으로 또 이자가 붙어. 이자가 붙는 원본의 규모가 점점 커지다 보니 시간이 흐를수록 그 효과가 커지는 거야. 복리효과야말로 말 그대로 돈이 돈을 버는 거야.

주식 투자로 큰돈을 번 미국의 워런 버핏은 복리 효과를 '눈 굴리기'에 비유했어. 눈길에서 눈덩이를 위에서 아래로 굴리면 점점 크기가 커지잖아. 워런 버핏은 눈이 굴러가는 언덕의 길이가 길면 길수록 그 효과가 극대화된다고 말했어. 워런 버핏의 재산은 2021년 1월 현재 714억 달러(78조 원)에 달하는데, 버핏 재산의 90%가 65세 이상에 형성됐다고 하는구나. 워런 버핏은 90세 할아버지인데, 11살 때부터 주식 투자를 시작했다고 해.

복리효과를 제대로 누리기 위해서는 적절한 수익률을 올릴 수 있는 자산을 잘 선택해야 해. 워런 버핏은 주식 선정을 잘해서 복리효과를 제대로 누렸다고 볼 수 있어. 그런데 투자의 세계에서는 확실한 건 거의 없다고 아빠가 얘기했지. 투자 대상을 잘못 선정하면 복리 효과는 커녕 투자 원금이 줄어들 수도 있어.

주식과 같은 위험자산 투자에서 이런 일이 벌어질 수 있는데, 예를 들어 1,000원을 투자하자마자 30% 손실을 봤다고 가정해보자. 그럼 평가 금액은 700원이 되겠지. 여기서 다시 30%가 상승했다고 하면 평가금액은 910원이 돼. 30% 하락하고 30% 상승했지만 투자 성과는 원금 밑인 셈이야.

투자 대상을 잘 선정해야 복리효과를 온전하게 누릴 수 있어. 원금이 훼손되는 리스크를 피하기 위해서 은행에 예금하면 되겠지만, 아빠는 예금에 많은 돈을 넣고 싶지는 않구나. 금리가 너무 낮아졌기 때문이야.

너희들의 할아버지와 할머니가 경제활동을 하시던 때에는 은행 예금이 최고의 자산증식 수단이었어. 연 이자율이 20%가 넘기도 했으니 말이야. 복잡한 고민 없이 쓰지 않고 아낀 돈을 은행에 예금하기만 해도 저절로 돈이 불어났어. 그렇지만 이제는 은행 예금 이자율이 1% 정도밖에 되지 않으니 예금 자체의 매력은 크게 떨어졌다고 봐야지.

숫자 72를 이자율로 나누면 그 이자율로 복리 투자했을 경우 원금이 두 배 걸리는 대략적 시간을 계산할 수 있어. 이자율이 1%라면 예금으로 원금을 두 배로 늘리는 데 걸리는 시간은 72년이야. 이자에 붙는 세금(이자소득세+주민세 15.4%)까지 고려하면 실질적으로는 85년이 걸리게 돼.

아빠는 너희들이 살아갈 세상에서도 금리가 많이 오르진 못할 것으로 보고 있어. 종합해보면 은행 예금은 자산 증식을 위한 주된 수단이 되기는 어려워. 은행 예금은 살아가면서 직면할 수 있는 예기치 않은 상황에 필요할지도 모를 유동성을 보관하는 정도로 활용해야 하지 않을까 싶어.

참 어렵지. 오랫동안 믿을 수 있는 자산에 투자해야 복리효과를 제대로 누릴 수 있는데, 좋은 자산을 선별하는 건 쉽지 않은 일이니까 말이야. 그런데 말이야 오랜 시간을 견딜 수 있는 여유 자금으로 투자하면 주식과 같은 위험자산에 투자하는 경우에도 승률을 높일 수 있어. 시간의 힘은 복리로 이자가 불어나는 데도 있지만, 위험자산 투자에 있어 낭패를 볼 확률을 크게 낮출 수 있다는 점에도 있어. 이에 대해 이야기해보자.

④ 낙관론의 편에 서라
세상은 나아지고, 주가지수는 이를 반영해 오른다

아빠가 증권회사 리서치센터장으로 일하다 보니 해마다 설이 되면 아이들에게 세뱃돈 대신 주고 싶은 주식을 추천해 달라는 부탁을 받곤 해. 언론사들에서 이런 기획을 많이 하지. 아빠의 동료인 다른 리서치센터장들은 삼성전자를 가장 많이 추천하고, 요즘은 네이버와 카카오 추천도 꽤 많아. 미국 기업인 애플이나 아마존과 같은 기업들을 꼽는 사람도 있어.

모두 훌륭한 기업들이지. 근데 아빠가 미래는 누구도 잘 알지 못한다고 이야기했잖아. 이런 점에서 보면 현재의 우량기업이 미래에도 우량기업으로 남아있을 거라는 보장은 아무도 할 수 없어. 물론 좋은 종목을 고르게 되면 아주 큰 수익을 얻을 수 있지. 삼성전자 주가는 최근 20년 동안 37배나 올랐어. 그렇지만 부실한 종목을 매수하면 부도를 맞아 재산 가치가 제로가 될 수도 있어.

실제로 최근 10년간 부도 발생 및 감사의견 거절 등의 사유로 상장 폐지된 종목 수는 279개에 달해. 종목을 잘 고르면 대박을 낼 수도 있지만, 지뢰들도 도처에 깔려 있는 셈이야. 투자 대상에 대한 면밀한 검토와 학습이 필요하다고 봐야지.

그럼 투자는 많은 지식과 통찰이 있는 사람만 해야 하는 걸까? 아빠는 그렇지 않다고 봐. 오히려 자신의 부족함을 솔직히 인정하면 다른 투자의 기회가 생길 수 있어. 아빠는 주식이 누구에게나 좋은 투자 대상이라고 생각해. 좋은 종목을 고르는 수고를 건너뛰고, 시장에 투자하기만 해도 좋은 성과를 기대할 수 있기 때문이야. 물론 이때는 시간을 사야해.

시장에 투자한다는 말과 시간을 산다는 말이 이해가 안 되지? 설명해줄게. 너희들이 자라서 학교에 가면 성적표를 받을 거야. 성적표에는 학교에서 배우는 국어, 사회, 영어, 체육, 수학 등의 과목 점수가 나오고 이를 합한 평균점수도 함께 나와.

주식시장에서는 많은 종목이 거래되는데 삼성전자와 현대차, 엔씨소프트, 농심 등 800여 개 종목의 주가가 매일매일 오르고 내리곤 하지. 상장된 종목의 주가를 모두 반영해서 결정되는 주식시장의 종합적인 성적표가 주가지수야. 학교에서 받는 성적표의 평균 점수와 비슷한 개념이야. 코스피는 한국 거래소에 상장된 800여 개 종목의 주가가 종합적으로 반영해 결정되는 한국을 대표하는 주가지수야.

시장에 투자한다는 건 주가지수와 비슷하게 움직이도록 설계된 인덱스 펀드나 ETF(상장지수펀드)를 매수하는 것을 뜻해.

주식 투자의 방법은 크게 두 가지가 있어. 한 가지는 삼성전자와 현대자동차, 또는 증권회사 직원도 잘 알지 못하는 개별 기업의 주식을 사는 거야. 아빠가 말한 대로 시장을 추종하는 인덱스 펀드 등을 매수하는 나머지 방법이 있지.

개별 주식을 매수하는 행위는 적극적 투자로 불리고, 시장을 사는 행위는 소극적 투자라고 불리기도 해. 통상 적극적 투자자들은 높은 기대수익률을 가지고 개별 기업을 선정해 투자하지만, 결과는 좋기도 하고 나쁘기도 하지. 반면 시장을 사는 소극적 투자의 성과는 적극적 투자보다 부침이 덜하다는 장점이 있어. 시간을 길게 가져가면 갈수록 소극적 투자의 리스크는 적어져. 이에 대해 좀 더 이야기해보자.

아빠가 한국을 대표하는 주가지수가 코스피라는 이야기를 해줬지. 1972년 이후 2020년까지의 49년 동안 코스피가 상승한 해는 모두 34번이었어. 하락 횟수 15개년과 비교하면 연간 코스피 상승 확률은 하락의 2배 이상이었던 셈이야. 연속 상승과 하락의 기록을 살펴보더라도 3년 연속 코스피가 하락했던 경우는 IMF 외환위기가 있었던 1995~1997년이 유일했어.

또한 2000년대 들어서는 코스피가 2년 연속 하락한 경우는 단 한 차례도 없었어. 반면 1980년대 후반 3저 호황 국면에서의 6년 연속 상승을 비롯해 코스피가 3년 연속 상승했던 경우는 4번이나 있었어. 주가지수는 장기적으로 상승해왔다고 볼 수 있지.

미국의 경우도 한국과 비슷하게 주가지수가 장기적으로 상승하는 모습이 뚜렷해. 연간 등락률을 살펴봐도 S&P500지수는 1928년 이후 93년 동안 상승 63개년, 하락 30개년으로 상승한 횟수가 훨씬 많아. 1920년대 후반에 나타났던 대공황 시기를 제외하면 S&P500지수가 3년 연속 하락한 경우는 IT 버블이 붕괴됐던 2000~2002년이 유일해. 2년 연속 하락도 1973~1974년 1차 오일쇼크 때밖에 없어.

시장에 대한 투자는 장기적으로는 승률이 높았는데, 이건 자본주의의 역동성이 반영된 결과라고 생각해. 너희들은 아직은 잘 모르겠지만, 사람은 누구나 걱정을 안고 살아가. 건강이나 학업, 가족 간의 관계, 취업과 승진 등 고민거리가 없는 인생은 없다고 생각해. 사람들이 모여서 이뤄지는 사회도 마찬가지야.

우리는 자본주의 사회에서 살고 있는데, 자본주의도 늘 고민이 끊이지 않았단다. 20세기 초에는 아동 노동을 비롯해 열악한 노동환경이 큰 문제였고, 1970년대에는 원유를 비롯한 자원고갈에 대한 우려가 자본주의를 억눌렀어. 요즘은 부의 불균형에서 비롯한 불평등의 문제가 걱정거리가 되고 있어.

온갖 비관론이 많았지만 자본주의는 이를 극복하면서 성장했어. 생산성 향상은 노동자에게 돌아가는 부의 절대 규모를 늘리면서 자본주의 시스템의 균열을 막았어. 기술의 진보는 에너지 효율을 극적으로 높여 원유의 고갈로 인류가 큰 위기를 맞은 것이라는 우려인 '피크오일론peak oil'을 비롯한 각종 자원고갈론을 물러서게 만들었지.

크게 보면 기술의 진보가 인류를 풍요롭게 만들어왔다고 볼 수 있어. 기업들이 이런 변화를 주도해왔기 때문에 기업의 가치가 반영되는 주가지수는 장기적으로 상승해 온 게 아닌가 싶어. 개별 기업들의 흥망성쇠는 엇갈렸겠지만, 종합적인 성적표로서의 주가지수는 기술의 진보를 반영해 상승했다고 볼 수 있지.

비슷한 맥락에서 시장이 장기적으로 상승했던 이유 중 하나는 주가지수가 '승자의 기록'에 다름 아니었기 때문이야. 다우지수는 미국 주식시장에서 거래되고 있는 6,000여 개 종목 중 가장 좋은 우량주 30개 종목으로 구성된 주가지수야. 다우지수도 장기적으로 상승해 왔는데, 다우지수를 구성하는 30대 종목은 고정된 게 아니라 늘 바뀌어. 실적이 악화되면서 우량주 대열에서 이탈한 종목은 다우지수 구성 종목에서 빠지고, 새롭게 부각되는 종목으로 대체해 다우지수는 장기적으로 상승해왔다고 볼 수 있어.

다우지수는 영업환경이 악화된 종목을 배제하고, 전망이 밝은 종목을 새로이 편입시켜왔기 때문에 명실상부한 '승자의 기록'이라 부를 수 있지. 한국의 코스피는 어떨까. 코스피는 다우지수처럼 좋은 종목을 따로 골라서 산정되는 지수는 아니야. 상장된 800개 종목의 주가 등락을 시가총액 가중치로 반영해서 코스피가 결정돼.

그렇지만 코스피에도 상장 폐지 제도가 있어. 좋은 종목들만을 골라 지수를 만드는 것은 아니지만, 나쁜 종목은 끊임없이 빼버려. 이런 점에서 보면 코스피 역시 당대의 승자들로 구성돼 있다고 평가할 수 있어.

이젠 알겠지. 주식시장에 대한 투자에 대해서는 낙관론을 견지하는 게 여러모로 유리하다는 점을 말이야. 개별 종목에 대한 투자는 투자자들의 능력에 따라 성과의 편차가 크게 나타날 것이고. 주식시장은 굴곡 없이 쭉 뻗은 고속도로가 아니야. 한 방향으로 오르기만 하는 게 아니라 약세장과 강세장을 오가지만, 장기적으로는 상승해 왔다고 볼 수 있지. 시장에 투자한다고 하더라도 한해 한해의 주가 등락을 정확히 예측할 수는 없어. 단지 장기적인 낙관론을 가지고, 비관론이 득세하는 약세장에서 오히려 투자의 기회를 보는 게 중요 하다고 봐.

어쩌면 투자에 있어서 성공은 지식이나 정보보다 투자를 바라보 는 철학과 태도에 더 큰 영향을 받는 것인지도 몰라. 물론 여윳돈을 가지고 투자해야 어려운 시기를 견딜 수 있겠지. 시간을 산다는 건 이런 의미야. 주식시장에 대해 장기적인 낙관론을 가지고 있더라도 1~2년 정도의 단기 주가 흐름은 아무도 알 수 없어. 약세장이 오더 라도 나쁜 가격에 주식을 팔지 않는 게 중요해. 시간을 이길 수 있는 여유 자금으로 투자하면 어려운 시기를 넘길 수 있어.

아빠는 너희들을 키우는 데 필요한 경제적 재원을 ETF에 적립식 으로 투자하면서 모으고 있어. 물론 1~2년 내 필요한 자금은 따로 예금형 상품에 넣고 있어. 어떤 경우라도 단기간 내 쓸 돈으로 주식 을 비롯한 위험자산에 투자하면 안 된다고 생각해.

아무튼 너희들이 스스로 투자할 수 있을 때까지 많은 시간이 걸릴 거야. 중간중간 각종 위기론이 득세하는 세상이 있고 온갖 비관론에 요동치는 시장도 경험하겠지. 그렇지만 앞서 이야기한 대로 흔들림 없이 투자할 생각이야.

아빠가 패시브 투자의 장점에 대해 길게 이야기했지만, 투자에 정 답이 있는 건 아니야. 스스로 열심히 학습할 수 있는 여건이 되고, 심리적인 자기 통제력을 가진 투자자라면 직접 투자를 선택해도 좋다고 봐. 문제는 준비가 안 된 투자자들이 직접 투자에 뛰어드는 거야.

오히려 스스로의 부족함을 인정하는 투자자가 장기적으로는 더 나은 성과를 기록할 가능성이 높다고 생각해. 기대치를 낮추는 것 자체가 훌륭한 투자자가 되기 위한 중요한 자질이야. 아빠는 야구를 참 좋아하는데, 어깨에 힘을 빼는 일이 위대한 홈런 타가가 되는 첫걸음인 것처럼 말이야.

⑤ 취향을 가져라
돈으로 살 수 없는 것

투자에 대한 조언을 하는 책이다 보니 아빠가 돈 이야기를 많이 했구나. 경제적 자유는 살아가는 데 아주 중요한 덕목이야. 이 책에 있는 내용들을 너희들이 여러 번 읽었으면 좋겠구나. 다만 돈으로 살 수 없는 가치들도 많다는 점은 꼭 생각해야 해. 가족 간의 우애, 친구와의 우정, 지식으로부터 얻는 성취감 등은 화폐가치로 환산할 수 없는 가치들이야. 물론 빈곤이 이런 가치들을 훼손시킬 수도 있어서 경제적 자유를 누리면서 사는 건 아주 중요해.

그렇다고 돈이 삶의 다른 가치들을 충족시켜주는 충분조건은 절대로 아니야. 성공한 투자자 워런 버핏은 11살 때부터 주식 투자를 시작했다고 말했지. 아빠는 너희들을 워런 버핏과 같은 사람으로 키우고 싶은 마음은 전혀 없지만, 살아가는 데 필요한 경제적 관념은 꼭 가졌으면 하는 바람으로 이 글을 쓰고 있어. 아빠는 너희들이 양식 있는 교양인, 지각 있는 시민으로 자랐으면 좋겠어. 무엇보다도 화폐가치로 환산하지 못할 너희들만의 확고한 취향이 있었으면 좋겠구나. 경제적 자유는 이런 삶을 가능하게 하는 도구일 뿐이야.

코로나19 이후 투자 시장의 흐름은?

김학균 2020년 팬데믹으로 인해 실물 경제는 극심한 침체를 경험했지만, 주식을 비롯한 자산시장은 초활황세를 나타냈어요. 2021년은 코로나 백신 보급 등의 영향으로 2020년보다는 경제 성장률과 기업실적 모두 큰 폭으로 개선될 것으로 기대됩니다. 다만 펀더멘털 회복에 대한 기대는 이미 주가에 충분히 반영된 게 아닌가 싶습니다.

세계적 팬데믹이라는 아무도 예상하지 못한 사태에도 주가가 급등할 수 있었던 이유는 중앙은행의 공격적인 유동성 공급 정책에 있었다고 봅니다. 2021년도 중앙은행이 얼마나 솜씨 있게 정책을 풀어내느냐에 따라 주식시장의 움직임이 좌우될 것으로 보고 있습니다.

신현준 2019년에서 2020년으로 넘어오면서 갑작스럽게 들이닥친 코로나19는 대공황급으로 실물 경제에 큰 타격을 줬어요. 투자시장의 지형도 크게 뒤흔들어 놓았지요. 거시경제적으로 보면 코로나19의 충격은 최소 1~2년 더 지속되면서 경제에 타격을 주게 될 것 같습니다. 산업 패러다임의 전환기에 고전하고 있는 기업과 자영업자들은 수출과 매출 부진까지 겹쳐 저금리 부채에 의존하여 생존의 긴 터널을 지나야 합니다. 이 과정에서 비즈니스 모델이 훼손되는 기업은 도산할 수도 있습니다. 이들을 지원해야 하는 정부와 소득감소가 불가피한 개인의 기초 체력이 떨어지며 많은 정상기업이 한계기업*으로, 한계기업은 좀비기업으로 변할 수 있습니다.

> **한계기업**
> 이자보상배율(영업이익을 이자비용으로 나눈 비율)이 3년 연속 1 미만인 기업. 돈을 벌어도 이자조차 갚지 못하는 상태가 3년째 계속된 기업을 뜻한다.

우리나라는 그나마 선방하여 2020년 –1.0% 역성장했으나 세계적으로는 -4%대 역성장하여 2008년 글로벌 금융위기를 능가하는 충격을 받았죠. 세계 주식시장은 코로나 초기 30% 이상 폭락하였고, 뉴욕의 주택시장도 가격대별로 10~30% 정도 하락했습니다. 각국 정부가 2008년 위기 때를 넘는 수준의 신속한 통화 · 재정 확장정책을 실시한 데 힘입어 주식시장은 빠른 회복세를 보였습니다. 코로나 2차, 3차 확산에 따른 조정을 거쳐 유동성 랠리를 보입니다.

김학균 주요 중앙은행들이 팬데믹 국면에서 실력을 발휘할 수 있었던 데는 2008년 리먼브라더스 파산 직후의 학습효과가 크다고 봅니다. 리먼브라더스를 어설프게 날려버린 결과 심각한 시스템 리스크가 발생하니 중앙은행들이 뒤늦게 나섰지요. 2008년 금융위기에서 중앙은행들이 배운 교훈은 유동성을 공급하기로 마음을 먹었으면 '신속하게, 시장의 예상보다 더 큰 규모로' 정도가 아니었을까 싶습니다.

저는 중앙은행이 인류가 만들어 낸 가장 위대한 발명품 중 하나라고 생각합니다. 투자자 입장에서는 더 그렇습니다. 미국의 중앙은행 시스템인 연방준비제도는 1914년에 설립됐습니다. 연방준비제도 설립 전의 미국에서는 경기가 한 번 침체에 빠져들면 10~20년의 하강세가 나타났습니다. 경기 침체가 아주 장기화됐던 셈인데요. 왜 이런 일이 벌어졌냐면 경기 침체 국면에서 오히려 금리가 상승했기 때문입니다.

우리에게 익숙한 직관과는 반대의 일이 벌어진 것인데요. 이는 돈에 대한 수요와 신용위험이라는 두 가지 변수에 의해 금리가 결정되기 때문입니다. 돈에 대한 수요라는 관점에서 보면 경기침체는 금리를 하락시키는 요인입니다. 아무래도 기업들이 투자를 꺼릴 테니까요. 신용위험이라는 관점에서 보면 반대의 힘이 작동합니다. 경기가 나쁘면 돈을 빌려주는 차주 입장에서는 빌려준 돈을 떼일 가능성이 높아지기 때문에 대출에 소극적인 태도를 나타낼 가능성이 높기 때문이지요. 돈에 대한 수요와 신용 리스크 중 어느 쪽의 힘이 더 크게 작용했는가를 역사적으로 검토해보면 경기 침체기에는 신용 리스크가 더 큰 영향을 줬습니다.

시드니 호머Sidney Homer와 리처드 살라Richard Sylla는 《금리의 역사》라는 매우 두꺼운 책을 펴냈습니다. 이 책에는 오천년에 걸친 이자율 변동의 기록이 나옵니다. 이 책은 20세기 이전에는 사회가 혼란스럽고, 경기 침체가 극심할 때 이자율이 오히려 상승했음을 보여 줍니다. 경기가 나쁠 때는 금리를 낮춰야 하는데, 신용위험이 반영돼 금리가 상승하니 경기침체가 길어질 수밖에 없었던 것이지요.

이런 악순환은 중앙은행이 등장하면서 깨져버립니다. 신용위험에 연연하지 않고 돈을 풀 수 있는 주체가 생겼기 때문입니다. 중앙은행은 '경제의 최종대부자'라고 불립니다. 중앙은행 설립 이전의 경기침체 장기화를 생각해보면 이 말이 더 깊게 와 닿을 겁니다. 코로나 전후한 시기뿐만 아니라 글로벌 금융위기 이후의 십수 년의 시간 동안 중앙은행이 메인 플레이어 역할을 해왔다고 생각합니다. 투자자들에게는 중앙은행의 의중을 읽는 게 아주 중요한 일입니다.

신현준 이번에 주요국의 중앙은행과 정부가 신속하게 움직인 것은 과거 경험에 의한 학습효과 덕택이 컸어요. 이번 팬데믹 위기가 특정 경제, 금융 주체에 책임을 묻기 어려운 차이도 있었지요. 통상 경제 금융위기가 발생하면 책임이 있는 주체에 준엄한 책임을 묻고, 지원의 당위성이 논의된 후 실제 지원이 이루어지지 않습니까? 이번 팬데믹 위기의 경우 사람이나 경제금융시스템의 잘못이 아니기 때문에 이런 과정이 전혀 필요 없었지요.

다른 한편으로 볼 때, 이번 위기는 경제봉쇄에 따른 소비 격감으로 시작해서 언택트 수혜업종을 제외한 전통산업을 중심으로 광범위한 업종에 매출액과 소득 손실을 일으켜 전반적으로 부채를 늘릴 것으로 보입니다. 재정정책도 피해업종에 대한 지원과 재난지원금 지급 차원에서 필요하겠지만, 더 보편적인 효과가 있는 금리통화정책의 중요성이 커지는 것이죠.

2008년 위기 극복을 위한 양적완화 자금이 제대로 회수되지 않은 가운데 그 이상의 양적완화가 이루어지고 있습니다. 이에 많은 사람이 앞으로 자산시장과 실물시장의 인플레이션이 어떻게 될 것인가 관심을 갖고 있습니다. 당분간 통화 유동성으로 실물을 지탱하는 것이 불가피하지만 벌써 주식시장을 중심으로 저금리로 인한 과열의 조짐이 나타나지 않습니까?

문제는 코로나19가 백신 효과 등으로 어느 정도 제어되면서 지원책이 중단되고, 보복소비와 원자재 가격 상승이 올 수 있다는 것이에요. 이에 따라 예상 인플레이션이 높아져 시장 금리가 상승한다면 채무부담에 경제와 금융시장이 큰 충격을 받을 수 있다는 것입니다. 양적완화를 실행할 때는 8차선 고속도로와 같이 신속히 대규모로 들어갈 수 있지만, 막상 나올 때는 울퉁불퉁한 시골길을 돌아나와야 해서 시간도 오래 걸릴 것입니다.

앞으로 투자시장의 흐름에는 2021년에 새로 출범한 바이든Biden 행정부의 행보, 코로나 학습효과와 백신 상용화 추이, G2 패권 경쟁의 경로와 충격 등의 요인이 중요합니다. 이와 함께 실물시장과 자산시장의 균형을 조율하는 중앙은행의 대응 능력도 주의 깊게 지켜볼 필요가 있어요.

💬 김학균 2020년에 대부분의 자산이 급등하면서 이젠 밸류에이션이 싼 자산을 찾기는 힘들어졌습니다. 저평가 메리트는 이미 없어졌고, 버블이냐 아니냐 정도의 논란이 있을 뿐입니다. 한국 주식시장을 예로 들면 코스피 12개월 예상 PER은 15.7배(2021년 2월 2일 기준)까지 높아졌습니다. 역사적으로 코스피의 PER은 10 내외에서 움직여 왔는데, 주가 급등으로 밸류에이션 레벨이 크게 높아졌습니다. 중국·러시아보다는 높고, 영국·독일과 비슷한 수준입니다.

자산 가격이 과하게 올랐다면 투자를 안 하는 것도 나름의 선택이지만, 말처럼 간단한 문제가 아닙니다. 요즘 자산 가격이 버블이라고 하더라도 그 거품이 얼마나 더 부풀어

오른 후 터질지는 아무도 모르는 일인 데다 무엇보다도 주요국의 정책이 계속해서 버블을 부추기고 있기 때문이죠.

요즘에는 스페인과 포르투갈의 금리 움직임을 눈여겨보고 있어요. 몇해 전까지 재정위기에 시달리던 이들 국가의 10년 만기 국채수익률이 마이너스권으로 떨어졌기 때문입니다. 유럽중앙은행의 완화적 정책이 강화되면서 금리가 마이너스까지 떨어진 것입니다.

상식적으로 말이 안 되는 일이지만 한 때 '재정 부실국'의 금리도 마이너스인데, 15배 정도인 코스피의 밸류에이션을 버블이라고 부를 수는 없는 게 아닌가 싶습니다. 다만 글로벌 금리가 상승하게 되면 주식시장도 큰 타격을 받을 수 있어 금리의 움직임이 2021년 주식을 비롯한 자산시장 전반의 향방을 결정할 것 같습니다.

🖂 **신현준** 모든 투자자산의 전형적인 가치평가 모형은 미래 수익 흐름을 할인율(이자율 + 리스크 프리미엄)로 나누는 것입니다. 분자인 미래 수익 흐름이 감소한다고 해도 분모를 구성하는 저금리의 장기화와 위험자산에 대한 리스크 프리미엄이 낮아지면 자산 평가가격이 올라갈 수 있습니다.

지금 상황이 이러한 구조적인 자산 가격의 레벨업 과정인지 유동성 과다 공급에 따른 단기 오버슈팅 이후 조정을 받을지 의견이 분분해요. 그러나 세계 경제는 2008년 글로벌 위기나 코로나19로 인한 양적완화와 제로금리를 빼고 생각해 봐도 저출산, 고령화, 과잉 저축, 저금리, 저성장구조 고착화라는 장기추세를 고려하면 전반적인 위험자산의 가격 레벨은 상승할 것으로 예상됩니다.

한국의 과거 PER이 10이라는 것은 주식 보유의 기대 수익률이 10%라는 것으로 뒤집어 볼 수 있습니다. 경제의 성숙도와 잠재력보다 과도하게 주가가 디스카운트 되었던 것으로 보입니다. PER이 16 수준으로 올라왔다는 것은 주식의 기대수익률이 6%라는 것입니다. 4~5%인 부동산 등 여타 투자자산의 위험대비 수익률과 비교했을 때, PER

16은 한국경제와 산업의 현재 능력에 적절해 보입니다. 코리아 디스카운트의 여타 요인이 해소된다고 가정했을 때도 그렇습니다.

다만 최근 상승세가 동학개미 등 개인투자자의 공격적 가세로 가파르게 달려온 측면을 감안해야 할 필요가 있어요. 2021년 하반기 중 코로나가 제어되는 전망에 맞추어 어느 정도 조정을 받는 것이 불가피할 것 같습니다.

💬 **김학균** 미국 연방준비제도의 스탠스는 조심스럽게 바뀌고 있습니다. 2020년 12월에 열렸던 FOMC(연방공개시장위원회)에서 논의된 내용을 담은 회의록이 2021년 1월에 공개됐어요. 회의록에서는 팬데믹 이후 처음으로 'upside risk(경기 상방 위험)'와 'tapering(양적완화 축소)'이라는 단어가 언급됐습니다. 2021년 경기가 예상보다 좋을 수 있어 중앙은행이 돈 푸는 속도를 완화시킬 수도 있다는 내용인데요. 이제 중앙은행과 시장의 본격적인 밀고 당기기가 시작됐다고 생각합니다.

💬 **신현준** 미 연준의 스탠스는 전 세계 중앙은행들의 스탠스와 세계 경제, 금융시장 흐름에 큰 영향을 줍니다. 지난 10년간 인플레이션이 상당 수준 안정되었기 때문에 미 연준의 금리 결정은 고용이나 성장률에 크게 좌우되었던 것이 사실입니다. 새로 출범한 민주당 바이든 행정부는 확장 재정의 기조를 갖고 있습니다.

이에 따라 균형을 잡는 차원에서 미 연준이 인플레이션 파수꾼의 역할을 할 것으로 예상해 볼 수 있겠죠.

우리가 2008년 글로벌 위기 대응 과정에서 알게 된 교훈 중 하나는 양적완화에 들어갔다가 나오는 데 시간이 오래 걸리고 매우 어렵다는 것입니다. 2013년에 벤 버냉키Ben Bernanke 연준 총재가 테이퍼링tapering*의 필요성을 얘기했다가 긴축발작*으로 주가 하락, 금리 상승, 외환시장 혼란을 초래한 일이

> **테이퍼링**
> 연방준비제도가 양적완화 정책의 규모를 점진적으로 축소해나가는 것. 출구전략의 일종이다.
>
> **긴축발작**
> 선진국의 양적완화 축소 정책이 신흥국의 통화 가치와 증시 급락을 불러오는 현상.

오퍼레이션 트위스트
장기국채를 사들이고 단기국
채를 매도함으로써 장기금리
를 끌어내리고 단기금리는 올
리는 공개시장 조작방식이다.

있었습니다. 이후 2020년 코로나19가 발생하기 전까지 10년 동안 2%p의 정책금리 인상과 유동성의 일부밖에는 회수하지 못했죠.

최근 미국의 기대 인플레이션이 상승하고 이자율 곡선yield curve 이 조금 일으켜 세워져서 장단기금리 차이가 1%p로 확대되고 있습니다. 그러나 아직 테이퍼링을 얘기할 시기는 아니라고 봅니다. 다만 금리가 급하게 오르는 것은 시장의 변동성을 확대할 것으로 보입니다. 시장에서는 인플레이션과 금리 상승에 대해 많은 이야기를 하고 있지만, 많은 전문가는 미국의 10년물 국채금리가 2021년 연말까지 1.8% 내외로 완만하게 상승할 것으로 전망하고 있습니다.

중앙은행은 대부분 자산시장의 버블을 걱정하기 때문에 시장에서 일어나는 인플레이션에 대한 공포를 어느 정도 용인할 가능성이 있습니다. 심리적으로 버블을 제어하는 효과가 있을 테니까요. 만약 시장이 중앙은행의 의도를 넘어 금리 상승 움직임을 보인다면 구두 개입이나 장기채 매입에 나서는 오퍼레이션 트위스트Operation Twist*도 예상해볼 수 있습니다.

실물 경제가 어렵고 회복을 확신할 수 없는 상황에서 실제 금리 인상은 너무 위험한 일일 것입니다. 실물 경제는 코로나19의 경로와 바이든 행정부의 1조 9,000억 달러 추가 재정지출의 효과에 따라 달라지겠지만, 2021년 또는 2022년에 기술적 반등을 거쳐 향후 몇 년간 저성장의 경로를 따라갈 가능성이 큽니다.

다만 제로금리와 풍부한 유동성에 따라 부동산, 주식 등 자산 가격 인플레이션이 1~2년간 발생할 것으로 예상됩니다. 중앙은행 입장에서는 코로나로 인한 경기 침체로부터 회복될 가능성이 확실히 보이는 시점에 이를 제어하기 위한 금리 인상을 할 것으로 예상됩니다. 2%p 이상의 정책금리 인상이 가시화되면 주식과 부동산 등 자산시장에 큰 폭의 조정이 올 수 있습니다.

미국 국채 이자율 곡선

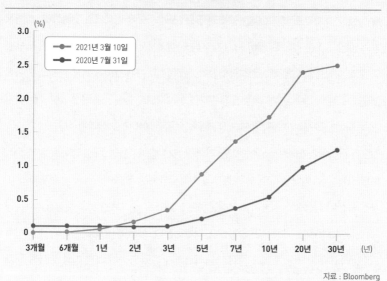

자료 : Bloomberg

📧 김학균 금리가 상승하면 주식시장이 흔들릴 수 있다고 말씀드렸는데요. 인플레이션 압력이 커질 때 금리가 상승합니다. 인플레이션이 나쁜 것만은 아닙니다. 오히려 완만한 물가 상승은 경제의 활력을 보여주는 증표입니다.

다만 물가가 가파르게 오르는 것은 경제의 과열 징후로 금리 상승을 불러올 수 있습니다. 연방준비제도 제롬 파월 의장이 계속 공언하고 있는 것처럼 중앙은행이 선제적으로 금리를 올리지는 않을 것입니다. 그렇지만 물가가 상승하면 중앙은행이 통제하기 힘든 장기금리가 인플레이션을 반영하면서 빠르게 상승할 수 있습니다.

2011년과 2018년에도 물가가 상승하면서 미국 장기금리가 빠르게 상승했습니다. 당시 인플레이션은 경기 회복이 반영된 결과였지만, 미국 증시는 조정을 받았습니다. 주식시장이 실물경기보다 저금리에 더 큰 영향을 받고 있기 때문입니다. 2021년 시장에 대처할 때 참고할 만한 부분입니다.

🔲 신현준 글로벌 위기 이후 지난 10여 년간 주식, 부동산 등 자산시장은 성장률, 고용 등 실물 경제의 기초체력보다는 금리와 유동성에 더 크게 반응하고 있습니다. 머니게임의 양상이 커진 것이죠. 특히 장기 제로금리는 앞에서 이야기한 대로 자산 가격 레벨의 구조적 상승을 이론적으로 정당화할 수 있습니다. 기저 효과에 따른 경제의 기술적 반등과 보복 소비가 상승 작용을 일으킨다면 일시적으로 물가 상승이 일어날 수는 있지만, 중장기 인플레이션 전망에 크게 영향을 줄 수준은 아니라고 생각합니다.

장단기 금리차가 현재 1%p 수준이면 미국채 10년물 이자율이 1.6% 내외로 일부 정상화될 것입니다. 이렇게 되면 향후 경제의 회복세와 예상 인플레이션의 상승에 따라 이자율 곡선이 정상적인 기울기로 우상향하는 그래프로 돌아오는 것을 예상해 볼 수 있죠. 전문가들은 이를 그래프가 일어선다, 가팔라진다고 이야기합니다.

기준금리가 0~1%p 수준이고 장단기 금리차이가 1~2%p 정도라면 미국 10년물 국채 금리가 2%p 대를 유지할 것입니다. 이는 경제의 회복세와 완만한 인플레이션을 의미하는 것이므로 주식 등 자산시장에는 오히려 좋은 신호를 줄 수 있습니다.

🔲 김학균 구조적으로 인플레이션이 생기기 어렵다는 의견도 많아요. 주요 제조업은 여전히 공급과잉이고, 팬데믹으로 인한 실업 증가와 선진국의 고령화 등으로 인해 수요는 정체되고 있어 구조적 물가 상승이 어렵다는 지적은 일리가 있습니다. 실제로 2008년 글로벌 금융위기 이후 선진국을 중심으로 한 글로벌 경제는 인플레이션보다 디플레이션의 그림자가 더 짙게 나타났다고 볼 수 있습니다.

다만 이런 의견을 받아들이더라도 2021년에는 국지적이나마 인플레이션 리스크를 고려해야 합니다. 경제가 정상화되면서 코로나로 인해 억눌린 수요가 폭발할 가능성이 높기 때문입니다. 2021년에 현실화될 가능성이 높은 순환적 경기 회복 가능성은 그 자체로 물가를 올리는 요인입니다.

특히 소위 보복 소비가 나타날 가능성이 높습니다. 미국의 가계저축이 크게 늘어났기 때문입니다. 저축은 소득에서 소비를 제한 금액입니다. 2015~2019년 미국의 가계저축은 연간 1조 1,000억~1조 4,000억 달러 범위에서 증가했지만, 2020년에는 3조 4,000억 달러나 늘어났습니다. 팬데믹 국면에서 없어진 일자리가 아직도 1,000만 개 정도지만, 정부의 보조금 지급 규모가 컸고 물리적 이동의 제약으로 제대로 소비하지 못했기 때문입니다.

주식 투자자의 관점에서 보면 2021년에는 미국 정부의 경기 부양책이 너무 과하지 않는 게 좋다고 봅니다. 저절로 인플레이션이 생길 수 있는 환경에서 정책적 자극이 강하게 더해지면 물가가 빠르게 상승할 수 있기 때문입니다. 2018년의 상황이 그랬습니다. 당시 미국 경제는 순조롭게 팽창하고 있었는데, 2017년 말 트럼프 행정부에서 시행한 파격적 감세 조치로 경기가 과하게 달아올랐습니다. 인플레이션 부담은 가중됐고, 장기 금리가 빠르게 치솟으면서 주식시장도 조정을 받았습니다.

실물 경제와 자산시장의 불균형을 생각하면 정부의 부양책이 여전히 절실합니다. 그러나 주식시장에서는 평온한 저금리 환경을 흔드는 이런 상황이 리스크로 작용할 수 있다고 봅니다. 저금리 환경에 크게 기대고 있는 주식시장 입장에서는 코로나보다 인플레이션에서 비롯되는 금리 상승이 더 두려운 일입니다.

2021년은 인플레이션 압박이 커질 수 있는 2분기 정도에 시장 참여자들의 긴장이 높아질 것 같습니다. 다만 구조적으로 금리가 상승할 가능성은 높지 않기에 일시적 금리 상승으로 주식시장이 조정을 받는 시기를 시장 진입의 기회로 활용하면 좋겠습니다.

신현준 글로벌 위기와 팬데믹 등으로 세계 경제와 금융시스템 체질의 취약성은 지속되고 있습니다. 단기간 내 개선을 기대하기 어렵고 상당 기간 갈 수 있다는 것이죠. 지금 상황에서는 팬데믹을 딛고 세계 경제가 정상 궤도로 복귀하는 것이 가장 큰 과제입니다. 회복과정에서 단기적인 물가 상승이 있더라도 실질금리가 마이너스이고 인플레이션 기대치도 그리 높지 않아 상당 기간 장기(미 국채 10년물) 금리는 낮은 수준에 있을 것 같습니다. 각국 정부의 팬데믹 위기 극복을 위한 재정지출이 주로 국채발행을 통해 이루어지면서 국채 시장의 수요공급 조건에 따라 중장기 금리 위주로 오를 수는 있습니다. 그렇지만 중앙은행이 중장기 국채를 사들이는 오퍼레이션 트위스트로 상당 부분 관리가 가능할 것으로 봅니다.

시장금리 상승세의 초입에서는 경기회복세에 대한 기대로 주식 등 자산 가격이 강세를 보입니다. 2018년과 같이 미국의 10년물 국채금리가 3%를 넘게 되면 주식 등 자산 시장에 본격적인 경보음이 울릴 수 있죠. 2008년 글로벌 위기 때는 이렇게 되기까지 10년이 걸렸는데 이번에는 얼마나 걸릴지 아직 예상하기 어렵습니다.

한편으로는 코로나19로 인한 경제적 봉쇄가 풀리면서 보복 소비와 기업투자가 폭발적으로 일어날 수 있습니다. 이렇게 되면 주식 등 자산시장에서 상당 규모의 자금이 유출될 가능성이 있어 이런 부분에도 유의해야 합니다. 가계와 기업의 저축이 원래의 수준으로 복귀하면서 자산시장도 수급에 따른 조정을 겪을 가능성이 있습니다.

인플레이션과 금리 상승, 가계 소비와 기업 투자의 변화와 함께 향후 투자시장의 흐름에서 주목해서 봐야 할 주제는 미중 패권 경쟁의 경로와 영향이라고 할 수 있습니다. 중국의 경제 규모가 급속히 커지고 위상이 높아지면서 트럼프 행정부도 관세 부과, 기술 규제 등을 통해 견제했습니다. 대선을 앞두고 경제적 충격을 우려하여 휴전에 들어갔지요. 민주당인 바이든 행정부는 다자주의 틀 속에서 홍콩, 신장 등 인권 문제를 강하게 제기할 것입니다. 슈퍼콤, 차세대 통신, AI 등 하이테크 기술을 중심으로 공정 경쟁을 관철시키려는 서방 연대를 구축할 것으로 보입니다.

또 대만, 남중국해 등 인도·태평양 지역에서 중국과 대립하는 안보협의체(쿼드)를 가동할 것으로 보여 정치·군사적 긴장이 높아질 가능성이 큽니다. 이와 같은 움직임이 당장 세계 경제를 위협하지는 않겠지만 코로나19의 부정적 영향에서 어느 정도 벗어나는 2~3년 후에는 본격적인 리스크 요인으로 작용할 것으로 보입니다.

돈을 내 편으로 만드는 법

성공과 행복으로
가득한 부를 수확하라

부와 경제적 자유를
동시에 달성하자

우리는 이 책에서 자기 자신에 대한 투자를 포함한 가장 넓은 의미의 투자, 또 경제적 독립은 물론 이를 넘어서는 경제적 자유라는 인생 목표달성과 관련한 투자 전략에 대해 이야기하고 있다. 이러한 목적의식 없이 단순히 돈과 부를 추구하는 것은 나침반 없이 망망대해를 항해하는 것과 다를 바 없기 때문이다. 또 돈을 벌어 부를 이룬 후에 밀려드는 허무감으로 방탕과 정신적 아노미 상태에 빠지게 되는 경우도 많다.

어떤 사람은 이런 부분을 강조하면서 금욕적인 생활과 물질보다 우월한 정신 승리를 주창하곤 한다. 사실 돈 자체가 성취감, 자유와 같이 우리 인생의 행복과 관련되는 가치들을 직접적으로 가져다주지 못한다는 주장을 반박하기 어렵다. 그러나 경제적 궁핍이 경제적 독립을 어렵게 하고 삶을 경제에서 자유롭게 하지 못한다는 현실도 인정해야 한다. 우리가 아는 많은 사람은 직업과 사업을 통해 얻은 소득의 저축과 투자의 성공을 통해 부를 이룬다. 이를 통해 얻은 경제적 자유를 즐기면서 가족과 친구와 함께 행복한 인생을 살아가고 있다.

고차원적인 인생의 가치에 집중하면서 돈이 스스로 일하게 하는 것이 중요한 것이다. 그래서 동서고금을 막론하고 '돈을 쫓지 마라. 돈이 너를 쫓아오게 하라'는 말이 있는 것 같다. 비유가 과도하긴 하지만 카지노와 경마장에 죽치고 앉아 한탕을 노리는 사람들의 얼굴은 어떠한가? 탐욕과 피로에 찌들어 행복이 머물 공간이 있기라도 한 것인가? 돈을 벌고 부를 이루는 것은 행복한 인생을 사는데 중요한 기초를 제공하는 것이지, 그 자체가 목적은 아니다. 돈을 벌기 위해 본인과 가족, 주변 사람을 버리고 얻을 수 있는 것은 아무것도 없다.

'기회의 나라' 미국에서 조기 은퇴가 유행했을 때 아마 이들은 같은 생각을 했을 것이다. 일한다는 것은 힘들고 괴로운 것이고 하루라도 빨리 금전적인 부를 이루고 일에서 벗어나 인생의 의미를 추구하자! 그러나 우리가 매일매일 하는 일은 단순히 돈을 버는 행위만을 의미하지는 않는다. 업무와 관련된 수많은 인간관계와 자기 성취 등도 함께 뜻한다. 조기 은퇴했던 이들 중 많은 사람이 원래의 직업이나 새로운 사업으로 복귀한 것은 이런 깨달음의 결과가 아니었을까?

미국에서 창업했던 보안솔루션 회사를 팔고 70세에 은퇴했던 사업가가 몇 년 만에 새로운 사업체를 만들어 현역 복귀하면서 한 말이 생각난다. "은퇴 후 마음을 잡지 못하여 방황하고 기운도 빠졌었는데, 다시 복귀하고 보니 힘과 에너지가 샘솟는 것을 느껴. 사업체를 경영하는 것이 내 인생의 진정한 의미라는 것을 새삼 깨달았지."

경제적 독립이나 경제적 자유와 함께 인생의 가치 있는 목표와 투자를 생각하는 습관을 가져야 한다. 그래야 길을 잃지 않고 목적지에 도착할 수 있고, 내가 목적지에 도착했다는 사실도 알 수 있다.

우리의 평생을 관통하는 '부와 경제적 자유 동시달성을 위한 전략'을 살펴보자.

① 젊은 시절에는 자기 자신에게 아낌없이 투자하기.
② 선택한 직업을 즐기면서 전문성을 높여 나의 능력 발휘하기(피할 수 없으면 즐겨라!).
③ 불필요한 지출을 줄이고 현명한 투자를 이어가 경제적 독립을 넘어 경제적 자유 달성하기.
④ 은퇴 후, 지나온 삶의 궤적에서 생각한 보다 고차원적인 인생의 목적과 행복 추구하기.

이러한 전략들을 성공적으로 수행한 후 은퇴해서 인생에서 부와 경제적 자유를 모두 달성한 사람의 일반적인 모습은 다음과 같다.

① 본인이 선택한 직업에서 비록 최상은 아닐지라도 일정 정도 이상의 성공을 이루고, 신뢰할 수 있는 동료 및 친구 관계를 남긴다. 몇백은 아닐지라도 몇십 명은 가능하다.
② 검약의 규율이 몸에 배어 불필요한 소비를 하지 않지만, 필요한 것과 필요한 곳에 돈을 쓰는 데 인색하지 않아 전반적

인 삶이 풍요롭다. 자신의 즐거움과 행복을 위한 소비도 좋고, 남을 도와주는 기부나 자선을 통한 정신적 기쁨과 행복도 좋다.

③ 평생 기초부터 제대로 된 공부를 통해 투자시장에서 현명한 투자를 이어왔기 때문에 은퇴 후에도 지속해서 좋은 투자 기회를 발견하여 투자소득을 올리고 부를 늘려간다.

④ 인생의 여정에서 발견한 더 나은 가치를 추구하는 삶을 살기 때문에 활기차고 건강하다. 여기서 말하는 더 나은 삶이 꼭 형이상학적, 철학적 의미만은 아니다. 어떤 사람은 새로 창업하거나 귀농·귀어를 해서 농사를 짓고 고기를 잡기도 한다. 어떤 사람은 후배들을 가르치거나 저술 활동에 몰두한다. 어떤 사람은 이웃과 사회와 국가를 위한 봉사의 길로 간다.

불확실한 시대에
오래 이길 수 있는 투자 전략

투자 자산을 잘 배분해 한 바구니에 모든 달걀을 담지 않는 것이 항상 더 높은 수익을 가져다주지는 아니다. 어떤 시기나 상황에서는 오히려 한 가지에 집중투자하거나 최대한 레버리지를 일으킨 '영끌' 전략이 더 높은 수익률을 가져다줄 수 있다. 그런데도 우리는 왜 배분하고 때로는 참고 기다려야 하는가?

첫째, 일단 살아남자

인생이나 투자는 모두 경로 의존성을 가지기 때문에 일단 살아남아야 다음 게임을 플레이 할 수 있다. 어느 시대라도 지금보다 덜 불확실한 시대는 없었다. 특정 시대를 살아가는 사람들에게 미래는 항상 알 수 없는 영역이었다. 앞서 Lesson2에서 경로 의존성의 의미를 설명했지만, 나심 탈레브는 《안티프래질》이라는 저서에서 경제 금융 위기와 같은 꼬리위험tail risk*은 예측이 불가능하다고 했다.

사실 우리의 경험치도 크게 다르지 않다. 사람들이 위기에 대해 속삭이기 시작하면 위기가 잘 오지 않는다. 반면, 사람들이 방심하는 순간에 청룡열차에서 가파르게 하강하듯이 위기는 갑자기 찾아온다. 이런 시기가 되면 좋은 투자 기회

들이 쏟아지지만, 대부분 개인이나 기관 투자자의 재무 상태는 크게 악화되어 추가적인 투자를 수행할 수 없는 경우가 많다.

비록 여유 자금이 있더라도 공포에 사로잡혀 행동이 굼뜨고 현명하게 움직이지 못하는 경우가 대부분이다. 실제 위기가 도래했는데 나의 포트폴리오는 망하는 기업의 주식을 레버리지를 더해 보유하고 있다고 가정해보자. 생각하기에도 끔찍한 일일 것이다. 경제적 파산도 생물학적 죽음과 크게 다르지 않으니 일단 살아남아야 한다.

예지력이 없는 인간으로서 우리가 할 수 있는 최선은 앞으로 시장이 어떤 요인에 따라 어떤 움직임을 보일지 스토리 라인을 만들어 대응하는 것이다. 이때 적절한 배분을 통해 목표로 하는 수익률을 추구하면서 어떤 상황에도 치명적 손실을 보지 않는 포트폴리오를 구축하는 것이 중요하다.

워런 버핏은 제1 투자원칙으로 '절대 손해보지 마라'고 말했다. 그러나 그도 개별 종목에서 단기적으로 큰 손해를 보는 경우가 있었고 젊은 시절에는 수많은 시행착오를 거쳤다. 그와 투자 철학을 함께 나누는 사람들과 투자조합을 설립하면서 비로소 진정한 장기투자가 가능해졌다. 계속 투자자금을 늘려가면서 포트폴리오 성과로서 연 20% 정도 고수익을 거둔 것에 유의해야 한다.

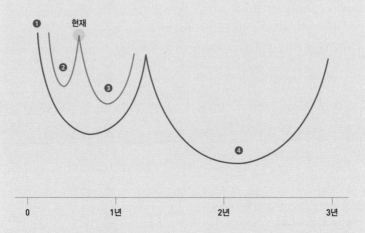

0   1년   2년   3년

① 2019년 말까지 시장흐름: 트럼프 행정부는 2016년 말 출범 후 대규모 감세와 미국 기업이 해외에 유보해 둔 이익금의 환류를 통해 이미 정점에 있던 미국경제를 추가 부양했다. 이에 2017년도 세계 주식시장의 활황을 견인할 수 있었다. 2018년에는 금리 인상과 양적완화 축소, G2 무역 분쟁으로 주식시장이 크게 하락했지만 2019년에는 금리 인하와 G2 휴전으로 예상보다 크게 상승했다.

② 코로나19 발생: 2020년 상반기 코로나 1차 확산으로 중국, EU, 미국 순서로 경제가 중단되고 큰 폭의 마이너스 성장을 기록했다. 각국 정부와 중앙은행의 막대한 부양책에 힘입어 대부분의 기업이 유동성 위기를 넘고 있다. 주식시장은 코로나 이전 수준으로 회복했

다. 그러나 언택트 수혜 일부 기업을 제외한 대부분의 기업이 매출 감소를 부채로 메우면서 재무건전성이 악화되고 있다.

③ 2차 확산: 초겨울 독감과 함께 2차 확산이 발생하면 기업의 지급불능 사태와 금융 부문 전이로 시장 하락이 불가피하다. 코로나 확산의 심각성과 경제봉쇄 수준 등 각국의 대응에 따라 피해 규모는 달라지겠지만, 백신의 개발 가능성이 보이는 시점에야 본격적으로 반등이 시작될 것이다. 완전한 경제 봉쇄는 과도한 부작용으로 하기 어렵겠지만, 백신 개발에 1~2년 이상 소요되면서 코로나의 확산과 진정에 따라 작은 U자형 등락이 반복되는 상황이 예상된다.

④ 미국 대선 이후: 큰 오메가의 후반부

U자는 2021년 이후 확전될 G2 패권 경쟁의 경로와 그에 따른 위기 발생 가능성에 의해 크게 좌우될 것이다. 트럼프와 바이든 중 누가 당선되든지 미국은 홍콩 및 코로나 책임과 연계하여 중국에 무역, 금융 제재의 수위를 크게 높일 것으로 보인다. 경제 블록화가 진전되고 이자율도 상승하면 코로나19로 골병이 들고 있는 기업들의 연쇄 도산이 우려된다.

참고로 부동산시장은 대규모 양적완화와 제로 금리로 당분간 상승 기조를 이어가겠지만, 향후 1~2년 후 ④의 상황에서 이자율이 상승하거나 기업 파산과 실직이 늘어나면 본격 하향조정될 예정이다.

예를 들어 코로나19로 주식시장이 큰 폭의 하락세를 거쳐 급반등했던 2020년 여름에 필자는 위와 같은 스토리 라인을 구성하여 모 언론사에 기고한 바 있다. 비록 이 시장흐름 예측에서 언론 기고를 위한 글자 수 제한 때문에 자세한 설명은 생략되어 있지만, 그 시점에서 앞으로 중요한 변수는 코로나19의 확산 경로, 각국 정부의 대응, 이자율 추이, 미국의 대선 결과, G2 패권 경쟁의 흐름이라는 것을 알 수 있다. 또 G2 패권 경쟁이 격화되면 코로나19로 악화된 부채상황에서 위기까지 찾아올 수 있다는 가능성을 언급했다.

현재까지 결과로만 보면 ③의 상황 전개가 필자의 예상과 달라졌다. 실물 경제의 충격은 예상과 다르지 않았지만, 미국과 EU의 주식시장은 초겨울 2차 확산과 함께 일부 조정 후 급상승했다. 우리나라의 경우 유동성 파티와 개인 투자자의 강력한 매수세에 힘입어 별다른 조정 없이 강세를 이어 온 것이다.

물론 틀릴 수 있다. 그럼에도 향후 2~3년간의 시장 전망에 대해

향후 시장흐름(수정 전망)

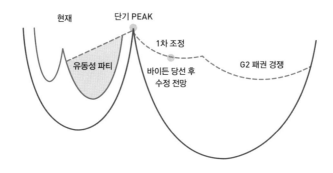

본인만의 스토리라인을 가지면 불확실성 속에 급변하는 시장에서 길을 잃지 않을 수 있다. 본인의 시장 전망에 따라 포트폴리오를 배분하여 플레이하고, 시장흐름에 중요한 변화가 생기면 향후 시장 전망과 포트폴리오 배분을 동시에 수정해 나가면서 대응할 수 있는 것이다.

예를 들면 위의 그림과 같이 초겨울 들어 코로나19의 2차 확산이 실물에는 큰 충격을 주었다. 이에 따라 막대하게 퍼부어진 재정·금융정책으로 주식시장은 유동성 파티 속에서 개인들의 대규모 투자 가세로 사상 최고치를 경신했다.

그러나 2021년 하반기 이후 코로나 피해가 진정되고 기대 인플레이션의 상승으로 이자율이 일부 올라 기업과 정부의 채무부담이 부각될 것으로 보인다. 또한 보복 소비와 지각 투자에 따른 자금 유출이 일어나면 본격적인 시장조정이 찾아올 것으로 예상된다.

여기에다 새로 출범한 바이든 행정부가 진영을 갖춰가면서 비록 트럼프 행정부보다는 점진적이지만 중국과 다각도의 패권 경쟁을 이어갈 것으로 볼 수 있다. 이 때문에 2~3년 시계로 상당한 시장 충격이 생길 것으로 보인다.

투자에 실패하는 사람들이 저지르는 흔한 실수 중의 하나는 왜, 지금, 이것에 투자하는지 정확한 이유를 모른다는 것이다. 때로는 친지나 전문가의 권유로 또는 투자방송의 '주간베스트5'를 보고 투자하지만 정작 본인은 정확한 이유를 모른다. 운이 따라서 수익을 내는 경우도 있지만 대부분의 경우 그렇지 않다.

일단 투자 후 가격이 오를 경우 언제 팔아야 할지를 모른다는 것이 문제다. 보통의 투자자들은 20~50% 가격이 오르면 버티지 못하고 팔게 된다. 내가 팔고 나서 두 배, 세 배 오르는 경우도 많은데 이것은 항상 다른 사람의 몫이다. 부러운 마음에 추격 매수를 하게 되면 주가는 이내 고점을 치고 곤두박질친다.

가격이 하락한 경우에는 이 하락이 언제 멈출지 언제 반등할지를 모르기 때문에 손절매(감당 가능한 손해만 보고 선제적으로 파는 것) 시점을 놓치고 더 폭락한 저점에서 매도하게 된다. 이번 조정을 넘으면 큰 상승이 기다리고 있어 손실을 만회할 수 있는 경우에도 빚이나 금방 쓸 돈으로 투자했고 확신도 없기 때문에 기다릴 수 없다.

둘째, 기회는 또 온다

투자의 기회는 버스와 같아서 계속 온다. 지나간 것을 아쉬워할 필요 없이 인내하면서 다음 기회를 잡자. 또 과도한 레버리지의 유혹에 빠지지 않는 절제를 배우고, 현금 보유가 때로는 좋은 투자라는 것을 이해하자. 큰 경기침체의 초입과 같이 현금을 제외한 대부분의 투자 대안들이 매력적이지 않을 때가 온다. 이때는 현금을 가지고 기다리자.

투자에 실패하는 사람이 가장 흔히 범하는 또 다른 실수는, 남들이 큰 수익을 낸 곳만 쫓아가서 투자하는 것인데 '투자수익률=(매도가격 − 매입가격)/매입가격'으로 계산된다. 최근 수익률이 높았던 투자방안은 매입가격이 높아 앞으로는 수익을 내기가 더 어렵게 된다는 것을 암시한다.

비싸게 사다 보면 매입원가에 대한 미련 때문에 매도할 때가 되었는데도 주저하면서 적절한 매도 타이밍을 잡기가 어렵다. 그래서 '내재 가치에 비해 낮은 가격에 사는 것'이 투자 성공의 가장 중요한 비법중 하나라고 하는 것이다. 싸게 샀다면 일정 시점에서 한계에 도달한 투자 방안을 미련 없이 팔고 나올 수 있고, 향후에도 성장 가능성이 큰 투자 방안은 끝까지 고수해 높은 수익을 바라볼 수도 있다.

주변을 보면 주식이나 부동산 투자에서 돈을 번 얘기를 듣고 부러움에 뒤늦게 투자에 뛰어드는 사람들이 많다. 사실 이런 사람들이 투자에 성공하기는 낙타가 바늘구멍 통과하기만큼 어렵다. 직업 선택을 포함해 모든 형태의 인생 투자에서 남을 따라가서 큰돈을 벌기는 어렵다는 것을 명심하자!

주식, 채권, 부동산 등 투자자산의 가격을 오랜 시간 관찰하면 예외 없이 큰 파동을 그린다는 것을 알 수 있다. 낮은 가격에 사서 높은 가격에 팔거나(long 전략), 높은 가격에 빌려서 팔고 낮은 가격에 되사서(short 전략) 이익을 내는 일이 언제라도 가능하다는 이야기다. 투자할 자금이 준비된 시점에서 수익을 내기 위해 중요한 것은 가치에 비해 싼 것과 비싼 것을 알아볼 수 있는 선구안과 분석 실력, 남보다 반 보 앞서 움직이는 행동력과 용기와 같은 덕목이다.

최근 2030, 4050 개미 군단의 주식시장에 대한 관심과 참여 확대 를 지켜보고 있노라면 주식시장을 외면했던 베이비부머들의 실수를 되풀이하지 않는다는 면에서 긍정적이다. 그러나 많은 개미투자자가 '영끌'로 표현되듯이 뒤쳐지지 않기 위해, 그밖에 다른 희망이 없어 서 레버리지를 많이 쓰는 것은 주의가 필요하다.

성공이 거의 확실한 곳에 레버리지를 쓰는 것은 수익을 확대할 수 있어 바람직하다. 그러나 통상적인 투자와 같이 성공확률이 70%를 넘기 어려운 곳에 감당할 수준을 넘어 레버리지를 사용하면 시장이 원하는 방향으로 가지 않았을 때 파산할 수 있다. 현명한 투자자라면 눈앞에 좋은 수익 기회가 왔을 때도 스스로 절제하는 능력을 키워야 한다. 진정 투자를 통해 경제적 자유를 얻고싶다면 과도함에 대한 절 제를 통해 30~40년간 꾸준히 이겨나가는 방법이 가장 좋다.

한편 투자자로 성공하려면 때로는 현금 보유도 훌륭한 투자 방법 이라는 것을 이해해야 한다. 일반적으로 현금을 보유하는 것은 인플 레이션으로 인한 화폐가치의 하락, 투자를 통해 얻을 수 있는 기회이 익의 상실이라는 비용을 발생시킨다. 그런데도 저명한 경제학자 존 메이너드 케인스John Maynard Keynes가 화폐에 대한 수요 중에 '투기적 수요' 에 대해 언급한 것은 핵심을 잘 짚은 것이라 할 수 있다.

경제가 큰 침체에 빠지거나 위기가 다가오는 상황에서는 투자하 지 않는 것, 투자를 회수하는 것, 현금을 보유하는 것이 훨씬 더 큰 이익을 줄 수 있다. 개인 투자자는 기관 투자자보다 전문성과 정보의

양, 자금 동원 능력, 시간을 견딜 수 있는 능력 등 많은 영역에서 불리하다.

특히 기관 투자자는 대규모 연기금이나 기관은 글로벌 투자시장에서 대규모 자금을 가지고 플레이하면서 투자 세계의 이너서클*에 들어갈 수 있어 더 좋은 투자 기회에 접근할 수 있다. 다른 투자자보다 더 좋은 조건으로 투자를 제안받거나 요구하는 경우도 있다.

반면에 시장을 떠나는 자유가 허락되지 않고 시장 전망이 좋지 않더라도 계속 플레이해야 하는 약점도 있다. 개인 투자자는 투자 자금을 전액 회수해 현금을 보유했다가 위기가 왔을 때나 대세 상승기의 초입에서 크게 베팅하는 전략을 택할 수 있다는 면에서 유리한 점이 있다.

자산운용사, 보험사, 연기금 등 기관 투자자는 고객에게 투자 자금을 받아 목표 수익률 이상의 성과로 운용해야 한다. 기관 존립의 이유와 필요로 항상 어딘가에는 투자해야 하는 것이다. 이론적으로 보면 더 좋은 투자 기회를 기다리기 위해 현금으로 보유하는 것이 가능하지만, 자금을 현금으로 보유하는 경우는 회사가 문을 닫는 경우에나 가능하다.

사실상 이러한 호사는 누릴 수 없는 것이다. 또한 기관 투자자에게 주식, 채권, 부동산 등 투자시장은 오랜 세월 경작하면서 과실을 거둘 농장과 같은 곳이다. 한때의 수익률이나 손실 방어를 위해 갈아 엎거나 떠날 수 없는 것이 기관 투자자의 '숙명'이다.

리스크를 관리하자

갱도에서 사선을 넘는 광부들은 경고 메시지를 주는 새인 카나리아를 옆에 두고 유독가스를 탐지하곤 했다. 위험을 미리 알고 대비하는 일은 인류의 생존에 필수적이지만, 경제 위기는 많은 변수 간 복잡한 상호작용의 결과로서 미리 알기 어렵다. 투자자들은 안전벨트를 매지 않은 채 위기를 맞으면 경제적 사망(파산)에까지 이를 수 있어 다음 게임을 플레이할 수 없다. 자산 배분, 인내와 절제, 역발상 지혜 등을 활용하여 각자의 여건에 맞는 대비를 해야 한다. 나심 탈레브는 "위기는 예상할 수 없기 때문에 차라리 위기가 왔을 때 이익을 볼 수 있는 안티프래질한 체질로 바꾸라"고 조언한다.

지난 위기를 돌아보면 90년대 말 외환위기는 아시아 신흥국의 경제기적에 대한 찬사가 쏟아지던 시점에 발생했다. 산업화 후발주자로서 급속한 경제개발 과정에 누적된 막대한 부채와 시스템의 취약성은 외환이라는 약한 고리를 타고 속절없이 녹아내렸다. 2008년 글로벌 위기는 선진국 금융시장에 독버섯처럼 퍼진 탐욕과 무책임의 결과였다.

'저신용 서브프라임' 주택 대출을 묶고 쪼개고 재포장하여 만든 자칭 '고신용'의 금융상품(MBS, CDO 등)이 사실상 허위로 밝혀졌다. 이후 우리나라를 포함한 세계 경제는 쓰나미에 휩쓸렸고, 미국과 EU 등 선진국 금융재정시스템의 취약성은 확대됐다.

2020년 초 이후 코로나19의 대유행은 G2 패권 경쟁에 더하여 다음 위기에 대한 우려를 낳고 있다. 그러나 많은 사람이 걱정하면 오지 않는 위기의 특성과, 인간 대응과의 복잡한 상호작용으로 인해 시기와 규모는 예상하기 어렵다. 위기의 원인이나 방아쇠 정도를 가늠해 볼 수 있을 뿐이다.

앞으로 상황 전개를 거시적으로 보면 코로나19는 향후 1~2년 지속되면서 경제에 큰 타격을 줄 것 같다. 산업 패러다임의 전환기에 고전하고 있는 기업과 자영업자들은 수출과 매출 부진까지 겹쳐 저금리 부채에 의존하여 생존의 긴 터널을 지나야 한다. 이때 비즈니스 모델이 훼손되는 기업은 도산할 수도 있다.

다행스럽게도 과거 위기로부터 교훈을 얻어 사전적이고 적극적인 재정금융정책을 통해 경제 시스템의 파국은 피할 수 있었다. 그러나 이들을 지원해야 하는 정부와 소득 감소가 불가피한 개인은 기초 체력이 고갈될 것이다. 또한 많은 정상기업이 한계기업으로, 한계기업은 좀비기업이 될 것이다.

저이자율이 지속될 수 있다면 기업의 고부채, 저수익 상황 또한 같이 살아나가면 되겠지만 상황은 그리 녹록지 않다. 2020년 11월 미국 대선과 중국의 내부적 결속 필요에 의해 G2 패권 경쟁은 일시 휴전에 들어갔다. 이후 코로나19 피해가 진정되고 바이든 행정부가 진영을 갖추어 나가면서 2022년 이후 충격을 줄 수 있다. 중국 견제는 기술 패권 경쟁과 관련되어 있다. 트럼프 행정부만의 의제가 아니고 미국의 민주당과 일본, EU도 비슷한 입장이다. 바이든 행정부 출범 이후, 예상과 같이 아메리카 퍼스트와 인권 문제를 제기하고 있는데 이미 엄청나게 덩치가 커진 중국이 어떤 대응을 할지가 향후 큰 관심사다.

코로나19와 경기침체로 제로금리가 이어지면서 우려되는 자산인플레이션도 위험요인이다. 미래 수익이 감소해도 할인율 인하가 더 크면 자산 가격이 오르는 것이 시장 원리지만, 불평등 심화로 시스템 불안으로 이어질 수 있어 무한정 용인될 수 없다. 향후 2~3년 후 예상 인플레이션 상승, 경기회복 등으로 금리가 상당 수준 오르고 G2 패권 경쟁이 심화된다면 한국경제는 울퉁불퉁한 시골길을 지나 큰 어려움에 부닥칠 수 있다.

그렇다면 개인 투자자들이 부와 행복을 지키기 위해서 어떻게 리스크 관리를 해야 할까?

① 무엇보다 정신적 육체적 건강과 현재 직업의 안정성을 지키기 위한 투자를 아끼지 않아야 한다. 둘 중의 하나라도 잃게 된다면 그토록 원하는 부와 경제적 자유의 동시 달성과 삶의 행복은 이루기 어렵고 많은 것을 포기해야 할 것이다.

② 반드시 아는 것에만 투자해야 한다. 모르는 것은 알 때까지 공부하고 편안함을 느낄 때까지 투자하지 않아야 한다. DLS/DLF, 사모펀드 투자와 같이 복잡한 투자의 경우 투자를 결정하기 전에 판매 직원에게 충분한 설명을 들어야 한다. 예를 들어 예상 수익률과 위험 구조, 원금 손실 가능성, 손실이 초래되는 조건과 손실 비율, 연 환산 수수료 수준 등이 그것이다.

③ 주식 등 위험자산에 투자할 때에는 크게 잃는 일이 없도록 미리 손절매의 기준을 정하고(예를 들어 -10%) 엄격하게 지켜나가야 한다. 또 위기로부터의 회복기와 같이 시장의 방향성이 아주 높은 확률(예를 들어 90% 이상)로 예상되는 등 예외적인 경우를 제외하고는 레버리지를 많이 쓰지 않는 것이 바람직하다.

④ 자산을 배분할 때 단기 수익률을 일부 희생하는 한이 있더라도 다가오는 위기에 전체 포트폴리오를 강하게 만들 방안이 포함되어야 한다. 만일 향후 예상되는 위기가 지금과 같이 G2 패권 경쟁에 의해 촉발될 수 있는 부채 위기라고 가정해보자. 위기 발생 시 금리가 크게 오를 가능성이 있으므로 일단 레버리지 사용은 최소화해야 한다.
원화 가치가 절하되고 주가 하락이 예상되므로 달러 표시 예금과 주가지수에 대한 풋옵션 또는 인버스 ETF를

10~20% 정도 자산구성에 포함시키는 것이 현명한 선택이다. 위기 발생이 가시권에 오면 이 비율을 늘려 안티프래질한 고수익의 기회를 보거나 앞에서 언급한 대로 현금보유를 통해 새로운 기회를 기다리는 것이 가능할 것이다.

기관 투자자의 리스크 관리에서 개선 가능한 영역

연기금, 보험사 등 기관들은 VaR Value at risk* 기법을 기본으로 기관의 성격에 맞게 위험관리를 수행하고 있다. 추가 개선이 가능한 부분이 많은데 예를 들어보자.

> **VaR**
> 발생가능한 최대손실금액이라는 의미로, 금융기관의 시장 위험 예측 지표로 사용된다.

① VaR은 주식, 채권, 부동산 등 투자자산 종류별로 다음연도 예상 수익률 변화와 위험 확률분포를 활용해 최대손실 가능금액을 계산한다. 그 시점의 전망에 기초해 정태적이고 과거 추세에 과도한 영향을 받는 등 통계적 분석으로서 일반적 한계를 가진다. 이를 효과적으로 보완하기 위해서는 전문가적인 전망과 스토리 라인에 기초해 각 자산시장의 가격이 어떻게 변화해 나갈지 동태적 시나리오 분석을 병행해야 한다.

② 포트폴리오에 큰 비중을 차지하고 있는 구조화 채권의 경우 내재된 조건 변수의 성격을 정확히 인식해야 한다. 가능한 한 충분한 시계열로 관찰하며 위험 징후에 대한 사전경보 시스템을 마련하여 운영하는 등 실질적 관리가 필요하다.

구조화 채권 A의 이자율 지급 조건은 (6% if Min(CMS(10Y-2Y), 0)≥0, otherwise 0%)

가장 전형적인 구조화 채권의 예로서 이 조건의 의미는 미국채 10년물과 2년물의 고정만기 스왑레이트 CMS(10Y-2Y), 즉 금리차이가 0 이상이면 이자를 지급하고, 장단기 금리가 역전되어서 마이너스가 되면 그 날짜만큼은 금리를 지급하지 않겠다는 내용이다. 여기서 중요한 조건 변수인 CMS(10Y-2Y)는 경기침체가 예상되는 경우 장단기 금리가 역전되어 마이너스가 된다는 것을 이해해야 한다. 통상 판매회사에서 제공하는 5년, 10년 추세를 보고 있는 경우가 많으나 장기추세(예를 들어 30년)를 파악하고 역사적 변동성에 기초해 금리역전에 대한 단계별 사전경보시스템을 마련하는 것이 필요하다.

구조화 상품은
무엇일까?

최근 구조화 상품Structured Product은 기관 투자자 뿐만 아니라 개인 투자자들도 많이 투자하고 있다. 그러나 구조가 복잡해 상품의 내용을 제대로 이해하지 못하는 경우도 많다. 때로는 다수 중소기업을 파산으로 몰고 간 외환파생상품 KIKO 사태, 4% 수익을 노리고 투자했다가 심각한 원금 손실을 경험한 독일 국채 DLS 사태 같은 일이 벌어져 사회적으로 큰 논란을 불러일으키기도 했다.

우리 투자자들이 구조화 상품에 대해 제대로 된 공부를 할 수 있도록 구조화 상품 투자 전문가(한화손해보험 송형준 팀장)의 도움을 받아 주요 내용을 작성했다.

개요

구조화 상품은 크게 두 가지로 나눌 수 있다. 모기지 채권, 신용카드 매출채권, 기업의 선순위 담보대출 등 다양한 기초자산을 묶어 채

MBS

주택저당 증권. 자산유동화증권(ABS)의 일종으로 주택·토지를 담보물로 발행되는 채권을 말한다.

CLO

주채권은행이 대출채권을 모아 이를 담보로 발행하는 증권을 말한다.

ELS

특정 주식의 가격이나 지수에 연동된 증권이다. 만기까지 사전에 정해둔 일정 조건을 충족하면 정해진 수익률을 받는다.

권으로 발행하는 ABS(Asset Backed Securites, 자산유동화증권)형태의 유동화 증권이 존재한다. 기초자산의 종류에 따라 MBS*, ABS, CLO*, CDO 등 다양한 명칭으로 분류되고 있다. 다른 한편으로는 주가, 금리, 환율, 원자재, 신용 등의 기초자산들과 연계된 파생상품을 활용하여 발행되는 파생결합증권 형태의 채권을 구조화 채권이라 부른다.

미국에서는 1970년 주택금융공사Ginnie Mae가 모기지 기반 MBS를 처음 발행한 이후 MBS 시장 규모가 급격히 확대되면서 대표적인 채권상품으로 자리 잡았다. 이 때문에 서구권에서는 보통 유동화 증권을 구조화 채권이라 통칭한다. 다만, 국내에서는 채권 투자수익을 높이기 위한 수단으로 2000년대 초반부터 파생결합증권 시장이 빠르게 성장해 왔다. ELSEquity Linked Securities* 등을 통해 개인 고객들에게도 친숙해짐에 따라 파생결합증권을 구조화 채권으로 통칭하고 있다.

유동화증권은 발행 수수료 및 차익을 얻기 위한 글로벌 투자은행들의 과도한 탐욕 및 국제 신용평가사의 암묵적 묵인으로 2008년 금융위기의 직접적인 원인으로 작용한 바 있다. 금융위기 이후 글로벌 투자은행 및 신용평가사의 여러 자정 노력을 거치면서 건전성이 크게 개선됐다. 그러나 금융위기 이후 전 세계적으로 저금리가 굳어지면서 높은 이자율 상품을 찾는 수요가 증가함에 따라 대출채권을 유동화한 CLOCollateralized Loan Obligation의 발행이 급증하는 등 다시 과열 양상을 보이기도 했다.

국내 시장규모로 비교해보면 발행 잔액 기준 유동화 증권이 382조 원, 파생결합증권 91조 원(2020년 1월 4일 기준, 한국예탁결제원)으로 유동화증권의 시장 규모가 훨씬 크다. 그러나 대부분 기관 투자자 간에만 거래되고 있으며 신용등급이 우량하기 때문에 국제금융시장에서 거래되는 유동화 증권과 달리 건전성 우려가 적다. 따라서 아래에서는 파생결합증권 형태의 구조화 채권에 대해 다루고자 한다.

형태와 활용

앞서 설명한 것과 같이 파생결합증권 형태의 구조화 상품은 주가, 금리, 환율, 원자재, 신용 등과 연계되어 수익구조가 결정되는 금융상품이다. 발행 형태에 따라 구조화채권, 구조화파생펀드, 구조화예금으로 나눠며, 기초자산분류에 따라 금리연계상품, 주가연계상품, 신용연계상품 등으로 분류된다. 국내에서는 주가연계상품을 ELS로 통칭하며, 주가연계 이외의 파생결합증권을 DLS라 부르고 있다.

구조화채권은 발행자 입장에서는 일반채권 투자자 외에도 다양한 투자자를 대상으로 발행하여 자금 조달 경로를 다변화시킬 수 있다. 상황에 따라서 일반채권 대비 조달금리를 낮춰 자금을 조달할 수 있는 수단으로 활용할 수 있다. 한편, 투자자 입장에서는 일반채권 대비 기대수익률을 높이고 투자자가 보유하고 있는 리스크에 대비해서 헤지를 할 수 있다.

예를 들어 대부분의 보험사는 부채의 듀레이션이 자산의 듀레이션보다 긴 형태의 조달구조를 가지고 있어 금리가 하락할 경우 재투자시 수익률이 하락하는 위험에 처하게 된다. 이때 보험사는 금리가 일정 수준을 하회하면 수익을 제공하는 구조화 상품에 투자함으로써 금리하락 위험을 일정 부분 헤지할 수 있다. 원자재, 통화 등 비전통적인 자산의 성과와도 연계하여 투자할 수 있는 수단을 제공한다.

리스크

구조화 상품은 장외거래 상품으로 상품구조가 매우 다양하고 복잡해 위험요소를 명확하게 이해하기 어려운 경우가 많다. 또한 장외거래 상품의 특성상 상품의 정확한 공정가격이 존재하지 않아 수익 대비 과도한 수수료가 발생할 수 있다. 환매가 어렵고 환매 비용이 높다는 단점도 있다.

특히 2019년 일부 금융회사에서 판매했던 해외금리에 연계한 구조화 상품에서 대규모 투자손실이 발생했다. 이에 따라 구조화 상품의 위험성의 문제가 다시 떠올랐다.

다음 그래프는 2019년 은행 등을 통해 개인 고객들에게 판매되었던 구조화 상품의 예시구조다. 해당 상품은 만기 시(발행 후 6개월) 독일 국채 10년물 금리가 -0.25% 이상인 경우 투자자에게 2%(연환산 4%)의 수익률과 투자원금을 제공한다. 만약 -0.25% 이하로 하락하는 경우 하회폭에 250의 손실 배수를 곱한 비율로 원금 손실을 보게 되는 구조였다. 즉 금리 하회폭 0.01%당 원금의 2.5%가 손실을 보게 되는 구조였다. 예를 들어 만기 시 독일 국채 금리가 -0.65%인 경우 250×(-0.65%-(-0.25%))=-100%의 원금손실을 입게 된다.

2019년 이전까지는 독일 국채 10년물이 마이너스로 거래된 경우

손익구조 그래프(예시)

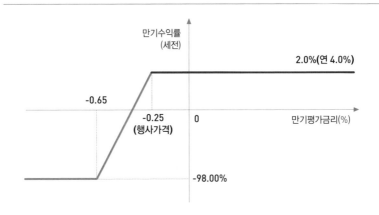

는 거의 없었다. 2019년 미중 무역 분쟁이 격화되며 독일 제조업 경기 침체 우려가 확산됨에 따라 독일 국채금리는 빠르게 하락했다. 그 결과 해당 구조화 상품은 국내 개인 투자자들에게 심각한 투자 손실을 줬다.

예시 상품은 연환산 4%의 수익을 위해 250배라는 과도한 레버리지 위험을 부담하여 수익 대비 리스크가 비대칭적인 기형적인 상품이었다. 금융감독원에 따르면 판매은행 및 증권사들은 수수료 증대를 위해 손실 배수를 최대 333배까지 확대했다.

특히 개인 투자자의 비중이 90%를 넘는 등 리스크 평가를 제대로 할 수 없는 개인들에게 큰 손실을 초래했다. 구조화 상품의 레버리지 효과로 인한 투자자의 과도한 손실은 비단 2019년 DLS 사태뿐만이 아니라 과거 KIKO 사태 등 반복되고 있다.

투자 시 주의할 사항

글로벌 저금리가 굳어지는 상황에서 투자자에게 구조화 상품 투자의 필요성은 계속 증가하고 있다. 동시에 파생상품과 결합하여 치명적인 손실을 일으킬 수 있는 과도한 탐욕도 문제로 제기되고 있다. 그동안의 운용 경험 및 시장사례를 살펴봤을 때, 현명한 구조화 상품 투자를 위해서 아래와 같은 사항을 염두에 둘 필요가 있다.

① 수익 대비 과도한 원금손실 리스크 지양

앞에서 독일 국채금리 연동 DLS와 금융회사 창구를 통해 팔리고 있는 대부분의 ELS의 상품을 설명했다. 이 경우 통상 연 4~5% 수준의 수익을 제공하는 한편, 원금손실은 100%까지 입을 수 있어 위험 대비 수익 구조가 비대칭적이다.

또한 일반적인 유가증권인 주식과 채권의 경우 발행사에 디폴트가 발생하지 않으면 시세 하락이 발생하더라도 손실을 축소할 기회가 있다. 반면 구조화 상품은 만기일이나 조기상환일에 손실이 확정됨으로써 투자자는 손실을 복구할 기회를 상실한다. 따라서 개인 투자자들은 과도한 원금손실 가능성이 있는 구조화 상품에 투자를 지양하는 것이 좋다.

② 과거 사례에 대한 과도한 맹신 금지

국내 금융회사 창구를 통해 팔리고 있는 구조화 채권의 경우 대부분 과거에 손실구간이 발생하지 않았다는 것을 강조하고 있다. 그러나 금융위기 이후 과도한 유동성으로 인해 금융시장 변동성이 커지

면서 과거에 발생하지 않은 아웃라이어* 이벤트
가 발생할 가능성이 커졌다. 또한 앞에서 언급한
것처럼 구조화 상품은 예외적 상황이 발생했을
때, 손실 회복의 기회를 주지 않으므로 과거 사
례에만 의존하여 수익을 기대하는 것은 적절하지 않다.

> **아웃라이어**
> 평균치에서 크게 벗어나서 다른 대상들과 확연히 구분되는 표본을 말한다.

③ 기초자산에 대한 명확한 이해

과거 통계적 사례보다는 해당 구조화 상품의 기초자산에 대한 명
확한 이해가 필요하다. 먼저 잘못된 구조화 상품의 예를 들어보자.

2010년대 중반 일부 외국계 증권사들은 국내 기관 투자자들을 대
상으로 한국 10년 금리 〉 미국 10년 금리인 경우 수익이 발생하는 구
조화 상품을 판매했다. 한국은 신흥국이기 때문에 한국의 장기금리
는 미국의 장기금리보다 평균적으로 계속 높을 것이라는 것이 그 근
거였다.

그러나 일본과 대만의 장기 금리 움직임을 보면 이런 가정이 틀렸
음을 알 수 있었다. 결국 2015년 중반부터 2020년 초까지 한국 국채
10년 금리는 미국 국채 10년 금리를 지속적으로 하회하는 모습을 보
였다. 물론 원금이 보장되는 상품 구조였기 때문에 앞서 언급한 독일
국채 DLS처럼 손실이 발생하지는 않았다. 그렇지만 상당 기간 무수
익 구간이 지속되면서 결국 해당 구조화 상품은 국내 기관들 사이에
서 대표적 투자 실패 사례로 알려져 있다.

다음으로 올바른 구조화 상품의 예시를 들어보자. 중앙은행들이
면밀히 모니터링하는 시장 지표 중에 하나로 장단기 금리차가 있다.

미국 국채 10년물과 한국 국고채 10년물 금리

자료: Bloomberg

미국 국채 10년물과 미국 국채 2년물 금리

자료: Bloomberg

미국의 경우 국채 10년물 수익률이 국채 2년물 수익률을 하회하면 이는 시장참여자들이 미국의 경기 침체 가능성이 높아졌다고 판단하는 것으로 해석된다. 따라서 장단기 국채금리가 역전하면 통상 중앙은행은 단기금리인 기준금리를 인하한다. 장단기 수익률 차이는 다시 0 이상으로 복귀하는 경향이 있다.

이를 활용하여 미국 국채 10년물 수익률 > 미국 국채 2년물 수익률인 경우 수익이 발생하는 구조화 상품이 과거부터 인기를 끌었다. 해당 구조화 상품은 아직도 꾸준히 수익을 창출하는 대표적인 상품이다. 위와 같이 단순히 과거 통계적 결과에 의존하기보다 경제 및 시장 논리에 근거한 기초자산에 연계된 구조화 상품에 투자할 경우 손실 없이 장기간 안정적인 성과를 거둘 수 있다.

기관 투자자들은
어떤 생각을 할까?

개인 투자자들이 냉혹한 투자시장에서 오래 살아남아 성공하기 위해서는 기관 투자자들의 투자 프로세스에 대한 이해를 통해 이들의 움직임을 예상하는 것이 도움이 된다.

기관 투자자의 일반적인 투자 프로세스

매년 4분기에 증권사 리서치센터, 경제금융연구소, 투자은행 및 자체 리서치가 작성하는 다음연도 자산종류별 예상수익률과 위험을 기반으로 다음해 시장을 전망한다. 투자위원회에서 VaR로 계산한 최대 위험허용량 범위 내에서 목표수익률을 달성하기 위한 전략적 배분을 결정한다.

채권 50% : 주식 40% : 부동산 등 대체투자 10%

목표 수익률 수준은 연금의 경우 연금제도에서 가정한 수익률, 보험사의 경우 보험 상품 설계 및 판매 시에 가정한 평균 예정이율을 고려한다. 투자시장 상황과 VaR로 계산된 위험 허용량을 고려하여 전략적 리밸런싱 필요액을 산출한다. 다음으로 전략적 리밸런싱 필요금액을 시장흐름에 따라 분기별 또는 월별로 분산하는 전술계획 수립한다.

전략적 리밸런싱 필요금액＝새로운 전략적 배분 금액－전년도 말 포트폴리오 잔액

채권을 3조 원 늘리는 리밸런싱이 필요할 경우, 금리 상승으로 채권가격 하락이 예상되는 3분기, 4분기에 더 많이 매입하는 것으로 전술계획을 수립할 수 있다(1분기 5,000억, 2분기 5,000억, 3분기 1조, 4분기 1조 순매수).

전술적 배분계획에서 출발하여 월별, 주별, 일별 투자 회수금액을 감안하여 월별, 주별, 일별 투자집행계획을 수립한다. 내부 방침에 정해진 바에 따라 직접 투자 또는 간접 투자로 집행한다.

투자 집행은 많은 경우 운용능력과 운용실적에 따라 선정한 위탁운용사(자산운용사, 투자일임자문사, PEF, 벤처캐피탈)에 자금 배분을 통해 간접적으로 수행한다. 직접 집행하는 경우에는 기관 내의 트레이딩 데스크에서 거래 증권사를 통해 투자거래를 행한다. 투자 실적은 주기적(분기)으로 정량, 정성 평가하여 전술적 배분의 변경에 활용하고 위탁운용사 또는 위탁 규모를 변경한다.

연도 중에는 각 자산시장 흐름에 따라 전술적 배분계획과 주별, 일별 집행계획을 탄력적으로 운영한다. 시장 구조에 큰 변화가 생기는 경우에는 연도 중이라도 투자위원회 심의를 거쳐 전략적 배분 내용을 변경한다(목표 수익률, 최대 위험 허용량도 연계하여 조정).

분기별, 반기별로 운용 성과를 평가하여 성과가 낮은 곳에서 높은 곳으로 전술적 리밸런싱을 수행한다. 이에 대한 이해를 전제하면 실제로 기관 투자자의 플레이는 개인 투자자와 다른 측면이 많다.

첫째, 기관 투자자는 결정을 바꾸는 것이 어렵다

이 때문에 기존 포지션을 크게 바꾸는 것은 쉽지 않고 시간도 오래 걸린다. 특히 간접 투자한 자금은 운용사 평가를 통해 변경하는 데 9~12개월 이상이 걸려 더 어렵다. 연금 수급자나 보험 가입자에 대한 장기 지불의무 충족을 위한 포트폴리오로 구축되어 있으므로 단기에 바꿀 수 있는 부분은 리밸런싱을 위한 투자 혹은 자금회수 정도로 크지 않다. 신규 투자자금도 미리 수립하는 전략전술 계획에 따라 시기별로 분할 집행되기 때문에 이들의 단기 플레이를 보고 의도를 알기는 어렵다.

둘째, 기관 투자자는 투자시장을 떠날 수 없다

기관 투자자에게 주식, 채권 등 자산시장은 오랜 세월 경작하면서 과실을 거두어야 할 농장과 같은 곳이다. 개인과 달리 한 때의 수익률이나 손실 방어를 위해 갈아엎거나 떠날 수 없는 것이 '숙명'이다. 리밸런싱 과정에 일부 매도를 하더라도 대부분의 투자자금은 시장에

남아 있다. 시장에서 비중이 큰 기관 투자자의 행동은 예기치 않게 부정적인 결과를 초래할 수 있다.

> 100조 원 규모 국내주식 투자를 하는 A연금이 10%p 지수하락의 시점에 수익성과 위험관리 차원에서 국내에서 해외투자로 10조 원을 전환할 경우 국내시장은 수요 부족에 따른 심리 악화로 8%p 추가 하락할 수 있다. 10조(100×0.1) 원의 평가손실로 막을 상황인데, 합리적 투자 전략 변화가 하락장과 맞물리면서 16조 2,000억(90×0.18) 원의 더 큰 평가손실과 코스피 시가총액의 150조 원 추가 감소를 초래할 수 있다

셋째, 기관 투자자는 중장기적으로 투자한다

기관들은 자산부채 만기가 길기 때문에 뚝심 있게 단기 변동을 감내하면서 시간의 계곡을 건너 플레이할 수 있다. 이 특성이 기관투자자의 수익률을 높이거나 손실을 낮추는 데 기여하곤 한다. 개인의 경우 대부분 자금 제약으로 그렇게 하지 못하는 경우가 많다.

넷째, 기관 투자자는 안정적인 투자 성과를 선호한다

기관들은 성과를 측정하는 시스템에 영향을 받기 때문에 단기간 높은 수익과 높은 변동성보다는 장기에 걸친 양호한 수익과 낮은 변동성을 선호한다. 일반적인 투자자들은 배당금 재투자를 통해 1월에 주가를 상승시키는 효과를 초래한다. 반면 기관들은 전략적 배분으로 신규 배정된 자금의 순조로운 집행을 위해 1~2월 중 10~20%p

가량 하락을 선호한다. 또는 주가가 상승한 다음 연도 초에는 전략적 비중 초과분 해소를 위한 매도 플레이가 나와서 시장의 하락을 초래하기도 한다.

A 보험사는 2020년 초 기준으로 100조 원의 자금을 운용하고 있다. 이중 주식에 대한 전략적 배분 비율 14%에 따른 주식 투자금액이 14조 원이었다. 코로나19의 실물충격을 완화하기 위한 경기 부양적 재정금융정책으로 주가는 하반기에 가파른 상승세를 보여 2020년 말 주식 평가액이 20조 원이 되고 총 운용자산규모는 106조 원이 됐다. 2021년 주식시장도 상반기 위주로 상승 기조를 이어갈 것으로 예상되어 주식에 대한 전략적 배분 비율을 15%로 1%p 높였다. 이 상황에서 예상되는 리밸런싱의 내용을 살펴보자.

2021년도 주식 투자 전략적 배분 금액: 106조 원×0.15＝15조 9,000억 원
리밸런싱으로 매도가 필요한 주식 투자금액: 20조 원－15조 9,000억 ＝ 4조 1,000억 원

이 기관의 경우 2021년도 주식시장의 상승세를 예상하지만 리밸런싱의 필요로 1~2월 중 4조 1,000억 원의 주식을 매각할 필요가 있는 것이다.

투자자금의
흐름을 읽어라

시장 전체의 유동성 증가와 감소뿐 아니라 국가별, 자산 종류별, 섹터별 투자자금의 배분에 있어 구조적 변화는 관련 영역의 펀더멘탈이 바뀌지 않더라도 투자 성과에 큰 영향을 미칠 수 있다. 한국에서 부동산, 가상자산 분야의 강한 규제 이후 2020~2021년 주식시장으로 개인 투자 자금의 큰 이동이 생겼다. 코로나19 경제충격을 상쇄하고 뜨거운 장세를 이어가는 것은 좋은 사례로 볼 수 있다. ESGEnvironmental, Social and Governance 등 바람직한 투자 사명의 출현과 MSCI*와 FTSE* 등 글로벌 대표지수의 구성 변화 등도 대규모 투자자금의 이동을 만드므로 관심을 기울여야 한다.

현대 자본주의 시스템에 있어 축적된 자본의 양은 소득 흐름보다 월등히 크고 경제, 사회적 영

MSCI
국내 증시에서 외국인들의 투자비중이 크게 높아지면서 주목받고 있는 세계 주가지수로 미국의 투자은행인 모건스탠리Morgan Stanley가 발표하고 있다.

FTSE
영국 유력 경제지인 파이낸셜 타임스와 런던증권거래소가 공동 소유하고 있는 FTSE그룹이 작성해 발표하는 주가지수다.

향력도 막대하다. 이 때문에 포용적인 경제 운영 차원에서 바람직한 투자 대상에 대한 국가적, 사회적 요구가 늘 있어 왔다. 사회책임투자 SRI, Socially Responsible Investment 나 임팩트 투자Impact Investment가 그 대표적인 예다.

SRI는 사회에 해를 끼칠 수 있는 기업에 대한 투자를 회피하는 소극적인 방식으로 이루어졌다. 임팩트 투자는 가난과 질병, 환경보호 등과 같은 사회 문제의 해결도 적극 고려하여 투자한다는 측면에서 두 개의 차이점을 나타낸다.

사회책임투자는 기업의 재무적 성과만으로 판단하던 전통적 방식과는 다르다. 장기적 관점에서 기업 가치와 지속가능성에 영향을 주는 ESG 등 비재무적 요소를 반영하여 평가하여 투자하는 것을 말한다.

2008년 글로벌 금융위기 이후 2011년 월가 점령 시위 등의 영향으로 그간 논의되어왔던 지속가능한 발전을 위한 기업과 투자자의 책임 중시 분위기가 본격 조성되고 있다. 예를 들면 운용자산 규모에서 세계 1위 자산운용사인 블랙 록Blackrock은 중요한 ESG 정보를 모든 포트폴리오 매니저들에게 시장 리서치, 통계자료, 인사이트 형태로 제공하는 한편, 매니저들과 협업하여 모든 자산운용 과정에 적용하려 하고 있다.

여타 주요 연기금, 운용사, 보험사, 가족 재단 등 글로벌 투자자금의 대부분을 점하고 있는 기관 투자자들도 투자 사명서나 투자위원회의 의사결정 과정에 ESG를 밝히며 실천하고 있다. 이에 이들의 투자를 받으려는 기업이나 개인은 이에 부합하려는 노력을 기울이고 있다.

자본주의 체제에서 자원 배분과 이윤 추구를 무리하게 규제하는 아이디어는 환영받기 어렵고 지속가능하지 않을 것이다. 그러나 ESG와 관련된 투자는 그 자체로서 자본주의의 한계를 보완한다는 명분을 가질 뿐 아니라 투자 확대→가격 상승→투자수익 증가라는 자기 충족적 성과도 낼 수 있다. ESG는 기관들의 투자 배분에서 당분간 더 많은 관심을 받을 것으로 보인다. 이에 따라 2020년 6월 말 기준 관련 투자규모는 40조 5,000억 달러(약 4경 5,000조 원)로 추정되는데 향후 증가세를 이어갈 것으로 예상된다.

글로벌 기관 투자자금의 배분에 절대적인 영향을 주는 MSCI와 FTSE 등 글로벌 대표지수의 구조적 변화에도 관심을 기울여야 한다. 한국은 지난 2009년 FTSE 선진국 지수에 편입되었고, MSCI에는 아직 신흥국 시장 지수에 남아 있다. 이 두 지수를 추종하는 국내 투자 금액은 280조 원 이상으로 추정된다. 선진국 지수에 편입되면 글로벌 자산운용사들이 투자 비중을 높이는 효과가 있으며, 특히 상장지수펀드ETF 등 지수를 추종해 운용하는 패시브 투자자금 유입에 긍정적으로 작용할 수 있다.

전 세계적으로 추종 자금이 가장 많은 MSCI에서 한국은 중국, 대만, 인도 등과 함께 이머징 지수에 포함되어 있다. 중국 등 성장성이 높은 국가의 비중이 점차 증가함에 따라 우리나라 시장의 상대적인 구성비가 줄어들어 왔다. 향후 환전을 위한 역외 원화시장 개설과 외국인 투자등록제도 폐지 등 한국이 선진국 지수로 격상되는 데 걸림돌이 되는 것들이 적절히 개선되어 선진국 지수 편입이 실현될 경우 외국인 투자자금 증가를 기대해 볼 수 있을 것이다.

이처럼 글로벌 투자자금 배분에 큰 영향을 미치는 요인들은 한국 주식시장의 코리아 디스카운트 해소에 기여하고, 글로벌 기관 투자자들의 수요를 늘려 가격수준을 높이는 긍정적인 방향으로 작동할 수 있다. 우리 투자자들이 이러한 흐름을 잘 읽고 투자 포지션을 가져가면 더 좋은 성과를 기대해 볼 수 있을 것이다.

다른 한편으로 개별 종목 투자에도 활용해 볼 수 있다. 담배, 술 등 혐오식품을 만드는 회사들은 수익성과 주주 환원 정책이 좋음에도 불구하고 ESG 차원의 기관투자 배분에서 소외되어 주가가 부진한 경우가 많다. 이 흐름도 잘 읽는다면 본인의 투자 성과를 잘 지켜낼 수 있을 것이다.

건강과 행복을 위해
투자하자

앞에서 평생을 관통하는 '부와 경제적 자유를 위한 전략'의 첫 번째 단계로서 자기 자신에게 아낌없이 투자하는 것이 중요하다고 말했다. 동서고금의 현인들은 이구동성으로 말한다. "돈은 잃어도 다시 벌면 되지만, 건강이나 행복을 잃으면 다 잃는 것이고 다시 회복하기 어렵다." 물론 큰돈을 잃고 나면 재기하기 어렵겠지만 그만큼 건강과 행복의 중요성을 강조한 것이라고 이해할 수 있겠다.

투자를 말하면 사람들은 돈에 관한 이야기라고만 생각한다. 그러나 앞에서 이야기한 것처럼 금전적 부자는 삶의 경제적 조건을 자유롭게 할 수 있는 것이지 그 자체가 목적이 될 수는 없다. 현명한 투자를 통해 부를 늘려 나가는 것 이상으로 중요한 것은 자신을 사랑하고 자신에게 아낌없이 투자해서 정신적 육체적 건강, 지적 능력, 감성적 역량을 극대화하는 것이다. 그렇게 하면 삶의 과정에서 다양한 기회에 충분히 도전할 수 있다.

지난 60년을 돌아보면 어려운 여건에 있었던 한국이 급속하게 개발되는 과정에서 많은 사람이 자신을 충분히 돌보지 못하고 살아왔다. 베이비부머 세대와 그 선배 세대는 대부분 먹고 싶은 것, 입고 싶은 것을 사지 못했다. 그뿐만 아니라 자신의 건강과 행복을 위해서도 제대로 투자하지 못했다. 그 결과 평생 지켜온 직장을 그만둔 50대 후반과 60대에 밀려오는 허무감에 자살하는 사람들이 우리가 아는 것보다 훨씬 많다. 사실 대한민국의 자살률이 세계 1위인 것은 주로 이런 요인에 기인한다고 볼 수 있다.

다행스럽게도 베이비부머와 그 이전 세대의 실패를 보면서 이후 세대는 많이 변하고 있다. 트렌드 연구자들은 4050 X세대와 2030 밀레니얼 세대의 특징 중의 하나로 '자기중심적'을 꼽았다. 2000년대 들어 경제 규모가 늘어나지 않고 있고 일할 수 있는 기회가 줄어드는 상황에서는 이후 세대들 입장에서 나름대로 합리적인 선택이라고 볼 수 있다.

우리가 일해서 돈을 벌고 투자를 통해 부를 늘리는 목적은 경제적 부와 자유를 일구어 행복을 추구할 수 있는 공간을 확보하자는 데 있다. 정신적 육체적 건강이 행복을 보장해 주지는 않지만, 많은 경우 행복에 이르는 길을 수월하게 해줄 수 있다. 등산, 골프, 조깅, 테니스, 헬스 등 주기적으로 좋아하는 운동을 하고, 관계나 취미 속에서 즐거움과 행복을 찾는데 과감하게 투자해보자. 자기 자신에 대한 투자는 육체적 정신적으로 건강한 삶을 살기 위한 투자, 교육 훈련 등 역량개발에 대한 투자, 즐거운 소비, 취미생활, 사교 등 행복한 삶의 필요조건들이 되는 것이다.

즐거운 소비생활도 즐겨보자. 왜 돈을 버는가? 열심히 일해 번 돈을 저축만 한다거나 자녀들 과외비나 내 집 마련에 지나치게 많이 쓰는 것은 바람직하지 않다. 과도하지 않게 필요한 범위에서 과감하게 소비하는 것은 삶의 오아시스와 같은 역할을 할 수 있다.

우리나라의 경우 사교육비 지출이 너무 많다. 사실 정부 통계에 잡히는 것 이상으로 사교육비에 과도한 지출을 하고 있다. 사교육비 지출을 늘린다고 해서 성적이 의미 있게 올라가지 않는다는 것이 다수 전문가의 의견이다. 과외는 부족한 부분을 메우는 데 필요한 정도로만 하는 것이 좋다. 이렇게 하면 살림에도 큰 여유가 생긴다. 가족들과 좋은 식사를 할 수 있고 필요한 옷과 가전제품을 살 수 있으며 영화나 공연 관람도 즐길 수 있다. 우량 주식을 조금씩 사서 20년, 30년 장기 보유하면서 배당과 주가 상승도 즐겨보자.

미래를 읽는 습관

인생 투자의 성공을 위해 가장 중요한 덕목은 무엇일까? 무엇보다 중요한 것은 호기심을 잃지 않고 평생 강하게 유지하는 것이 아닐까 생각한다. 교과서, 관련 서적, 전문가의 책을 섭렵해도, 케이블 TV나 유튜브의 투자방송을 열심히 봐도 결국 세상의 일부분밖에는 알 수 없다. 호기심을 잃는 순간 바로 내가 가진 지식은 죽은 지식으로 바뀔 수 있다. 점점 빠르게 변해가는 세상을 제대로 이해하려고 할 때 더욱 그렇다.

앞에서 '부와 경제적 자유 동시달성을 위한 전략'에서 제시한 네 가지 축을 중심으로 호기심을 갖고 새로운 것을 알아가는 것이 얼마나 중요한지 함께 생각해보자.

자기 자신에게 아낌없이 투자하기

가장 공부할 시간이 많은 젊은 시절에 호기심을 가지면 더 폭넓고 현실에 기초한 공부를 하는 데 도움이 된다. 대학을 포함해서 학교에서 공부하는 지식만으로는 현대와 같이 복잡하고 급변하는 경제 환경 속에서 제대로 일하기 어렵다. 호기심을 가지고 전공과 전공 관련된 배경지식을 공부해야 한다. 한편 사람들이 실제 살아가면서 경제 활동하는 모습을 잘 관찰하면 본인의 진로를 정하거나 원하는 회사에 취업하는 데에도 큰 도움이 될 수 있다.

바이든 행정부의 재닛 옐런Janet Yellen 초대 재무부 장관은 탄탄한 노동경제학적 기반, 금융과 통화정책의 실전경험뿐 아니라 현실 감각이 뛰어나고 실용적이기 때문에 많은 사람에게 존중을 받는다. 그녀는 어린 시절에 의사인 아버지가 집에서 부두 노동자를 치료해 주는 것을 보고 자랐다. 호기심을 가지고 관찰했기 때문에 누군가가 일자리를 잃었을 때, 그 가족이 겪는 고통을 공감할 수 있었다. 연준 의장 취임식에서 그녀는 "통계 뒤에 있는 개개인의 삶과 경험 그리고 도전을 결코 잊지 않겠다고 약속합니다"라고 말하여 많은 사람들의 공감을 얻었다.

새로운 산업 물결이 오면서 많은 일자리가 없어지고 새로운 일자리가 생겨날 것으로 예상된다. 문제는 어떤 일자리가 얼마나 많이 없어지고 새로 생기는지, 새로운 일자리는 어떤 지식을 필요로 하는지 아직 정확히 모른다는 데 있다. 남는 시간의 일부를 변화하는 과학기술과 지식의 변화를 따라잡는 학습에 투자해보자. 다방면의 독서와 미래 산업 트렌드를 이해하면서 준비해나간다면 앞으로 다가오는 세상의 변화를 큰 불안감 없이 맞이하며 성공적으로 적응할 수 있을 것이다.

젊은 시절은 학습을 통한 취업 준비뿐 아니라 앞으로 성공적인 인생의 기초를 마련하는 데에도 투자해야 하는 시기다. 긴 인생에서 어떤 가치와 의미를 추구할 것인지 탐색하고 생각해봐야 한다. 아무런 목적 없이 떠나는 항해는 성공하기 어렵기 때문이다. 결혼을 하려고 한다면 좋은 파트너를 만나는 데도 아낌없이 투자해야 한다. 어떤 파트너를 만나느냐는 어떤 직업을 가지느냐와 비슷하게 인생에서 매우 중요한 일이다. 많은 사람이 상대적으로 이를 너무 소홀히 대하는 경향이 있다.

호기심을 가지고 시간과 에너지를 투자하여 본인에게 맞는 배우자를 탐색하고, 마음에 드는 상대방이 좋아할 수 있는 나를 만들어 행복한 결혼을 이뤄보자. 물론 결혼을 하지 않는 것이 더 좋다고 생각하는 경우에는 혼자만의 행복을 일구는 다양한 방법에 충분히 투자해 보는 것은 어떨까.

직업의 전문성을 높여라

일단 취업하면 직업윤리의 필요상 소관 업무의 전문성을 갈고 닦아 최선의 업무처리를 해야 한다. 하지만 많은 사람이 회사에서 제공하는 최소한의 교육 훈련 정도만 마지못해 따라가는 경향이 있다. 이런 사람들의 특징은 학업, 취업 준비, 육아로 지쳐서 호기심을 잃고 새로운 것을 배우려 하지 않는 것이다. 직급이 올라가면서 결국 전문성과 능력의 한계를 느끼고, 직장 내에서 좋은 평가를 받기 어렵게 된다.

현대 시장경제의 직업윤리는 세 개의 축으로 구성된다. 첫째, 부당하거나 사익에 따라 부정한 일 처리를 하지 않는 것. 둘째, 무지해서 잘못을 저지르지 않도록 업무와 관련된 전문지식과 경험을 충실히 늘려나가는 것. 셋째, 축적한 전문성과 경험에 비추어 최선의 업무처리를 하는 것. 그렇지 못할 상황이면 회사에 개선을 요구하며 수용되지 않을 경우 사직까지 감수하는 것이다.

동서고금을 막론하고 일하는 것을 본질적으로 괴로운 것이라고들 하는데, 일은 당장의 생계를 유지할 수 있게 도와주고, 모든 것이 잘 진행된다는 가정하에 정신적 경제적으로 풍요를 가져다줄 수 있다. 상속이나 증여를 받는 경우가 아니라면 대부분의 사람은 경제적 생존을 위해 일해야만 한다. 일이 불가피하고 피할 수 없다면 즐겨보자.

우리가 무엇을 하더라도 잘 할 수 있을 때 비로소 즐길 수 있다. 마지못해 끌려가는 인생은 결코 행복할 수 없다. 이왕 해야 할 거면 호기심을 가지고 공부하고, 적극적으로 준비해서 최선을 다해보자.

경제적 독립을 넘어 경제적 자유를 달성하라

평생 현명한 투자를 이어가야 빠른 기간 내에 경제적 독립과 경제적 자유를 얻을 수 있다. 투자는 종합 예술로서 책에서 보고 배우는 것뿐만이 아니다. 삶의 다양한 경험 속에서 호기심을 가지고 깨우쳐 나가야 한다. 투자 공부는 인생에 있어 다양한 선택을 현명하게 할 수 있도록 도와줄 수 있으므로 취미생활로 해보기를 추천한다. 우선 재무, 경제, 세무에 관한 기본 지식을 습득하고 다양한 매체를 통해 시장의 흐름과 변화를 따라잡아야 한다. 실전 투자와 모의 연습을 통해 경험을 늘려가는 것도 필요할 것이다.

투자 성공의 제일 비법은 좋은 투자 방안을 알아보고 다른 사람보다 먼저 좋은 가격에 사는 것이다. 무엇보다 선구안이 중요하다. 서학개미가 되려는 사람이 재무제표만 보고 스타벅스 커피나 테슬라 주식에 투자하지는 않을 것이다. 스타벅스 커피숍의 고객이 되어 직접 경험해 보고, SNS상에서 다른 고객들의 평가도 확인하고, 다른 브랜드의 커피 체인과 비교해 볼 것이다. 테슬라 전기차가 있는 지인에게 안전성, 디자인, 유지비용 등 이모저모를 물어보고 자동차 전문 잡지의 리뷰도 탐독하는 것이 투자 분석의 좋은 시발점이 될 수 있다.

물론 관심 기업의 재무제표도 꼼꼼히 읽어봐야 할 것이다. 호기심을 가지고 하나씩 재미있게 알아가면 기업 간, 경제 활동 간, 투자 대안 간 상호 연관 관계에 대해서도 알게 될 것이다. 이러한 지식은 상승작용을 일으켜 더 많은 것을 알게해주고, 투자 대안의 핵심과 장단점을 보는 눈을 키워 준다. 이론, 실전, 경험이 어우러져야 현명한 투자를 이어갈 수 있는데, 그 중심에는 주변에 관심을 가지고 탐구해 볼 수 있는 호기심이 필요하다.

또 다른 측면에서 중요한 것은 미래에 다가올 기술과 세대의 변화다. 양질의 일자리뿐 아니라 좋은 투자 기회들은 빅데이터와 인공지능, 블록체인과 가상자산, 바이오와 건강의료, 사물인터넷과 5G 통신, 로봇과 자율주행으로 대표되는 4차 산업 물결 분야의 기업 중에서 많이 나올 것이다. 호기심을 가지고 새로운 기술변화를 조금씩 따라가다 보면 주식, 벤처투자, PE 영역에서 좋은 투자 기회를 발견할 수 있을 것이다.

세대 변화의 흐름을 읽는 것도 마찬가지다. 세대별 특징과 소비행태 등을 잘 분석한 책을 읽고 다양한 세대와 격의 없는 대화를 나누다보면 참신한 비즈니스 아이디어나 투자 아이디어를 얻을 수 있을 것이다.

지출을 줄이는 것과 마찬가지로 무작정 쓰지 않는 것이 최선은 아니다. 본인이 번 돈을 규모 있게 잘 써서 더 잘 일할 수 있는 의욕을 불러일으키는 것이 가장 중요하다. 호기심을 가지고 탐색해보면 가성비가 좋은 것, 저렴하면서도 자신에게 더 잘 맞는 것을 찾을 수 있을 것이다.

은퇴 후, 인생의 목적과 행복을 추구하라

성공적인 직업인, 사업가로 활동하고 상당한 부를 이루었음에도 불구하고 삶의 의미를 잃고 방황하는 사람들이 많다. 이들과 만나 보면 대부분 "사는 것이 재미가 없고 시시해요"라고 말한다. 자세히 이야기를 이어가다보면 이유야 다르겠지만 다른 사람들이나 세상에 존재하는 것들, 세상을 살아가는 것 자체에 대해 관심과 호기심이 약해지고 있음을 알 수 있다. 안타까운 일이지만 이런 사람에게 물질적 부나 풍족한 소비생활은 더 이상 큰 의미를 주지 못하는 것 같다.

인생이 그리 길지 않음에도 불구하고 왜 적지 않은 사람들이 은퇴 시점에 이런 매너리즘에 빠지는 것일까? 가장 큰 요인은 직업이나 사업에서의 성공을 위해 앞만 보고 달려왔기 때문이 아닐까 싶다. 사실 눈을 크게 뜨고 주변을 둘러보면 작은 재밋거리들과 추구할 의미들이 매우 많다. 평소 이런 것들로 본인의 인생을 다채롭게 경험해 오지 않았기 때문에 삶이 무미건조한 것이다. 직업이나 사업을 그만 두는 시점에는 어디로 가야 할지도 막막해지는 것이다.

인생의 여정에서 호기심을 가지고 살펴보면 즐거운 취미생활, 관심있는 분야의 공부, 의미 있는 활동, 추구하고 싶은 의미, 하고 싶은 일들이 보일 것이다. 한 번뿐인 인생을 더 즐겁고 의미 있게 사는 것은 두말할 필요 없이 좋은 일이다. 그동안 진학하고 취업해서 일하느라 이런 부분에 소홀했던 사람들은 지금부터라도 시작해보자. 심호흡을 깊이 하고 주변을 호기심 어린 눈으로 둘러보자. 생각보다 많은 것이 보일 것이다.

부의 계단

초판 1쇄　2021년 4월 30일
초판 3쇄　2021년 5월 26일

지은이　신현준 김학균
펴낸이　서정희
펴낸곳　매경출판㈜
책임편집　현유민
마케팅　강윤현 이진희 김예인
디자인　김보현 김신아

매경출판㈜
등록　2003년 4월 24일(No. 2-3759)
주소　(04557) 서울시 중구 충무로 2(필동1가) 매일경제 별관 2층 매경출판㈜
홈페이지　www.mkbook.co.kr
전화　02)2000-2610(기획편집) 02)2000-2636(마케팅) 02)2000-2606(구입 문의)
팩스　02)2000-2609　**이메일**　publish@mk.co.kr
인쇄 · 제본　㈜M-print　031)8071-0961
ISBN　979-11-6484-249-0(03320)